Wie mach ich das in Photoshop?

Scott Kelbys beste Rezepte für
Photoshop CC

Scott Kelby

Autor des meistverkauften Fotografie-Buches aller Zeiten:

Scott Kelbys Foto-Rezepte 1

Lektorat: Gerhard Rossbach
Übersetzung: Isolde Kommer, Großerlach und Christoph Kommer, Dresden
Satz: Tilly Mersin, Großerlach
Herstellung: Susanne Bröckelmann
Umschlaggestaltung: Helmut Kraus, www.exclam.de
Druck und Bindung: M.P. Media-Print Informationstechnologie GmbH, 33100 Paderborn

Bibliografische Information der Deutschen Nationalbibliothek
Die Deutsche Nationalbibliothek verzeichnet diese Publikation in der Deutschen Nationalbibliografie; detaillierte bibliografische Daten sind im Internet über http://dnb.d-nb.de abrufbar.

ISBN:
Print   978-3-86490-402-8
PDF   978-3-96088-048-6
ePub   978-3-96088-049-3
mobi   978-3-96088-050-9

1. Auflage 2016
Copyright © 2016 dpunkt.verlag GmbH
Wieblinger Weg 17
69123 Heidelberg

Authorized translation of the English 1st edition © 2016 by Scott Kelby, ISBN 978-1-68198-079-9. This translation is published and sold by permission of Rocky Nook, Inc., the owner of all rights to publish and sell the same.

Die vorliegende Publikation ist urheberrechtlich geschützt. Alle Rechte vorbehalten. Die Verwendung der Texte und Abbildungen, auch auszugsweise, ist ohne die schriftliche Zustimmung des Verlags urheberrechtswidrig und daher strafbar. Dies gilt insbesondere für die Vervielfältigung, Übersetzung oder die Verwendung in elektronischen Systemen.
Es wird darauf hingewiesen, dass die im Buch verwendeten Soft- und Hardware-Bezeichnungen sowie Markennamen und Produktbezeichnungen der jeweiligen Firmen im Allgemeinen warenzeichen-, marken- oder patentrechtlichem Schutz unterliegen.
Alle Angaben und Programme in diesem Buch wurden mit größter Sorgfalt kontrolliert. Weder Autor noch Verlag können jedoch für Schäden haftbar gemacht werden, die in Zusammenhang mit der Verwendung dieses Buches stehen.
5 4 3 2 1 0

 Zu diesem Buch – sowie zu vielen weiteren dpunkt.büchern – können Sie auch das entsprechende E-Book im PDF-Format herunterladen. Werden Sie dazu einfach Mitglied bei dpunkt.plus⁺:
www.dpunkt.de/plus

*Dieses Buch widme ich
meinem lieben Freund Erik Kuna.
Dein kluger Rat, deine Unterstützung
und Freundschaft bedeuten
mir mehr, als du denkst.*

Danksagung

Auch wenn auf dem Buchcover nur ein einziger Name steht, ist ein solches Projekt nur mit einem Team engagierter und fähiger Leute zu bewältigen. Es war mir eine Freude, mit ihnen zu arbeiten, und es ist mir eine Ehre, ihnen hier zu danken.

Meiner wundervollen Ehefrau Kalebra: Immer wieder beweist du mir aufs Neue, was mir alle schon immer sagen: Ich bin der glücklichste Kerl auf der Welt.

Meinem Sohn Jordan: Falls es einen Vater gibt, dessen Stolz auf seinen Sohn noch größer ist als meiner, dann muss ich ihn kennenlernen. Du bist einfach fantastisch und ich bin so stolz auf den tollen jungen Mann, zu dem du herangewachsen bist. #rolltide!

Meiner wunderschönen Tochter Kira: Du bist eine kleine Kopie deiner Mutter – und das ist das größte Kompliment, das ich dir überhaupt machen kann.

Meinem großer Bruder Jeff: Deine grenzenlose Großzügigkeit, Liebenswürdigkeit, positive Einstellung und Bescheidenheit haben mich mein ganzes Leben lang inspiriert. Es ist mir eine große Ehre, dein Bruder zu sein.

Meiner Lektorin Kim Doty: Ich schätze mich unglaublich glücklich, dich als Lektorin meiner Bücher an der Seite zu haben. Ich könnte mir nicht vorstellen, sie ohne dich zu schaffen. Es macht wirklich Freude, mit dir zu arbeiten.

Meiner Buchgestalterin Jessica Maldonado: Ich liebe deine Designs mit all ihren raffinierten Details. Du bist ein Riesengewinn für unser Buchteam!

Meiner lieben Freundin und Geschäftspartnerin Jean A. Kendra: Danke, dass du es all die Jahre mit mir ausgehalten hast, und für deine Unterstützung bei allen meinen verrückten Ideen. Das ist so viel wert.

Erik Kuna: Du hast die Last der Welt auf deine Schultern genommen, damit ich nicht von ihr erdrückt werde. Du hast so hart daran gearbeitet, dass wir das Richtige tun und auf die richtige Weise.

Meiner Assistentin Lynn Miller: Danke für das beständige Jonglieren mit meinem Zeitplan, sodass ich tatsächlich Zeit zum Schreiben fand. Ich schätze deine harte Arbeit und deine Geduld wirklich sehr.

Meinem Lektor Ted Waitt bei Rocky Nook: Ich folge dir, wohin du auch gehst. Und du schuldest mir ein Essen bei Tony's Napoletana. Vielleicht sogar zwei.

Meinem Verleger Scott Cowlin: Ich bin so glücklich, immer noch mit dir zu arbeiten, und danke dir für deine Offenheit und deinen Weitblick. Es ist gut, neue Dinge mit alten Freunden zu probieren.

Meinen Beratern John Graden, Jack Lee, Dave Gales, Judy Farmer und Douglas Poole: Danke, dass ihr eure Erfahrung eingebracht und die Peitsche geschwungen habt – beides hat mir unbeschreiblich geholfen.

Und vor allem möchte ich Gott und seinem Sohn Jesus Christus danken, die mich zur Frau meiner Träume geführt und uns mit wunderbaren Kindern gesegnet haben, die es mir ermöglicht haben, meinen Lebensunterhalt mit einer erfüllenden Arbeit zu bestreiten, die stets da sind, wenn ich sie brauche, die mich mit einem wundervollen und glücklichen Leben sowie einer liebevollen Familie gesegnet haben.

Über den Autor

Scott Kelby ist Redakteur, Herausgeber und Mitbegründer des Magazins Photoshop User sowie Co-Moderator der Fotografie-Podcasts The Grid. Außerdem ist er Präsident von KelbyOne, der Online-Community für kreative Menschen.

Scott Kelby arbeitet als Fotograf und Designer. Er ist der preisgekrönte Autor von mehr als 80 Büchern, darunter Scott Kelbys Foto-Rezepte 1, Scott Kelbys Foto-Rezepte 2 und Scott Kelbys Foto-Sessions. Der erste Band dieser Reihe wurde zum meistverkauften Buch in der Geschichte der Digitalfotografie.

Seit sechs Jahren wird Scott Kelby in Folge als weltweit meistverkaufter Autor von Fotografiebüchern geehrt. Seine Bücher wurden in zahlreiche Sprachen übersetzt, darunter Chinesisch, Russisch, Spanisch, Koreanisch, Polnisch, Taiwanesisch, Französisch, Deutsch, Italienisch, Japanisch, Dänisch, Schwedisch, Türkisch, Portugiesisch und viele andere.

Scott Kelby ist Training Director für die Adobe Photoshop Seminar Tour und Conference Technical Chair der Photoshop World Conference & Expo. Er ist für eine Serie von Online-Kursen für KelbyOne verantwortlich und bildet seit 1993 Fotografen und Adobe-Photoshop-Nutzer aus.

Mehr über Scott Kelby erfahren Sie hier:

Blog: **scottkelby.com**

Twitter: **@scottkelby**

Instagram: **@scottkelby**

Facebook: **facebook.com/skelby**

Google+: **scottgplus.com**

Inhaltsverzeichnis

Kapitel 1 1
So navigieren Sie wie ein Profi
Die Photoshop-Benutzeroberfläche

Wie öffne ich Bedienfelder? 2
Wie verberge oder schließe ich Bedienfelder? 3
Wie erstelle ich ein neues Dokument? 4
Wie sehe ich mehrere Bilder gleichzeitig? 5
Wie ordne ich all diese Bedienfelder? 6
Wie verwende ich Hilfslinien? 7
Wie ändere ich die Farbe neben meinem Bildbereich? 8
Wie ändere ich die Farbe der Photoshop-Benutzeroberfläche? 9
Wie betrachte ich mein Bild im Vollbildmodus? 10
Wie werde ich diese Quickinfos los? 11
Wie blende ich die Lineale ein? 12
Wie richte ich Objekte an Hilfslinien oder an einem Raster aus? 13
Wie erstelle ich ein Hilfslinienlayout? 14
Wie speichere ich die Anordnung meiner ganzen Bedienfelder? 15
Wie blende ich Hilfslinien und andere Dinge aus? 16
Wie bewege ich mich im eingezoomten Bild? 17
Wie verberge ich den Arbeitsbereich »Einstieg«? 18
Wie passe ich mein Bild optimal ins Bildfenster ein? 19
Wie sehe ich meine Bilder in 100-%-Größe? 20
Wie verberge ich all diese Bedienfelder? 21
Wie lasse ich verborgene Bedienfelder automatisch ausklappen? 22
Wie kann ich in mein Bild ein- und auszoomen? 23

Kapitel 2 25
Wie Sie die Photoshop-Werkzeuge anwenden
Werkzeugtipps

Wie zeige ich nur die wirklich benötigten Werkzeuge an? 26
Wie wähle ich einen quadratischen oder rechteckigen Bildbereich aus? 27
Wie erzeuge ich eine frei geformte Auswahl? 28
Wie nehme ich wirklich exakte Auswahlen vor? 29
Wie passe ich den gezeichneten Pfad an? 30
Wie füge ich Punkte hinzu, lösche oder ändere ich sie? 31
Wie zeichne ich einen Freiformpfad? 32
Wie komme ich an die benutzerdefinierten Pinsel? 33
Wie stelle ich die Pinselgröße ein? 34
Wie zeichne ich einen Verlauf? 35
Wie bearbeite ich einen Verlauf? 36
Wie erzeuge ich Pfeile, Sprechblasen, Sterne und andere Formen? 37
Wie verwende ich bereits im Dokument vorhandene Farben? 38
Wie wähle ich eine Farbe? 39
Wie ziehe ich Linien? 40
Wie erzeuge ich Text? 41
Wie ziehe ich eine ein Pixel dünne Linie? 42

Inhaltsverzeichnis

Wie radiere ich etwas weg? 43
Wie wähle ich den Hintergrund hinter meinem Motiv aus? 44
Wie kann ich mir beim Erstellen einer Auswahl von Photoshop helfen lassen? 45
Wie schneide ich mein Bild zu? 46
Wie setze ich ein Werkzeug auf seinen Standard zurück? 47
Wie richte ich ein Bild gerade? 48
Wie dunkle ich Teile meines Bilds ab oder helle sie auf? 49
Wie nehme ich Änderungen nur in einem bestimmten Bildteil zurück? 50
Wie speichere ich meine Lieblingseinstellungen für ein Werkzeug? 51
Wie stelle ich ein Bild frei? 52
Wie bekomme ich beim Freistellen ein bestimmtes Bildformat? 53
Wie verändere ich das Raster beim Freistellen? 54
Wie rücke ich ein schiefes Foto gerade? 55
Wie drehe ich den Freistellungsrahmen? 56
Wie verschiebe ich den Freistellungsrahmen nach innen oder außen? 57
Wie füge ich Leerraum rund um mein Bild ein? 58
Wie ändere ich die Schattierung außerhalb des Freistellungsrahmens? 59

Kapitel 3   61
Wie Sie Camera Raw professionell nutzen
Teil eins

Wie erweitere ich den Tonwertbereich meines Bilds? 62
Wie passe ich die allgemeine Belichtung an? 63
Wie gehe ich mit beschnittenen Lichtern um? 64
Wie verbessere ich flaue Fotos? 65
Wie verbessere ich Strukturen in meinen Fotos? 66
Wie stelle ich die Farben (den Weißabgleich) richtig ein? 67
Wie erhalte ich insgesamt farbigere Bilder? 68
Wie verstärke ich nur eine bestimmte Farbe? 69
Wie optimiere ich Gegenlichtaufnahmen? 70
Wie schneide ich mein Bild zu? 71
Wie schneide ich mein Bild auf eine bestimmte Größe zu? 72
Wie begradige ich ein schiefes Bild? 73
Wie verbessere ich dunkle Bereiche in den Bildecken? 74
Wie schärfe ich mein Bild? 75
Wie passe ich mehrere Bilder gleichzeitig an? 76
Wie nehme ich meine Änderungen zurück? 77
Wie erzeuge ich Vorgaben, die ich mit einem Klick zuweisen kann? 78
Wie verringere ich Bildrauschen? 79
Wie gleiche ich mein RAW-Bild an das JPEG auf dem Kamera-Display an? 80
Wie behebe ich Objektivprobleme wie gewölbte Gebäude? 81
Wie verhindere ich, dass Gebäude nach hinten kippen? 82
Wie sehe ich, welche Bereiche meines Bilds beschnitten werden? 83
Wie entferne ich die violetten und grünen Objekträder in meinem Bild? 84
Wie sehe ich eine Vorher-Ansicht nur des gerade verwendeten Bedienfelds? 85

Inhaltsverzeichnis

Kapitel 4 87
Wie Sie den Korrekturpinsel von Camera Raw verwenden
Es gibt mehr als einen Pinsel

Wie helle ich bestimmte Bereiche auf und dunkle andere ab (Abwedeln und Nachbelichten)?.........88
Wie blende ich die Bearbeitungs-Pins aus?..89
Wie behebe ich Rauschen in einem bestimmten Bereich?..90
Wie entferne ich Flecken?..91
Wie verbessere ich einen ausgewaschenen Himmel?..92
Wie behebe ich Probleme mit roten Augen (oder mit Tieraugen)?..93
Wie speichere ich meine Pinseleinstellungen als Vorgabe?..94
Wie kann ich Flecken leichter ausfindig machen?..95
Wie lösche ich etwas, wenn ich einen Fehler gemacht habe?..96
Wie passe ich den Pinsel an, wenn er nicht funktioniert?...97
Wie weiß ich, ob ich kopieren oder reparieren soll?...98
Wie ziehe ich einen geraden Pinselstrich?...99
Wie vermeide ich es, über Konturen hinauszumalen?..100
Wie lasse ich die Maskenüberlagerung während des Malens eingeschaltet?...............................101
Wie ändere ich schnell die Größe meines Pinsels?..102
Wie dupliziere ich einen Bearbeitungs-Pin?...103
Wie zeichne ich Haut weich?...104
Wie erzeuge ich einen dramatischen Scheinwerfereffekt?..105
Wie verbessere ich neblige oder dunstige Bereiche in meinem Bild?..106
Wie entferne ich ein Moiré-Muster aus Kleidung?..107

Kapitel 5 109
Wie Sie mit Ebenen arbeiten
Jetzt wird es spannend

Wie erzeuge ich eine neue, leere Ebene? Oder lösche eine?...110
Wie ordne ich Ebenen neu an?...111
Wie schalte ich eine Ebene unsichtbar?...112
Wie verschiebe ich eine Ebene von einem Dokument in das andere?..113
Wie verrechne ich meine aktuelle Ebene mit anderen Ebenen?..114
Wie erzeuge ich eine Textebene?...115
Wie lösche ich Teile eines Buchstabens?..116
Wie probiere ich verschiedene Schriftarten aus?..117
Wie fülle ich eine Ebene mit einer Farbfläche?...118
Wie mache ich Teile einer Ebene transparent?...119
Wie dupliziere ich eine Ebene?..120
Wie organisiere ich meine Ebenen?...121
Wie füge ich einer Ebene einen Schlagschatten hinzu?..122
Wie setze ich ein Bild in einen Text?...123
Wie verschiebe ich die Hintergrundebene (entsperre sie)?...124
Wie verschiebe ich mehrere Ebenen gleichzeitig?..125
Wie sperre ich eine Ebene, sodass sie nicht verschoben werden kann?.......................................126
Wie entferne ich alle Ebenen und reduziere das Bild auf die Hintergrundebene?..........................127
Wie benenne ich eine Ebene um?..128
Wie mache ich aus zwei Ebenen eine Ebene?..129
Wie trenne ich einen Schlagschatten von einer Ebene?...130
Wie organisiere ich Ebenen mit Farben?..131

Inhaltsverzeichnis

Wie verringere ich die Deckkraft einer Ebene, ohne die des Schlagschattens zu ändern? 132
Wie sortiere ich schnell meine Ebenen? 133
Wie bearbeite ich Ebenen, ohne ins Ebenenbedienfeld zu gehen? 134
Wie ändere ich die Größe der Ebenenminiaturen? 135
Wie überblende ich zwei Ebenen ineinander? 136
Wie richte ich mehrere Ebenen aus oder zentriere ich sie? 137
Wie versehe ich Ebeneninhalte mit einer Kontur? 138
Wie erzeuge ich aus meiner RAW-Datei eine bearbeitbare Ebene? 139

Kapitel 6 — 141
Wie Sie Ihr Bild optimieren
Bilder verbessern

Wie passe ich mein Bild mittels Tonwertkorrektur an? 142
Wie erhöhe ich den Kontrast mit Kurven? 143
Wie entferne ich Farbstiche? 144
Wie versehe ich ein Bild mit einer Tonung oder einem Farblook? 145
Wie gehe ich vor, wenn ich die Sättigung einer bestimmten Bildfarbe verringern will? 146
Wie passe ich die Farben eines Fotos an die eines anderen Fotos an? 147
Wie wende ich Camera Raw auf mein bereits in Photoshop geöffnetes Bild an? 148
Wie lasse ich Photoshop mein Bild automatisch korrigieren? 149
Wie sorge ich dafür, dass ich meine Bildkorrekturen jederzeit rückgängig machen kann? 150
Wie wandle ich ein Bild in Schwarzweiß um? 151

Kapitel 7 — 153
Wie Sie Probleme beheben
Und es wird Probleme geben. Mit Ihren Bildern. Nicht mit Photoshop. Hoffentlich.

Wie fülle ich Lücken in meinem Bild realistisch auf? 154
Wie verbessere ich Fotos von Gebäuden (Objektivprobleme)? 155
Wie entferne ich violette oder grüne Farbsäume? 156
Wie verbreitere ich mein Bild, ohne dass das Motiv verzerrt wird? 157
Wie optimiere ich Gruppenaufnahmen? 158
Wie verbessere ich einen ausgefressenen Himmel? 159
Wie entferne ich rote Augen? 160
Wie entferne ich Flecken oder andere unerwünschte Elemente? 161
Wie entscheide ich, ob ich klonen oder reparieren soll? 162
Wie reduziere ich Bildrauschen? 163
Wie entferne ich größere Objekte? 164
Wie überdecke ich unerwünschte Bereiche? 165

Kapitel 8 — 167
Wie Sie schöne Drucke bekommen
So geht es

Wie stelle ich die Papiergröße ein? 168
Wie stelle ich die Seitenränder ein? 169
Wie zeichne ich mein Bild für den Druck scharf? 170
Wie erhalte ich die bestmöglichen Druckergebnisse? 171
Wie schaffe ich es, dass Bilder im Ausdruck so hell wirken wie auf dem Bildschirm? 172
Wie zeige ich vor dem Druck einen Proof an? 173

Inhaltsverzeichnis

Wie skaliere ich mein Bild auf der Seite?.. 174
Wie versehe ich mein Bild mit einer Kontur?.. 175
Wie erzeuge ich einen Rahmen wie bei einem Kunstdruck?... 176
Wie füge ich dem Drucklayout mein Logo hinzu?... 177
Wie stelle ich die Druckauflösung ein?... 178
Wie kann ich alles meinem Drucker überlassen?... 179

Kapitel 9   181
Wie Sie Videos bearbeiten
Das geht besser, als Sie denken

Wie öffne ich einen Videoclip in Photoshop?.. 182
Wie navigiere ich in meinem Video?.. 183
Wie spiele ich einen Clip in Zeitlupe ab?.. 184
Wie schneide ich den Anfang oder das Ende eines Clips zu?... 185
Wie ändere ich die Reihenfolge meiner Clips?.. 186
Wie füge ich meinem Film Fotos hinzu?... 187
Wie füge ich Übergänge zwischen Clips hinzu?.. 188
Wie füge ich Hintergrundmusik hinzu?.. 189
Wie blende ich meine Hintergrundmusik am Schluss aus? 190
Wie füge ich meinen Filmen Titel hinzu?.. 191
Wie füge ich meinem Film Filtereffekte hinzu?... 192
Wie konvertiere ich einen Clip in Schwarzweiß?... 193
Wie überblende ich in oder von Schwarz?.. 194
Wie schalte ich den Sound aus dem eingebauten Kameramikro stumm?....................................... 195
Wie teile ich einen Clip in zwei Teile?... 196
Wie füge ich meinem ganzen Film einen Effekt hinzu?... 197
Wie setze ich meine Standbilder in Bewegung?... 198
Wie exportiere ich mein Video?... 199

Kapitel 10   201
Wie Sie die beliebtesten Spezialeffekte erzeugen
Damit alles richtig cool aussieht

Wie erzeuge ich einen Blendenfleck?... 202
Wie erzeuge ich einen Scheinwerfereffekt?.. 203
Wie erzeuge ich einen weichgezeichneten Look für den Hintergrund?... 204
Wie erzeuge ich einen Tilt-Shift-(»Spielzeug«-)Effekt?... 205
Wie erhalte ich einen verträumten Look?... 206
Wie erzeuge ich einen Look mit entsättigter Haut?.. 207
Wie erzeuge ich einen hochkontrastigen Porträtlook?.. 208
Wie versehe ich eine Landschaftsaufnahme mit einer Herbststimmung?...................................... 209
Wie nehme ich eine HDR-Tonung vor?... 210
Wie wird mein Foto schwarzweiß?... 211
Wie erzeuge ich Reflexionen?.. 212
Wie erzeuge ich einen Maleffekt?.. 213
Wie erstelle ich ein Panorama?.. 214

Inhaltsverzeichnis

Wie lasse ich Räder aussehen, als würden sie sich drehen? 215
Wie füge ich einen Schlagschatten hinzu? 216
Wie erzeuge ich einen Crossentwicklungseffekt? 217
Wie versehe ich mein Bild mit einer Struktur? 218
Wie erzeuge ich einen Zweiton-Look? 219

Kapitel 11   221
Wie Sie Ihre Bilder schärfen
Wenn sie nicht scharf sind, sind sie unscharf

Wie nehme ich eine Grundschärfung vor? 222
Wie nehme ich eine anspruchsvolle Scharfzeichnung vor? 223
Wie schärfe ich Bilddetails, etwa Augen? 224
führe ich eine (starke) Hochpass-Schärfung durch? 225
Wie schärfe ich RAW-Bilder? 226
Wie schärfe ich nur bestimmte Bildteile? 227
Wie schärfe ich in Camera Raw? 228
Wie bearbeite ich verwackelte Bilder? 229

Kapitel 12   231
Was Sie sonst noch wissen wollen
Und alles andere? Das finden Sie in diesem Kapitel

Wie behebe ich Photoshop-Probleme? 232
Wie speichere ich ein Bild mit einem transparenten Hintergrund? 233
Wie automatisiere ich langweilige, sich wiederholende Aufgaben? 234
Wie rahme ich mein Bild ein? 235
Wie ziehe ich einen geraden Pinselstrich? 236
Wie lege ich meinen Farbraum fest? 237
Wie mache ich mehr als einen Schritt rückgängig? 238
Wie finde ich in Bridge schnell ein Bild oder benenne ich Bilder um? 239
Wie speichere ich meine Auswahl zur Wiederverwendung? 240
Wie speichere ich Bilder in mehreren Größen und Formaten? 241
Wie erstelle ich einen Kontaktabzug? 242
Wie reduziere ich die Intensität einer Bearbeitung? 243
Wie konvertiere ich mein Bild für den Offsetdruck in CMYK? 244
Wie öffne ich mein RAW-Bild im 16-Bit-Modus? 245
Wie erweitere oder verkleinere ich eine Auswahl? 246
Wie speichere ich Dateien als JPEG oder TIFF? 247
Wie öffne ich meine JPEGs automatisch in Camera Raw? 248
Wie wähle ich Haare aus? 249
Wie entferne ich Touristen aus einer Szene? 250
Wie erzeuge ich Fine-Art-Montagen? 251
Wie schneide ich neben dem Bildbereich liegende Elemente weg? 252
Wie ändere ich die Bildgröße? 253

Index 254

Sie werden es noch bereuen,
wenn Sie diese Seite überblättern.

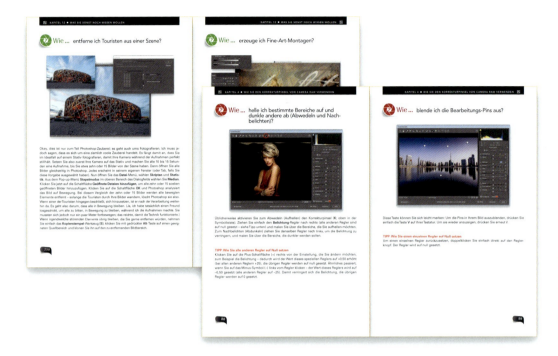

Okay – vielleicht übertreibe ich mit der Überschrift ein bisschen – aber nur, um Sie zum Lesen dieses Schnelleinstiegs zu bringen. Es ist also nur zu Ihrem Besten. Nun ja, genauer gesagt, ist es zu Ihrem und meinem Besten. Wenn Sie diese Seiten nämlich überblättern, ist Ihnen vermutlich nicht ganz klar, wie Sie mit diesem Buch arbeiten sollen. In mehrerer Hinsicht unterscheidet es sich nämlich von den meisten anderen Büchern. Erstens versuchen die wenigsten anderen Bücher, Sie auszutricksen, damit Sie die Einleitung lesen. In diesem Fall war es jedoch notwendig (und das tut mir schon ein bisschen leid, zumindest in gewisser Weise), denn (a) möchte ich, dass Sie das Maximum aus diesem Buch herausholen (ein selbstsüchtigerer Autor würde aus seinem Buch lediglich das Maximum für sich selbst herausziehen wollen), und (b) möchten auch Sie selbst das Beste aus diesem Buch herausholen (Sie haben schließlich dafür bezahlt oder es wenigstens geklaut). Also ist es in unser beider Interesse. Wie auch immer – kurz gesagt, hier ist die Anleitung für dieses Buch: Lesen Sie es auf keinen Fall der Reihe nach durch. So ein Buch ist das nicht. Es funktioniert vielmehr nach dem Motto: »Ich komme nicht weiter; ich brauche kurz mal Hilfe.« Wenn Sie also in Photoshop arbeiten und Unterstützung bei einer bestimmten Aufgabe brauchen, schlagen Sie das Buch einfach auf, blättern Sie zu dem passenden Kapitel (Ebenen, Probleme, Spezialeffekte usw.) und suchen Sie nach der entsprechenden Aufgabe. Dort erkläre ich Ihnen genau, wie es geht, ganz kurz und bündig. Und schon können Sie in Photoshop weiterarbeiten. Wenn ich es richtig gemacht habe, sollten Sie mit diesem Buch immer nur etwa eine Minute verbringen – gerade so lange, wie Sie brauchen, um die gerade benötigte wichtige Technik zu erlernen. Und schon können Sie wieder auf Ihrer Yacht faulenzen (so stelle ich mir Ihr Leben nach dem Kauf dieses Buchs zumindest vor).

Noch einmal:
Sie werden es bereuen (oder Schlimmeres).

Es gibt etwas in diesem Buch, das könnte Sie – je nach geistiger Verfassung – wahnsinnig machen. Na ja, wenigstens ein bisschen. Eigentlich könnte ich mir diese Zeilen sparen, denn vermutlich ist es nicht das erste Mal, dass Sie ein Buch von mir lesen (vielleicht aber doch – das will ich jedenfalls hoffen; denn mein Sohn kommt auf eine private Hochschule, die wahnsinnig teuer ist, sodass es wirklich hilfreich wäre, wenn Sie – sagen wir – mindestens sechs oder 22 meiner früheren Bücher kaufen würden). Wie auch immer, ich mache etwas, das die Leser entweder entzückt oder zu spontanen Wutausbrüchen veranlasst. Diese Sache ist aber zur Tradition geworden, sodass ich nicht einfach damit aufhören kann: Es geht um die Kapiteleinleitungen. In einem normalen Buch geben die Ihnen einen Eindruck davon, was im jeweiligen Kapitel folgt. Bei meinen Kapiteleinleitungen jedoch ... nun ja, da ist das nicht so. Ehrlich gesagt: Meine Einleitungen haben wenig oder gar nichts mit dem Inhalt des Kapitels zu tun. Sie sollen einfach »mentale Pausen« zwischen den Kapiteln sein. Diese schrulligen, weitschweifigen Einleitungen sind zu meinem Markenzeichen geworden. Zum Glück sind nur die Kapiteleinleitungen so neben der Spur; der Rest des Buchs ist ziemlich solide und ich erkläre Ihnen alles genau so, als würde ein Freund neben mir sitzen. Trotzdem war die Warnung notwendig, für den Fall, dass Sie ein humorloser Griesgram sein sollten. Sollte dem so sein, dann bitte ich Sie inständig, die Kapiteleinleitungen zu überblättern – diese werden Sie nur nerven und dann schreiben Sie mir einen Brief, dass das Buch wegen dieser paar Seiten »unbrauchbar« sei, und spielen auf meine Mutter, meine Kinderstube usw. an. Lesen Sie die Eingangsseiten also auf eigene Gefahr. Okay, das war's im Großen und Ganzen. Sie haben nun alle notwendigen Zertifikate und Bescheinigungen, die Sie zum Lesen dieses Buchs berechtigen. Ich hoffe sehr, dass es Ihnen bei der Arbeit mit Photoshop nützlich sein wird.

Kapitel 1

So navigieren Sie wie ein Profi

Die Photoshop-Benutzeroberfläche

Ich sollte wohl fairerweise mal wieder eine Warnung aussprechen: Schon seit langer Zeit pflege ich Kapiteleinleitungen zu schreiben, die nur sehr wenig oder überhaupt nichts mit dem Inhalt des Kapitels zu tun haben. Sehen Sie die Einleitungen als »geistige Erholungspause« zwischen den Kapiteln an und erwarten Sie daraus nicht den geringsten Mehrwert für das Buch oder für Ihr Leben. Nachdem Sie das jetzt wissen, breche ich mit einer weiteren langjährigen Einleitungstradition, das Kapitel nach einem Lied, einer Fernsehsendung oder einem Film zu benennen. Das habe ich in fast allen meinen Büchern gemacht. Ein früheres Photoshop-Buch von mir enthielt zum Beispiel ein Kapitel zur Videobearbeitung in Photoshop, das ich nach dem Buggles-Hit »Video Killed the Radio Star« aus dem Jahr 1979 benannt habe. Falls Sie sich für Musikgeschichte interessieren, darf ich Ihnen sagen, dass dies das erste von MTV zum Senderdebüt im August 1981 ausgestrahlte Musikvideo war. Aber wussten Sie auch, dass der Sender stattdessen eigentlich das Video »Rush Rush« von Paula Abdul ausstrahlen wollte? Die Verantwortlichen des Senders befürchteten jedoch einen Interessenkonflikt, da Paula Jurorin bei *American Idol* war. Letztlich entschieden sie sich also für das Stück der Buggles und das war auch gut so, weil Paula Abdul »Rush Rush« erst im Juni 1991 aufnahm, neun Jahre nach dem Sendestart von MTV also, ganz zu schweigen von der Tatsache, dass *American Idol* erstmals im Jahr 2002 ausgestrahlt wurde. Jetzt mache ich mir daher doch allmählich so meine Gedanken, wie weit ich in einem hochdotierten Musikquiz mit meinen Einsätzen wirklich gehen sollte. Also, wenn wir das zusammen durchziehen wollen, dann müssen Sie Ihr Musikwissen etwas auffrischen – denn ich will nicht im Publikum sitzen und Sie mit wehenden Fahnen untergehen sehen, wenn Sie die Frage, von wem das Lied »Smells Like Teen Spirit« stammt, mit einem geratenen »Taylor Swift?« beantworten! Und wenn Sie sich jetzt fragen, was das Ganze hier überhaupt mit der Benutzeroberfläche von Photoshop zu tun haben soll, dann lesen Sie dringend noch mal den ersten Satz dieser Einleitung und Sie werden die absolute Erleuchtung haben.

Wie... öffne ich Bedienfelder?

Viele Photoshop-Funktionen sind in den Bedienfeldern untergebracht. Diese sind ein wenig mit Paletten vergleichbar, die am Rand des Bildschirms aufklappen. Die am häufigsten eingesetzten Bedienfelder sind bereits standardmäßig ganz rechts auf dem Bildschirm sichtbar. Dazu gehören das **Farbe**-Bedienfeld, das **Farbfelder**-Bedienfeld, das **Bibliotheken**-Bedienfeld, das **Ebenen**-Bedienfeld und so weiter. Ein weiteres schmales Bedienfeld erstreckt sich oben waagerecht über die gesamte Fensterbreite. Das ist die sogenannte Optionsleiste. Wenn Sie eines der Photoshop-Werkzeuge verwenden, werden hier alle für dieses Werkzeug verfügbaren Optionen eingeblendet. Damit Ihr Bildschirm nicht völlig mit Bedienfeldern zugestopft wird, sind einige Bedienfelder hinter anderen Bedienfeldern angeordnet. Sie sehen also nur eine kleine Registerkarte mit dem Namen des Bedienfelds hervorlugen (so wie oben links, dort sehen Sie das **Ebenen**-Bedienfeld, und rechts von seiner Registerkarte erkennen Sie noch zwei weitere Registerkarten für das **Kanäle**- und das **Pfade**-Bedienfeld). Um eines dieser Bedienfelder anzuzeigen, klicken Sie einfach auf seine Registerkarte und schon erscheint es im Ganzen. Oben rechts habe ich beispielsweise auf das Register **Kanäle** geklickt, daher ist das **Kanäle**-Bedienfeld zu sehen. Natürlich gibt es noch viel mehr Bedienfelder außer den standardmäßig auf dem Bildschirm dargestellten – insgesamt rund 30 Stück. Um ein geschlossenes Bedienfeld zu öffnen, gehen Sie am oberen Bildschirmrand ins **Fenster**-Menü. Dort sind alle Bedienfelder aufgelistet. Wählen Sie eines aus und es erscheint zusätzlich zu den bereits geöffneten Bedienfeldern auf dem Bildschirm.

TIPP: Wie Sie ein Bedienfeld »schweben« lassen
Wenn Sie ein Bedienfeld von den anderen abkoppeln möchten, so dass es alleine auf dem Bildschirm »schwebt«, klicken Sie auf ein Bedienfeldregister und ziehen Sie es mit gedrückter Maustaste von den anderen Bedienfeldern weg. Sie erhalten ein schwebendes Bedienfeld.

Wie... verberge oder schließe ich Bedienfelder?

Offen *Minimiert* *Nur Symbole*

Sie müssen bei der Arbeit nicht ständig alle Bedienfelder geöffnet haben. Sie können sie bis auf ihre Symbole und Namen minimieren, wie Sie im mittleren Bild sehen. Klicken Sie dazu einfach auf die beiden nach rechts weisenden Pfeile rechts oben in einem Bedienfeld (oben links rot eingekreist). Alternativ minimieren Sie die Bedienfelder sogar noch weiter bis auf ihre reinen Symbole. Klicken Sie dazu nach dem Minimieren auf den linken Rand der Bedienfeldgruppe und ziehen Sie diesen mit gedrückter Maustaste nach rechts, bis – wie oben rechts gezeigt – nur noch die Symbole zu sehen sind. Durch das Minimieren der Bedienfelder vergrößern Sie Ihren Bildarbeitsbereich, Sie können die Bedienfelder aber weiterhin mit einem einzigen Klick abrufen: Klicken Sie dazu auf eines der Symbole und das entsprechende Bedienfeld klappt daneben in voller Größe auf. Wenn Sie alle minimierten Bedienfelder als Gruppe aufklappen möchten (so wie oben links gezeigt), klicken Sie auf die beiden kleinen nach links weisenden Pfeile oben rechts in der Titelleiste des Bedienfeldbereichs. Wenn Sie ein Bedienfeld tatsächlich schließen und vom Bildschirm entfernen möchten, statt es nur zu minimieren, klicken Sie auf das Register des Bedienfelds und ziehen Sie es aus seiner Bedienfeldgruppe heraus. So erhalten Sie zunächst ein schwebendes Bedienfeld, in dessen oberen linken Ecke ein »x« erscheint – klicken Sie darauf, um es zu schließen. Um das Bedienfeld wieder zu öffnen, wählen Sie es im **Fenster**-Menü erneut aus.

Wie ... erstelle ich ein neues Dokument?

Gehen Sie ins **Datei**-Menü und klicken Sie dort auf **Neu**, um das Dialogfenster **Neu** zu öffnen. Hier wählen Sie die Größe und Auflösung Ihres neuen Dokuments – geben Sie einfach die gewünschte Breite, Höhe und Auflösung an (in diesem Fall wähle ich 240 Pixel/Zoll zur Ausgabe auf einem Tintenstrahldrucker). Falls Sie keinen weißen Hintergrund wünschen, wählen Sie eine eigene Hintergrundfarbe aus. Bei Bedarf können Sie auch das Farbprofil wechseln. Oben im Dialogfenster befindet sich das Pop-up-Menü **Dokumenttyp** mit Vorgaben zu beliebten Bildformaten und -auflösungen – hier können Sie unter anderem verschiedene Web-, Druck- und Videovorgaben auswählen. Wenn Sie eine selbst definierte Bildgröße häufiger einsetzen, dann können Sie diese als Vorgabe auch abspeichern. Geben Sie einfach die gewünschte Bildgröße und Auflösung ein (für Tintenstrahldrucke nutze ich, wie gesagt, 240 ppi) und klicken Sie oben rechts auf die Schaltfläche **Vorgabe speichern**. Geben Sie Ihrer Vorgabe jetzt einen Namen. Ab sofort erscheint sie dann auch im Pop-up-Menü **Dokumenttyp**.

Wie ... sehe ich mehrere Bilder gleichzeitig?

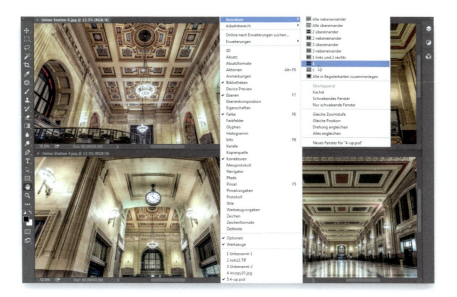

Wenn Sie mehrere Bilder öffnen, dann werden diese ähnlich wie Bedienfelder angeordnet – vorne sehen Sie das aktive Bild und dahinter befinden sich (über dem Bildfenster) kleine Registerkarten für die anderen dahinter geöffneten Bilder (wenn Sie in den Voreinstellungen festgelegt haben, dass die Dokumente in Registerkarten angezeigt werden sollen). Um alle Bilder gleichzeitig auf dem Bildschirm darzustellen, gehen Sie im **Fenster**-Menü ins Untermenü **Anordnen**. Im oberen Menübereich haben Sie einige Auswahlmöglichkeiten zur Bildanzeige: alle Bilder als schmale vertikale oder horizontale Kacheln oder zwei, drei, vier oder sechs Bilder gleichmäßig auf dem Bildschirm verteilt – so wie die vier Bilder, die ich hier auf dem Bildschirm habe. Wenn ich den Menüpunkt **4** wähle, werden alle Bildfenster automatisch in der Größe angepasst, sodass sie nebeneinander auf den Bildschirm passen. Wenn Sie im **Anordnen**-Menü etwas weiter nach unten gehen, sehen Sie dort Ansichtsoptionen, die sich auf alle Bildfenster gleichzeitig auswirken – was Sie im aktivierten Bildfenster einstellen, gilt automatisch auch für die anderen Fenster. Wenn Sie zum Beispiel auf ein Bildfenster klicken, in das Foto hineinzoomen und anschließend **Gleiche Zoomstufe** auswählen, dann wird genau dieselbe Zoomstufe für alle anderen drei Bilder übernommen.

Wie... ordne ich all diese Bedienfelder?

Register gruppieren (achten Sie auf die blaue Umrandung)

Unten andocken (beachten Sie die dicke blaue Linie)

So sehen die aneinandergedockten Bedienfelder aus

Wenn Sie Bedienfelder zur Bildschirmansicht hinzufügen, dann erscheinen sie meist einfach neben den bereits geöffneten Bedienfeldern auf dem Bildschirm. In vielen Fällen koppeln sie sich an den linken Rand der bereits vorhandenen Bedienfeldgruppen an und nehmen dort immer mehr Platz aus Ihrem Bildbereich weg. Ich persönlich gruppiere gerne alle Bedienfelder am rechten Fensterrand, um möglichst viel Bildschirmfläche für meine Bilder zu haben. Wenn Sie auch diesen aufgeräumten Look bevorzugen, haben Sie zwei Möglichkeiten: (1) Sie können Bedienfelder zu Gruppen zusammenfassen, indem Sie auf das Register eines Bedienfelds klicken und es dann mit gedrückter Maustaste auf das Register eines anderen Bedienfelds ziehen. Während Sie es über das andere Bedienfeld ziehen, mit dem Sie es gruppieren wollen, erscheint eine blaue Umrandung um die Bedienfeldgruppe (so wie oben links). Sobald diese Umrandung angezeigt wird, lassen Sie Ihre Maustaste los. Damit haben Sie das Bedienfeld zur Gruppe hinzugefügt. Sie ziehen also einfach Register zusammen, um eine Gruppe zu bilden. Ganz simpel. (2) Mit fast derselben Technik können Sie Bedienfelder auch direkt unterhalb eines geöffneten Bedienfelds anfügen. In diesem Fall ziehen Sie das Register aber an die Unterkante eines Bedienfelds. Wenn es bereit zum »Andocken« ist, erscheint entlang der Unterkante der Bedienfelder, an die Sie andocken möchten, ein blauer Balken (wie oben in der Mitte dargestellt). Lassen Sie jetzt einfach die Maustaste los, um das Bedienfeld unten an den bestehenden Bedienfeldern einzurasten, mit denen es dann eine senkrechte Gruppe formt (siehe oben rechts).

Wie ... verwende ich Hilfslinien?

Wenn Sie Elemente ausrichten müssen, können Sie horizontale oder vertikale Hilfslinien auf Ihr Bild ziehen. Zunächst müssen Sie dazu die Lineale in Photoshop einblenden (drücken Sie **Befehl/Strg+R**). Dann klicken Sie direkt auf das Lineal am linken Bildrand und ziehen mit gedrückter Maustaste eine Hilfslinie direkt an die gewünschte Position. Sie können Hilfslinien mit dem **Verschieben**-Werkzeug verschieben (Taste **V**); wenn Sie mit dem Mauszeiger über eine Hilfslinie fahren, wird er zu einem Doppelpfeil mit zwei parallelen Linien in der Mitte (oben eingekreist dargestellt). Das ist der Hinweis, dass Sie die Hilfslinie verschieben können. Wenn Sie eine Hilfslinie an einer festen Position hinzufügen möchten (zum Beispiel eine senkrechte Hilfslinie 5 cm oder 35 Pixel vom Bildschirmrand entfernt usw.), dann können Sie sie von Photoshop genau an der gewünschten Position platzieren lassen: Gehen Sie ins **Ansicht**-Menü und wählen Sie **Neue Hilfslinie**. Im oben gezeigten Dialogfenster geben Sie die gewünschte Position ein. Verwenden Sie einen Zahlenwert, gefolgt von einem Leerzeichen und der Einheit, etwa »cm« für Zentimeter oder »px« für Pixel usw.; sobald Sie auf **OK** klicken, platziert Photoshop die Hilfslinie genau an der gewünschten Stelle. Zum Löschen einer Hilfslinie ziehen Sie sie einfach wieder zurück aufs Lineal. Um alle Hilfslinien gleichzeitig zu löschen, wählen Sie im Menü **Ansicht** den Eintrag **Hilfslnien löschen**.

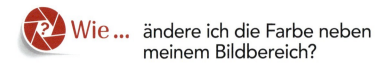

Wie ... ändere ich die Farbe neben meinem Bildbereich?

Um die Hintergrundfarbe der Arbeitsfläche um Ihr Bild herum zu ändern, klicken Sie einfach mit der rechten Maustaste irgendwo außerhalb von Ihrem Bild. Wenn Sie den Anwendungsrahmen mit Dokumentregistern verwenden, müssen Sie eventuell die Bildansicht etwas verkleinern (herauszoomen); andernfalls ziehen Sie einfach Ihr Bildfenster etwas beiseite, sodass Sie die Arbeitsfläche sehen. Ein Pop-up-Menü erscheint. Treffen Sie dort die gewünschte Auswahl – fertig!

KAPITEL 1 ■ SO NAVIGIEREN SIE WIE EIN PROFI

 **Wie ...** ändere ich die Farbe der Photoshop-Benutzeroberfläche?

Gehen Sie im Menü **Photoshop CC** (Windows: **Bearbeiten**) auf **Voreinstellungen** und wählen Sie **Benutzeroberfläche**. Nun öffnet sich das Dialogfenster **Voreinstellungen** mit der Kategorie **Benutzeroberfläche**. Wählen Sie hier aus den Farbpalette-Farbfeldern eine neue Farbe für die Benutzeroberfläche. Sie können die Farbe nicht wirklich verändern, sondern nur aus helleren oder dunkleren Grautönen wählen.

Wie ... betrachte ich mein Bild im Vollbildmodus?

Drücken Sie zweimal die Taste **F** auf der Tastatur. Beim ersten Tastendruck wird nur das Fenster um Ihr Bild herum ausgeblendet. Der zweite Tastendruck verbirgt dagegen alles und Ihr Bild wird bildschirmfüllend angezeigt. Aus irgendeinem Grund werden aber einzig die Photoshop-Lineale nicht ausgeblendet. Sollten die bei Ihnen also sichtbar sein, drücken Sie im Vollbildmodus nochmals **Strg/Befehl+R**, um sie zu verbergen. Um zur normalen Ansicht zurückzugelangen (und auch den Rest von Photoshop wieder zu sehen), drücken Sie einfach nochmals die Taste **F**.

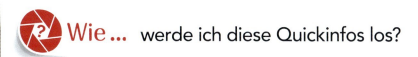 **Wie ...** werde ich diese Quickinfos los?

Gehen Sie im Menü **Photoshop CC** (Windows: **Bearbeiten**) auf **Voreinstellungen** und wählen Sie dann **Werkzeuge**. Nun öffnet sich das Dialogfenster **Voreinstellungen** mit der Kategorie **Werkzeuge**. Deaktivieren Sie hier das Kontrollfeld **Quickinfo anzeigen** (wie oben zu sehen). Für diesen Tipp schulden Sie mir etwas. ;-)

Wie... blende ich die Lineale ein?

Drücken Sie einfach **Befehl/Strg+R** und schon erscheinen die Lineale oberhalb und links des Bildfensters. Das ist alles.

FORTGESCHRITTENER TIPP: Nullpunkt verschieben

Wenn Sie die Messung aus irgendeinem Grund in der linken oberen Bildecke nicht bei 0 × 0 mm beginnen möchten, dann klicken Sie direkt in die linke obere Ecke des Fensters – nicht im Bild, sondern im Fenster, genau an der Schnittstelle der beiden Lineale. Ziehen Sie von dort den Startpunkt an eine neue Position. Wenn Sie zum Beispiel Ihre Messung im Bild bei 50 mm beginnen möchten, dann könnten Sie die Achsen der beiden Lineale an diesen Punkt ziehen. Dies ist dann der Nullpunkt für Ihre Messung. Das ist wirklich ein fortgeschrittener Tipp für fortgeschrittene Fortgeschrittene und weil Sie schon fortgeschritten sind, haben Sie ihn auch gleich verstanden. Hoffentlich schreiten Ihre fortgeschrittenen Photoshop-Kenntnisse damit noch weiter fort.

 **Wie ...** richte ich Objekte an Hilfslinien oder an einem Raster aus?

Wenn Sie Bildelemente an einer Hilfslinie ausrichten, kann Photoshop alle von Ihnen gezogenen Elemente automatisch an dieser Hilfslinie einrasten lassen, sobald Sie in deren Nähe kommen. Das gilt zum Beispiel für Bilder, Schrift oder eine Form und so weiter. Auf diese Art können Sie Objekte perfekt ausrichten und sind nicht mehr auf »Augenmaß« angewiesen – Sie brauchen sie also nicht mehr pixelweise vor- und zurückzuziehen, bis alles genau passt. Diese Funktion können Sie im Menü **Ansicht** unter **Ausrichten** einschalten. Gehen Sie danach erneut ins Menü **Ansicht** und öffnen Sie das Untermenü **Ausrichten an**. Hier sehen Sie eine Reihe von Elementen, an denen Sie Bildobjekte ausrichten können. Wählen Sie **Hilfslinien**, um das Ausrichten an Hilfslinien zu aktivieren. Wenn Sie nun etwas in die Nähe einer Hilfslinie ziehen (wie etwa oben den Text), dann rastet es direkt daran ein. Dabei merken Sie, wie der Text oder das Bild wie von einem Magnet »angezogen« wird. Sie können Elemente auch an anderen Dingen ausrichten. Wenn Sie zum Beispiel unter **Ansicht > Anzeigen** das Raster einschalten und dann die Option **Ausrichten an > Raster** aktivieren, dann werden Sie bei der Ausrichtung unterstützt, indem Ihre gezogenen Objekte an das rechteckige Raster schnappen. Wenn Sie möchten, dass Elemente an die Bildkanten gezogen werden, wählen Sie **Dokumentbegrenzungen**. Sie können die **Ausrichten**-Funktion auch mit dem Tastenkürzel **Strg/Befehl+Umschalt+,** (Komma) ein- und ausschalten.

Wie ... erstelle ich ein Hilfslinienlayout?

Wenn Sie ganz vornehm arbeiten möchten, lassen Sie sich von Photoshop ein Hilfslinienlayout für Ihr komplettes Bild bereitstellen. Zum Beispiel könnte dabei alle 75 mm eine senkrechte Hilfslinie über Ihr gesamtes Bild und in der Mitte eine einzelne waagrechte Hilfslinie verlaufen. Wählen Sie dazu im **Ansicht**-Menü die Option **Neues Hilfslinienlayout**. Im Dialogfenster (siehe oben) geben Sie exakt die von Ihnen gewünschte Spalten- und Zeilenanzahl ein. Bei mir sollten es hier sechs Spalten und zwei Zeilen werden (tatsächlich erstellt Photoshop jedes Mal gleich zwei Hilfslinien mit einem kleinen Abstand dazwischen). Um den Abstand zwischen den doppelten Hilfslinien zu verändern, vergrößern oder verkleinern Sie den Wert in den Abstandsfeldern. Wünschen Sie nur eine einzelne Hilfslinie, geben Sie als Abstandswert 0 ein.

 **Wie ...** speichere ich die Anordnung meiner ganzen Bedienfelder?

Wenn Sie alle gewünschten Bedienfelder geöffnet und richtig angeordnet haben, lässt sich dieses Layout als sogenannter Arbeitsbereich abspeichern. Übrigens können Sie die Werkzeugleiste auch vom linken Fensterrand abkoppeln. Klicken und ziehen Sie dazu Ihre Titelleiste und lassen Sie sie dann entweder schweben oder docken Sie sie an die Bedienfelder rechts an. Ebenso können Sie die obere Optionsleiste anklicken und an den unteren Bildschirmrand ziehen. Zum Speichern des Arbeitsbereichs klicken Sie jedenfalls am rechten Rand der Optionsleiste auf das Pop-up-Menü mit den Arbeitsbereichen (wahrscheinlich steht dort Grundelemente, aber Sie könnten auch etwas anderes dort vorfinden, wenn Sie bereits mit Ihrem Arbeitsbereich herumgespielt haben). In diesem Pop-up-Menü wählen Sie **Neuer Arbeitsbereich** (wie oben gezeigt). Daraufhin erscheint ein Dialogfenster, in dem Sie Ihr Layout benennen und abspeichern können. Sie können viele verschiedene Arbeitsbereiche als Vorgaben speichern, etwa einen für die Retusche, einen für Illustrationen, einen für die Bildbearbeitung usw. Um nun jederzeit wieder genau dieses Layout aufrufen zu können, wählen Sie es einfach aus dem Pop-up-Menü aus. Beim Aufrufen Ihres Arbeitsbereichs können Sie zudem auch jederzeit Änderungen vornehmen, also etwa ein Bedienfeld verschieben oder ein Bedienfeld schweben lassen. Wenn Sie dann wieder zu Ihrem gespeicherten Arbeitsbereich zurückkehren möchten, wählen Sie einfach Zurücksetzen aus demselben Pop-up-Menü. Meinen Arbeitsbereich habe ich »Scotts Arbeitsbereich« genannt. Ja, ich weiß, das ist echt originell. Deshalb steht oben »Scotts Arbeitsbereich zurücksetzen«. Ihr Arbeitsbereich wird wahrscheinlich nicht »Scotts Arbeitsbereich« heißen, aber ich denke, das wird Ihnen auch klar sein? ;-)

Wie ... blende ich Hilfslinien und andere Dinge aus?

Es gibt ein ziemlich praktisches Tastenkürzel, um nahezu alles auszublenden und eine saubere, ungestörte Bildansicht zu bekommen: und zwar ist das **Strg/Befehl+H**. Hinweis: Wenn Sie als Mac-Anwender das erste Mal **Befehl+H** drücken, erscheint das oben dargestellte Dialogfenster, in dem Sie gefragt werden, ob Sie mit diesem Tastenkürzel Photoshop selbst oder nur Auswahlbereiche, Hilfslinien usw. ausblenden möchten. Der Grund ist, dass **Befehl+H** als globales Mac-OS-Tastenkürzel standardmäßig die aktive Anwendung verbirgt. Ich habe auf **Extras ausblenden** geklickt, so dass **Befehl+H** nun meine Hilfslinien, Auswahlrahmen usw. in Photoshop ausblendet. Natürlich hängt es ganz von Ihnen und Ihrem individuellen Workflow ab, ob Sie sich lieber für die rote oder für die blaue Pille entscheiden. Wie gesagt, das gilt nur für Mac-User, als Windows-Anwender nutzen Sie einfach ganz unkompliziert das Tastenkürzel **Strg+H**.

Wie... bewege ich mich im eingezoomten Bild?

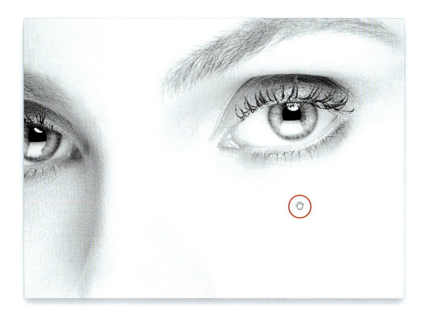

Wenn Sie die **Leertaste** gedrückt halten, wechseln Sie vorübergehend zum **Hand**-Werkzeug. Jetzt gelangen Sie einfach durch Klicken und Ziehen zur gewünschten Position. Das geht viel schneller als mit den Scrollbalken. Die funktionieren im ausgezoomten Zustand ganz ordentlich. Sobald Sie aber eingezoomt haben, sind sie die Pest – ein richtiger Albtraum (okay, das ist jetzt vielleicht ein bisschen übertrieben, aber nur ein bisschen). Wenn Sie mit dem Verschieben fertig sind, lassen Sie die **Leertaste** wieder los und kehren zum vorher verwendeten Werkzeug zurück.

Wie ... verberge ich den Arbeitsbereich »Einstieg«?

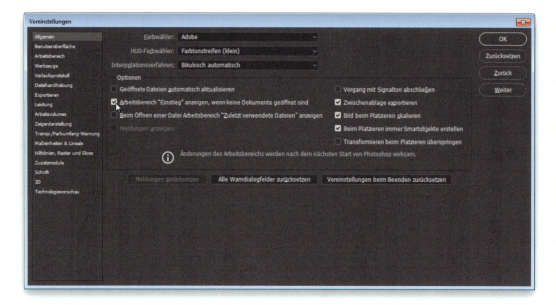

Wenn Sie mit dem Anwendungsrahmen arbeiten (am Mac im **Fenster**-Menü) und den Arbeitsbereich **Einstieg** verbergen möchten, der beim Starten von Photoshop erscheint, oder wenn Sie nichts geöffnet haben, dann gehen Sie im Menü **Photoshop CC** (Windows: **Bearbeiten**) in die Kategorie **Voreinstellungen** und wählen **Allgemein**. Im Dialogfeld **Voreinstellungen** deaktivieren Sie das Kontrollfeld **Arbeitsbereich »Einstieg« anzeigen, wenn keine Dokumente geöffnet sind** (siehe oben). Sie können hier mit dem darunterliegenden Kontrollfeld auch den Arbeitsbereich **Zuletzt verwendete Dateien** deaktivieren.

 **Wie ...** passe ich mein Bild optimal ins Bildfenster ein?

Ich mache das am liebsten mit einem Doppelklick auf das **Hand**-Werkzeug in der Werkzeugleiste. Sie können aber ebenso gut **Strg/Befehl+0** drücken, wenn Sie lieber ein Tastenkürzel verwenden. Wenn Sie zum **Hand**-Werkzeug wechseln (das Tastenkürzel dafür ist der Buchstabe **H**), dann sehen Sie außerdem drei Zoom-Schaltflächen oben in der Optionsleiste: (1) **100%**, (2) **Ganzes Bild** und (3) **Bildschirm ausfüllen**. Sie könnten auch im Menü **Ansicht** manuell die gewünschte Größe auswählen, aber… vergeuden Sie keine Zeit in den Menüs und nutzen Sie einfach eine der beiden erstgenannten Methoden.

Wie... sehe ich meine Bilder in 100-%-Größe?

Mit einem Doppelklick auf das **Zoom**-Werkzeug (das Symbol sieht aus wie ein Vergrößerungsglas) in der Werkzeugleiste wird Ihr Bild mit Zoomstufe 100% (tatsächliche Größe) angezeigt. Sie können für diese Ansicht auch **Strg/Befehl+1 drücken** oder Sie drücken zuerst **Z** für das **Zoom**-Werkzeug und klicken dann auf die 100-%-Schaltfläche oben in der Optionsleiste. Das dauert aber länger, als einfach direkt einen Doppelklick auf das **Zoom**-Werkzeug auszuführen.

Wie ... verberge ich all diese Bedienfelder?

Drücken Sie die Tabulator-Taste, um alle Bedienfelder inklusive Options- und Werkzeugleiste zu verbergen. Wenn Sie nur die Bedienfelder rechts ausblenden möchten (oder sollte ich sagen: »Alles bis auf die Werkzeug- und die Optionsleiste«), dann drücken Sie **Umschalt+Tab**. In beiden Fällen blenden Sie die versteckten Bedienfelder mit einem erneuten Druck der **Tab**-Taste wieder ein.

Wie ... lasse ich verborgene Bedienfelder automatisch ausklappen?

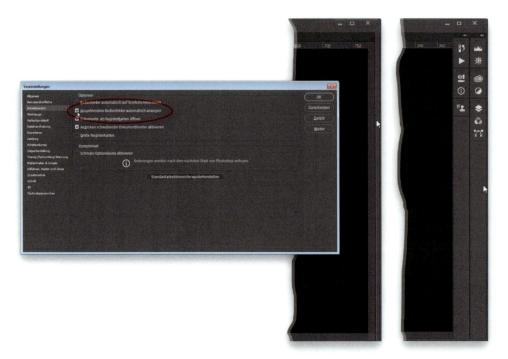

Gehen Sie im Menü **Photoshop CC** (Windows: **Bearbeiten**) unter **Voreinstellungen** und wählen Sie **Arbeitsbereich**. Wenn sich das Dialogfenster **Voreinstellungen** mit der Kategorie **Arbeitsbereich** öffnet, aktivieren Sie im Abschnitt **Optionen** das Kontrollfeld **Ausgeblendete Bedienfelder automatisch anzeigen** (siehe oben links). Wenn Sie den Mauszeiger nun ganz an den rechten Bildschirmrand bewegen, wo die verborgenen Bedienfelder liegen (oben Mitte), dann werden diese ausgeklappt (oben rechts).

Wie ... kann ich in mein Bild ein- und auszoomen?

Dafür gibt es mehrere Möglichkeiten, aber ich fange mit meinen beiden Lieblingstechniken an: Um ohne Werkzeugwechsel schnell ein- und auszuzoomen, drücken Sie **Strg/Befehl++** (Pluszeichen) zum Einzoomen und **Strg/Befehl+–** (Minuszeichen) zum Auszoomen. Beliebt ist auch der Wechsel zum **Zoom**-Werkzeug – es sieht aus wie ein Vergrößerungsglas –, aber Sie können es auch direkt mit der Taste **Z** einschalten. Damit können Sie dann entweder einfach klicken, um direkt einzuzoomen, oder für eine Art Kamerafahrt auf die Stelle im Bild klicken, die Sie heranzoomen möchten. So habe ich es oben gemacht und Photoshop zoomt dann diesen Bereich heran. Um wieder auszuzoomen, halten Sie die **Alt**-Taste gedrückt und tun dasselbe (klicken oder klicken und gedrückt halten). Photoshop zoomt jetzt wieder aus. Wie ich bereits zuvor in diesem Kapitel geschrieben habe, können Sie mit einem Doppelklick auf das **Zoom**-Werkzeug in der Werkzeugleiste selbst direkt auf eine 100-%-Ansicht des Bilds in tatsächlicher Größe zoomen.

Kapitel 2
Wie Sie die Photoshop-Werkzeuge anwenden
Werkzeugtipps

Wenn Sie sich das Werkzeugbedienfeld von Photoshop zum ersten Mal ansehen, erblicken Sie eine kümmerliche kleine Leiste entlang des linken Fensterrands und denken: »Das sieht nicht besonders schwierig aus.« Aber dann merken Sie irgendwann, dass es in Wirklichkeit insgesamt 64 Werkzeuge gibt, weil viele von ihnen sich hinter anderen Werkzeugen verstecken. Adobe beschreibt diese Art der Werkzeuganordnung als »Atelier Cloister Element« oder kurz ACE. Vielleicht haben Sie schon gemerkt, dass sich manche Fotografen online damit großtun, dass sie »Adobe ACEs« sind. Das heißt einfach, dass sie einen schwierigen Online-Test mit einer Mindestpunktzahl von 82 absolviert haben. Darin muss jedes der Atelier-Cloister-Element-Werkzeuge richtig benannt werden, wenn sie für den Bruchteil einer Sekunde auf dem Bildschirm angezeigt werden. Erschwerend kommt hinzu, dass das Werkzeugsymbol dezent auf das Ohr eines Löffelhunds tätowiert ist, der durch sein natürliches Habitat streift. Insgesamt ist das schwieriger, als es klingt, und deshalb neigen Adobe ACEs oft auch dazu, mit dem Bestehen des Tests zu prahlen. In der Photoshop-Community entspricht das Bestehen des ACE-Tests dem Landen eines F/A-18-Kampfjets auf dem Deck eines fahrenden Flugzeugträgers. Es ist also schon eine ziemliche Glanzleistung, 82 oder mehr Punkte zu erzielen. Ihnen kann ich es ja sagen: Ich beschäftige mich schon eine ganze Weile mit dem Programm und habe nur 84 Punkte erzielt. Deshalb kann ich aus erster Hand bestätigen, dass der Test ziemlich anspruchsvoll ist. Wenn Sie mit diesem Kapitel fertig sind, werden Sie aber immerhin bereits 36 bis 37 Punkte erzielen. Das liegt aber daran, dass wir Fotografen (a) nicht alle 64 Werkzeuge brauchen, (b) die meisten Werkzeuge sowieso für Grafikdesigner gedacht sind und (c) Fotografen prinzipiell etwas gutgläubig sind, denn diese ganze »Atelier-Cloister-Element«-Sache habe ich mir nur ausgedacht. Total. Natürlich hätte ich ein schlechtes Gewissen, wenn Sie darauf hereingefallen wären, aber das sind Sie ja nicht (stattdessen haben Sie die ganze Zeit mit mir zusammen gekichert). Also ist doch alles in Ordnung, nicht wahr? Es ist schließlich niemand zu Schaden gekommen, oder? Hallo? Ist hier jemand?

 **Wie ...** zeige ich nur die wirklich benötigten Werkzeuge an?

Im Werkzeugbedienfeld von Photoshop entlang des linken Fensterrands sehen Sie eine ganze Menge Werkzeuge – aber wahrscheinlich verwenden Sie nur ein paar davon. Zum Glück können Sie alle nicht benötigten Werkzeuge ausblenden, sodass Sie ein kleineres, übersichtlicheres Bedienfeld erhalten. So geht es: Im Menü **Bearbeiten** wählen Sie **Symbolleiste** (ganz unten im Menü), um das Dialogfeld **Symbolleiste anpassen** zu öffnen (siehe Abbildung oben). Sie finden zwei Spalten vor: Die linke listet alle Photoshop-Werkzeuge auf; und wenn Sie ein nicht benötigtes Werkzeug sehen, ziehen Sie es in die rechte Spalte. Dadurch wird es ausgeblendet. Anschließend klicken Sie auf **Fertig**. Sie haben nun ein kleineres, übersichtlicheres Bedienfeld nur mit den tatsächlich benötigten Werkzeugen.

TIPP: Werkzeuge mit einem Tastendruck aktivieren
Die meisten Werkzeuge im Werkzeugbedienfeld können Sie mit einem einzigen Tastendruck aktivieren. Manche von ihnen lassen sich sogar leicht merken: Drücken Sie beispielsweise die Taste **B** für das **Pinsel**-Werkzeug (englisch Brush), die Taste **C** für das Zuschneidenwerkzeug (englisch Crop) oder die Taste **T** für das Horizontaler-Text-Werkzeug. Mit **P** aktivieren Sie den Zeichenstift (englisch Pen). Es gibt aber auch **J** für das Reparatur-Pinsel-Werkzeug oder **O** für das Nachbelichter-Werkzeug. Gewöhnen Sie sich also lieber nicht an, dass die Tasten Sinn machen. Wie auch immer – um herauszufinden, welche Taste zu welchem Werkzeug gehört, halten Sie einfach im Werkzeugbedienfeld die Maustaste darauf und wenn sich das Flyout-Menü öffnet, sehen Sie dort die jeweilige Taste. Gibt es mehrere Werkzeuge, die sich dieselbe Taste teilen (etwa **T** für alle vier Textwerkzeuge), dann halten Sie einfach zusätzlich die **Umschalt**-Taste gedrückt (in dem Fall also **Umschalt+T**), um durch die verschiedenen zusammengehörigen Werkzeuge zu blättern.

 **Wie ...** wähle ich einen quadratischen oder rechteckigen Bildbereich aus?

Möchten Sie nur einen bestimmten Bildbereich bearbeiten (statt das ganze Bild), wählen Sie diesen zuerst aus, damit sich Ihre Bearbeitungen nur auf diesen ausgewählten Bereich auswirken. Es gibt in Photoshop eine Menge unterschiedlicher Auswahlwerkzeuge, mit denen Sie exakte Auswahlbereiche erstellen können. Eines der wichtigsten ist das **Auswahlrechteck**-Werkzeug. So verwenden Sie es: Wählen Sie es aus dem Werkzeugbedienfeld (siehe oben) oder drücken Sie einfach die Taste **M**. Ziehen Sie dann mit gedrückter Maustaste über den Bereich, den Sie auswählen möchten. Standardmäßig wird ein Rechteck aufgezogen; möchten Sie die Auswahl aber auf ein exaktes Quadrat einschränken, halten Sie die **Umschalt**-Taste gedrückt. Um die einmal erzeugte Auswahl zu verschieben, klicken Sie mit demselben Werkzeug an beliebiger Stelle in den blinkenden Auswahlbereich und ziehen Sie ihn an eine neue Stelle. Möchten Sie die in dem Rechteck (oder Quadrat) eingeschlossenen Bildbereiche verschieben, um einen Teil Ihres Bilds an eine andere Stelle zu versetzen, wechseln Sie zum **Verschieben**-Werkzeug (**V**; das erste Werkzeug ganz oben im Werkzeugbedienfeld). Klicken Sie in den gestrichelten Auswahlrahmen und ziehen Sie. Um Ihre Auswahl zu entfernen (man spricht vom »Aufheben« der Auswahl), drücken Sie **Strg/Befehl+D**.

Wie ... erzeuge ich eine frei geformte Auswahl?

Möchten Sie einen nicht rechteckigen oder runden Bereich auswählen, etwa ein Objekt in Ihrem Bild, benötigen Sie eine frei geformte Auswahl. Dazu können Sie das **Lasso**-Werkzeug verwenden (das entsprechende Symbol sieht tatsächlich aus wie ein Lasso). Wählen Sie es einfach aus dem Werkzeugbedienfeld oder drücken Sie **L** und fahren Sie an den Kanten des auszuwählenden Objekts entlang. Wenn Sie noch etwas zur Auswahl hinzufügen möchten (nachdem Sie sie bereits fertiggestellt haben), halten Sie die **Umschalt**-Taste gedrückt und zeichnen Sie weiter. Alles, was Sie umfahren, während Sie die **Umschalt**-Taste gedrückt halten, wird der bestehenden Auswahl hinzugefügt. Wenn Sie einen Fehler machen und einen Bereich versehentlich auswählen, dann halten Sie stattdessen die **Alt**-Taste gedrückt und umfahren Sie den Bereich, den Sie entfernen möchten. Um die Auswahl des ausgewählten Bereichs aufzuheben, drücken Sie **Strg/Befehl+D**.

Wie ... nehme ich wirklich exakte Auswahlen vor?

Die Krönung aller Auswahlwerkzeuge (finde ich auf jeden Fall) ist das Zeichenstift-Werkzeug **(P)**, weil es präzise Auswahlen erzeugt, die Sie nachträglich leicht anpassen können. Das Beste daran: Es erzeugt perfekte Kurven um Objekte und das ist mehr wert, als man meinen könnte. In Wirklichkeit gibt es sogar fünf Stiftwerkzeuge, aber in 96% der Fälle werden Sie den regulären Zeichenstift verwenden. Er funktioniert wie ein Werkzeug, das Punkte miteinander verbindet: Sie klicken einmal, um den Startpunkt zu wählen, dann bewegen Sie den Mauszeiger irgendwo anders hin und klicken erneut darauf. Daraufhin entsteht zwischen diesen beiden Punkten eine gerade Linie (das ist ideal, wenn Sie eine Wand oder eine Kiste oder etwas anderes mit geraden Linien auswählen möchten). Gelangen Sie an eine kurvige Stelle des auszuwählenden Objekts (nehmen wir an, Sie wollen eine Kamera auswählen – Teile davon sind linear, der obere Bereich und das Objektiv sind hingegen abgerundet), dann klicken Sie, halten Sie die Maustaste gedrückt und ziehen Sie. Während des Ziehvorgangs entsteht eine perfekte Kurve. Zwei kleine Griffe erscheinen, mit denen Sie die Kurve später exakt anpassen können, nachdem Sie das ganze Objekt nachgezeichnet haben. Prinzipiell funktioniert das **Zeichenstift**-Werkzeug also so: Mit Klick – Klick – Klick erzeugen Sie gerade Linien, mit Klick – Halten und Ziehen erhalten Sie eine Kurve. Nachdem Sie das gesamte Objekt nachgezeichnet haben und wieder an den Ausgangspunkt gelangen, sehen Sie in der rechten unteren Ecke des Zeichenstiftsymbols am Mauszeiger einen winzigen Kreis. Klicken Sie jetzt direkt auf den ersten Punkt, wird der letzte Punkt mit diesem verbunden, sodass die ganze Sache geschlossen wird. Allerdings haben Sie jetzt keine Auswahl, sondern einen Pfad – gerade Linien und Kurven, die nicht blinken (auf jeden Fall noch nicht). Um den Pfad in eine Auswahl zu verwandeln, drücken Sie **Strg/Befehl + Enter**. Auf der nächsten Seite sehen Sie, wie Sie diesen Pfad anpassen können, bevor Sie ihn in eine Auswahl verwandeln.

Wie ... passe ich den gezeichneten Pfad an?

Sobald Sie einen Pfad gezeichnet haben, können Sie ihn mit zwei unterschiedlichen Pfeilwerkzeugen anpassen. Beide finden Sie im Werkzeugbedienfeld, etwas unterhalb des Zeichenstifts. Das erste ist das **Pfadauswahl**-Werkzeug (**A**, es sieht wie ein ausgefüllter schwarzer Pfeil aus). Sie verwenden dieses Werkzeug, um den gesamten Pfad zu markieren und zu verschieben (falls Sie ihn an eine andere Stelle versetzen möchten). Gibt es in Ihrem Bild mehrere Pfade, können Sie mit dem **Pfadauswahl**-Werkzeug zwischen ihnen wechseln. Das zweite Werkzeug ist das **Direktauswahl**-Werkzeug (**Umschalt+A**). Sein Symbol ist ein Pfeil mit weißer Füllung. Dieses Werkzeug verwenden Sie am häufigsten. Sie können damit auf einen beliebigen, mit dem **Zeichenstift**-Werkzeug erzeugten Punkt klicken und ihn anpassen. Sind Sie beispielsweise mit dem **Zeichenstift**-Werkzeug eine Kontur entlanggefahren und ein Teil Ihres Pfads liegt nicht eng genug an dieser an, klicken Sie einen der Punkte an und ziehen Sie ihn in die gewünschte Richtung, bis der Pfad sich an die Kontur anschmiegt. Nachdem Sie einen Kurvenpunkt erzeugt haben, sehen Sie außerdem ein bis zwei kleine Griffe – mit diesen können Sie anpassen, wie stark die linke oder rechte Seite dieses Kurvensegment gebogen sein soll (das funktioniert in etwa wie ein Kipphebel). Um die Biegung anzupassen, klicken Sie auf den kleinen Punkt am Ende eines Griffs und ziehen ihn nach oben oder unten, um die Kurve an die Kontur des Objekts anzupassen. Ist die Biegung zu stark, ziehen Sie den Griff auf den Punkt in der Mitte. Um die Kurve zu verstärken, ziehen Sie das Ende des Griffs von dem Punkt weg. Kurz zusammengefasst: Der schwarze Pfeil verschiebt den ganzen Pfad, der weiße Pfeil passt einzelne Pfadbereiche oder -punkte an.

 **Wie ...** füge ich Punkte hinzu, lösche oder ändere ich sie?

Es gibt ein Werkzeug, mit dem Sie einen kurvigen Pfad in einen völlig geraden und einen geraden in einen kurvigen Pfad umwandeln können – das **Punkt-umwandeln**-Werkzeug. Es teilt sich seinen Platz im Werkzeugbedienfeld mit dem **Zeichenstift**-Werkzeug (es ist das unterste Werkzeug im Flyout-Menü und sieht wie eine Pfeilspitze aus). Wenn Sie mit dem Werkzeug auf einen Kurvenpunkt klicken, werden die Linien sofort gerade und die kleinen Griffe verschwinden. Um einen Eckpunkt in einen Kurvenpunkt umzuwandeln, halten Sie die Maustaste direkt auf ihm gedrückt und ziehen eine Kurve heraus. Brauchen Sie mehr Punkte auf Ihrer Kurve, verwenden Sie ein weiteres Werkzeug, das **Ankerpunkt-hinzufügen**-Werkzeug. Sie finden es ebenfalls im Flyout-Menü des Zeichenstifts. Es sieht aus wie das **Zeichenstift**-Werkzeug, aber mit einem kleinen Pluszeichen. Klicken Sie an beliebiger Stelle auf einen Pfad, um einen Punkt hinzuzufügen. Wenn es ein Werkzeug gibt, um Punkte hinzuzufügen, gibt es natürlich auch eines, um welche zu löschen. Es heißt **Ankerpunkt-löschen**-Werkzeug (es sieht ebenfalls wie das Zeichenstift-Werkzeug aus, aber mit einem kleinen Minuszeichen). Klicken Sie auf einen vorhandenen Punkt, um ihn zu löschen.

TIPP: Zeichnen Sie Ihren Pfad entlang der Innenkante
Die besten Ergebnisse erzielen Sie mit dem **Zeichenstift**-Werkzeug, wenn Sie beim Zeichnen auf der Innenseite der Kontur des nachgezeichneten Objekts zeichnen statt direkt auf der Kontur. Damit vermeiden Sie kleine weiße Lücken, wenn Sie den Pfad in eine Auswahl konvertieren.

Wie ... zeichne ich einen Freiformpfad?

Freiformpfade zeichnen Sie mit derselben Technik wie eine Lassoauswahl. Dazu gibt es ein spezielles Zeichenstiftwerkzeug, das **Freiform-Zeichenstift**-Werkzeug. Sie finden es im Flyout-Menü des **Zeichenstift**-Werkzeugs (es sieht auch fast genauso aus, nur mit einem kleinen »S« am Ende der Zeichenfederspitze). Sie fahren damit einfach die Kante des Objekts entlang, das Sie auswählen möchten. Beim Zeichnen werden automatisch die Punkte für Sie erstellt. Sobald Ihr Pfad fertig ist (Sie den letzten Punkt mit dem Startpunkt verbunden haben), werden die erzeugten Punkte angezeigt und können nun mit dem **Direktauswahl**-Werkzeug (dem weißen Pfeil; **Umschalt+A**) angepasst werden.

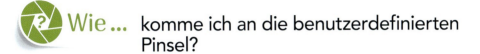

Wie ... komme ich an die benutzerdefinierten Pinsel?

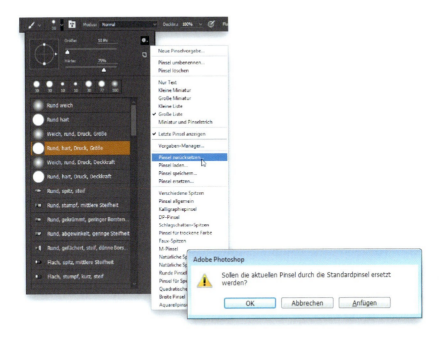

In der Optionsleiste klicken Sie auf das zweite Symbol von links, um die **Auswahl für Pinselvorgaben** zu öffnen. Dann klicken Sie auf das Zahnradsymbol in der oberen rechten Ecke. In der unteren Hälfte des nun angezeigten Pop-up-Menüs sehen Sie verschiedene Pinselsammlungen, die Sie laden können. Nachdem Sie das Gewünschte ausgewählt haben, fragt ein Meldungsfenster, ob Sie die aktuellen Pinsel ersetzen (entfernen) und stattdessen die gewählten anzeigen möchten oder ob Sie die neuen Pinsel an das Ende des aktuellen Standardpinselsatzes anfügen wollen. Die gute Nachricht: Sie können die Pinsel gefahrlos ausprobieren, weil Sie stets mit einem Klick die Standardpinsel wieder laden können. Wählen Sie dazu im genannten Pop-up-Menü den Befehl **Pinsel zurücksetzen**. Daraufhin werden wieder die Standardpinsel angezeigt.

Wie... stelle ich die Pinselgröße ein?

Sobald Sie irgendein Werkzeug mit einer Pinselspitze ausgewählt haben (etwa ... nun ja, das **Pinsel**-Werkzeug natürlich, aber auch das **Kopierstempel**-, das **Abwedler**- und das **Nachbelichter**-Werkzeug, das **Zeichenstift**-Werkzeug, das **Radiergummi**-Werkzeug usw.), können Sie den Typ (hart oder weich) und die Größe des Pinsels aus der **Auswahl für Pinselvorgaben** in der Optionsleiste wählen. Klicken Sie auf das zweite Symbol von links, um das Pop-up-Menü **Auswahl für Pinselvorgaben** anzuzeigen. Hier finden Sie eine Standardsammlung von Pinseln, außerdem Regler für die Größe und Härte. Sie sehen auch eine Vorschau jeder Pinselspitze, die Ihnen zeigt, welche Spitzen harte und welche weiche Kanten haben (Letztere sehen in der Vorschau unscharf aus).

TIPP: Die Pinselgröße über die Tastatur ändern
Für das Ändern der Pinselgröße müssen Sie nicht über das Pop-up-Menü **Auswahl für Pinselvorgaben** gehen. Sie können auch die Tasten auf Ihrer Tastatur verwenden: Unter Windows vergrößert die Taste **#** die Pinselspitze, die Taste **ö** verkleinert sie. Am Mac nehmen Sie für das Verkleinern die Tastenkombination **Umschalt+#**. Eine Alternative ist eine Kombination aus **Alt** und **Rechtsklick**: Halten Sie die **Alt**-Taste gedrückt, dann halten Sie die rechte Maustaste gedrückt und (1) ziehen Sie sie nach oben bzw. unten, um die Härte zu ändern, oder (2) nach links bzw. rechts, um die Größe zu ändern. Wenn Sie schließlich nur mit der rechten Maustaste irgendwo in Ihr Bild klicken, erscheint an dieser Stelle die Auswahl für Pinselvorgaben. Das spart Ihnen den Ausflug in die Optionsleiste.

# Wie ... zeichne ich einen Verlauf?

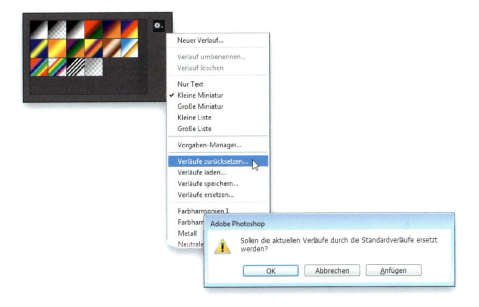

Es klingt ziemlich selbstverständlich – Verläufe erzeugen Sie mit dem Verlaufswerkzeug (**G**). Klicken und ziehen Sie, um einen Verlauf von der angeklickten Stelle bis zum Ende des Ziehvorgangs zu erzeugen. Standardmäßig erstreckt sich der Verlauf von der aktuellen Vorder- zur Hintergrundfarbe. Möchten Sie also andere Verlaufsfarben, ändern Sie einfach die Vorder- und die Hintergrundfarbe. Sie können jedoch noch aus einer Menge weiterer Verläufe wählen. In der Optionsleiste klicken Sie auf den Abwärtspfeil rechts von der Verlaufsminiatur, um die Auswahlliste für Verläufe zu öffnen. Nun sehen Sie alle unterschiedlichen Verläufe, aus denen Sie wählen können – klicken Sie den gewünschten einfach an. Natürlich gibt es noch weitere Verläufe, die Sie laden können (analog zu den verschiedenen Pinselsätzen). Klicken Sie auf das Zahnradsymbol in der oberen rechten Ecke der Auswahlliste für Verläufe und Sie finden in der unteren Hälfte des nun angezeigten Pop-up-Menüs alle Verläufe, die Sie hinzufügen können. Wenn Sie hier einen Satz auswählen, erhalten Sie ein Dialogfeld mit der Frage, ob Sie die aktuellen Verläufe entfernen (ersetzen) und stattdessen die ausgewählten verwenden oder ob Sie die neuen Verläufe an das Ende des aktuellen Satzes anfügen möchten. Sie können jederzeit zu den Standardverläufen zurückkehren, indem Sie aus demselben Pop-up-Menü die Option **Verläufe zurücksetzen** wählen.

TIPP: Aus verschiedenen Verlaufsarten wählen
Es gibt einen linearen Verlauf (eine gerade Linie zwischen den Übergängen), einen radialen (kreisförmigen), einen gewinkelten, einen reflektierten und einen rautenförmigen Verlauf. Um einen davon auszuwählen, klicken Sie auf das entsprechende Symbol rechts von der Verlaufsminiatur in der Optionsleiste.

Wie ... bearbeite ich einen Verlauf?

Aktivieren Sie das Verlaufswerkzeug **(G)** und klicken Sie auf die Verlaufsminiatur in der Optionsleiste (nicht auf den kleinen Abwärtspfeil, sondern direkt auf die Verlaufsminiatur). Sie erhalten das Dialogfeld **Verläufe bearbeiten**. Klicken Sie auf eine Verlaufsvorgabe im oberen Bereich des Dialogfelds, um sie als Ausgangspunkt für die Bearbeitung zu verwenden. (Wenn Sie zum Beispiel einen Verlauf mit drei verschiedenen Farben erzeugen möchten, klicken Sie auf eine Verlaufsvorgabe, die bereits aus drei Farben besteht [oben habe ich auf die Vorgabe **Blau, Gelb, Blau geklickt**] – dadurch sparen Sie sich einen Schritt.) Der gewünschte Verlauf wird im Verlaufsbalken angezeigt und darunter sehen Sie kleine Symbole (Ich finde, sie sehen wie Häuschen aus, fachlich korrekt ist aber die Bezeichnung »Farbunterbrechungsregler«.) Sie ziehen die Farbunterbrechungsregler nach rechts oder links, um die Verteilung einer bestimmten Farbe in Ihrem Verlauf zu ändern. Mit den kleinen rautenförmigen Symbolen zwischen zwei Farben definieren Sie den Farbmittelpunkt (ziehen Sie eines dieser Symbole und Ihnen wird sofort klar, worum es geht). Um die Farbe eines Farbunterbrechungsreglers zu bearbeiten, zeigen Sie den Farbwähler mit einem Doppelklick auf das jeweilige Häuschensymbol an. Mehr Farbunterbrechungsregler fügen Sie hinzu, indem Sie direkt unter den Verlaufsbalken klicken. Um einen Farbunterbrechungsregler zu entfernen, klicken Sie ihn an und ziehen ihn vom Verlaufsbalken weg. Mit den beiden Deckkraftunterbrechungsreglern über dem Verlaufsbalken fügen Sie Transparenzen hinzu. Möchten Sie beispielsweise einen Verlauf von Schwarz nach Transparent erzeugen statt von Schwarz zu einer Farbe, klicken Sie auf den entsprechenden Deckkraftunterbrechungsregler und wählen Sie die Deckkraft im Deckkraft-Feld im unteren Dialogfeldbereich.

KAPITEL 2 ■ WIE SIE DIE PHOTOSHOP-WERKZEUGE ANWENDEN

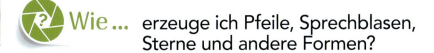

Wie... erzeuge ich Pfeile, Sprechblasen, Sterne und andere Formen?

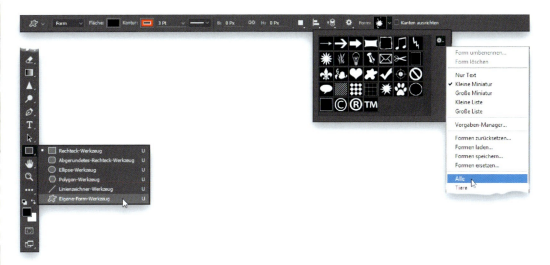

Sprechblasen, Pfeile oder andere Formen erzeugen Sie mit dem **Eigene-Form**-Werkzeug. Sie finden es direkt über dem **Hand**-Werkzeug im Werkzeugbedienfeld – halten Sie die Maustaste auf dem **Rechteck**-Werkzeug gedrückt und wählen Sie das **Eigene-Form**-Werkzeug aus dem Flyout-Menü (es ist dort das letzte Symbol). Alternativ drücken Sie **Umschalt+U**, bis Sie das Werkzeug aktiviert haben. In der Optionsleiste sehen Sie eine Miniaturvorschau der aktuell ausgewählten eigenen Form. Klicken Sie diese an, wird die **Auswahlliste für eigene Formen** angezeigt. Um eine Form zu aktivieren, klicken Sie sie an; anschließend ziehen Sie sie in der gewünschten Größe in Ihrem Bild auf. Standardmäßig erscheint sie auf der aktuellen Ebene; soll sie also auf eine separate Ebene, klicken Sie zuerst auf das Symbol **Neue Ebene erstellen** am unteren Rand des Ebenenbedienfelds, um eine neue leere Ebene zu erstellen. Auf der linken Seite der Optionsleiste finden Sie außerdem das Pop-up-Menü **Modus**, in dem Sie festlegen, ob Ihre eigene Form als Formebene oder als Pfad erzeugt werden soll (diese Optionen eignen sich mehr für Grafikdesigner) oder als Pixelgrafik – diese Option ist eher für uns Fotografen gedacht (die Form wird wie jedes andere Bildelement behandelt). Übrigens können Sie weitere Sätze mit eigenen Formen laden, indem Sie auf das Zahnradsymbol in der rechten oberen Ecke der **Auswahl für eigene Formen** klicken. Im daraufhin angezeigten Pop-up-Menü sehen Sie alle verschiedenen Sätze mit eigenen Formen, die Sie an das Ende des aktuellen Satzes anhängen können. Alternativ können Sie die aktuellen Formen durch die gewählten ersetzen. Ich klicke in diesem Menü meistens einfach auf **Alle**, um sämtliche Sätze gleichzeitig zu laden. Dann kann ich hindurchscrollen und sie die ganze Zeit geladen lassen – das spart einfach Zeit. Sie können jederzeit zum Standardsatz zurückkehren, indem Sie aus dem Pop-up-Menü **Formen zurücksetzen** wählen.

Wie ... verwende ich bereits im Dokument vorhandene Farben?

Um eine Farbe aus Ihrem aktuell geöffneten Fenster zu »klauen«, aktivieren Sie das **Pipette**-Werkzeug (**I**) im Werkzeugbedienfeld (es sieht aus wie eine kleine Pipette). Dann klicken Sie einmal auf die gewünschte Farbe in Ihrem Dokument und sie wird nun zur Vordergrundfarbe (Sie erkennen das am unteren Rand des Werkzeugbedienfelds). Okay, nachdem Sie das nun wissen, verrate ich Ihnen einen Trick, mit dem dieses Werkzeug wahrscheinlich noch besser funktionieren wird: Standardmäßig nimmt es die Farbe eines einzelnen Pixels auf. Zoomen Sie aber einmal wirklich stark in ein Foto ein, dann merken Sie, dass selbst ein winziger Farbbereich aus einer Reihe leicht unterschiedlicher Farben besteht. Deshalb kann es passieren, dass die Pipette eine Farbe aufnimmt, die nicht ganz korrekt wirkt. Aus diesem Grund setze ich den Aufnahmebereich für die Pipette in der Optionsleiste auf **3 x 3 Pixel Durchschnitt** statt der standardmäßigen 1 Pixel. Dann erhalten Sie die durchschnittliche Farbe in dem angeklickten Bereich statt die eines zufälligen Streupixels. Kurz gesagt: Sicherlich erhalten Sie so bessere, vorhersagbare Ergebnisse.

 wähle ich eine Farbe?

Es gibt hier mehrere Möglichkeiten, zum Beispiel das **Farbfelder**-Bedienfeld (öffnen Sie das **Fenster**-Menü und wählen Sie **Farbfelder**). Hier sind bereits zahlreiche Farbfelder vordefiniert. Um eines davon zu nutzen, klicken Sie es an – es wird zu Ihrer Vordergrundfarbe. (Also der Farbe, mit der Sie nun arbeiten: Wenn Sie auf ein rotes Farbfeld klicken und anschließend das **Pinsel**-Werkzeug verwenden, malen Sie in Rot. Erstellen Sie nun Text, schreiben Sie in Rot usw.) Sie können verschiedene Farbfeldersätze laden, indem Sie auf das kleine Symbol mit den vier Linien in der rechten oberen Ecke des Bedienfelds klicken. Sie erhalten daraufhin ein Flyout-Menü mit anderen Farbfeldgruppen. Wenn Sie eine neue Farbe erstellen, die Sie als Farbfeld speichern möchten, aktivieren Sie das **Farbfelder**-Bedienfeld und klicken Sie auf das Symbol **Neues Farbfeld aus der Vordergrundfarbe erstellen** am unteren Bedienfeldrand. Ein entsprechendes Farbfeld wird erstellt. Es gibt auch ein **Farbe**-Bedienfeld (Sie öffnen es mit dem Befehl **Farbe** im **Fenster**-Menü). Dieses enthält zur Rechten einen vertikalen Farbtonregler, mit dem Sie die Basisfarbe auswählen. Über das größere Rechteck in der Mitte wählen Sie die Sättigung (wie lebhaft die Farbe sein soll) – klicken Sie einfach in dieses Rechteck und ziehen Sie. Die so erzeugte Farbe wird zu Ihrer neuen Vordergrundfarbe. Außerdem finden Sie im unteren Bereich des Werkzeugbedienfelds zwei überlappende Quadrate. Das vordere ist die Vordergrundfarbe. Um diese zu ändern, ohne das **Farbfelder**- oder **Farbe**-Bedienfeld zu öffnen, klicken Sie einfach auf das vordere Quadrat. Das Dialogfeld **Farbwähler** wird angezeigt (es größere Version des **Farbe**-Bedienfelds). Wählen Sie hier Ihre neue Vordergrundfarbe.

Wie ... ziehe ich Linien?

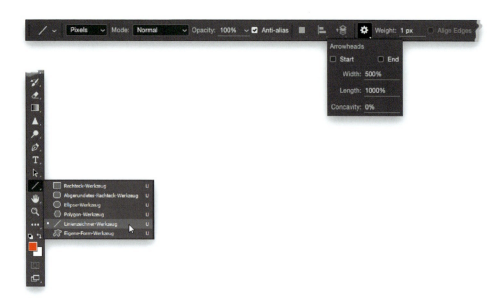

Sie verwenden dazu das **Linienzeichner**-Werkzeug (ich weiß, das klingt fast zu selbstverständlich). Es befindet sich im Werkzeugbedienfeld direkt über dem **Hand**-Werkzeug, in demselben Flyout-Menü wie das **Rechteck**-Werkzeug und sieht aus wie eine diagonale Linie. Alternativ drücken Sie **Umschalt+U,** bis es aktiviert ist. Ziehen Sie einfach mit gedrückter Maustaste, um eine Linie zu erzeugen. In der Optionsleiste können Sie die Stärke Ihrer Linie über das Feld **Formkonturbreite** einstellen – je höher der Wert, desto dicker wird die Linie. Auf der linken Seite der Optionsleiste ist im Pop-up-Menü **Werkzeugmodus auswählen** standardmäßig die Option **Form** ausgewählt. Halten Sie die Maustaste auf diesem Pop-up-Menü gedrückt und wählen Sie **Pixel**, um eine »fotografenfreundlichere« Linie zu erhalten, die wie Ihre Bilder aus Pixeln besteht (anderenfalls erhalten Sie einen Pfad, als ob Sie mit dem Zeichenstift-Werkzeug zeichnen, oder eine spezielle Formebene – beides ist eher für Grafikdesigner geeignet). Eine Sache sollten Sie noch wissen: Am Anfang und Ende jeder Linie können Sie Pfeilspitzen hinzufügen (hey, das wussten Sie bestimmt nicht!), indem Sie auf das kleine Zahnradsymbol rechts in der Optionsleiste klicken. Hier können Sie Pfeilspitzen einschalten und deren Dicke wählen.

Wie ... erzeuge ich Text?

Aktivieren Sie das **Horizontaler-Text**-Werkzeug **(T)**, klicken Sie auf eine beliebige Stelle in Ihrem Bild und beginnen Sie mit der Texteingabe. Sie können die Schriftart und -größe in der Optionsleiste einstellen. Zunächst wird die zuletzt verwendete Schriftart und -größe verwendet. Möchten Sie also die Schriftart ändern, markieren Sie zuerst den Text und wählen Sie dann eine neue Schriftart aus dem Pop-up-Menü. Möchten Sie auf ausgefeiltere Möglichkeiten der Textformatierung zugreifen, öffnen Sie das **Fenster**-Menü und wählen Sie **Zeichen**. Sie erhalten ein Bedienfeld mit tonnenweise Einstellmöglichkeiten für Texte (Grundlinienversatz, hochgestellt, tiefgestellt, Kerning, OpenType-Funktionen usw. – wenn Sie nur Bahnhof verstehen, können Sie auf dieses Bedienfeld vermutlich verzichten). Zunächst wird der Text in einer einzigen langen Zeile eingegeben; Sie müssen deshalb mit der **Enter**-Taste Ihre eigenen Zeilenumbrüche einfügen, bevor Sie über die Bildkante hinausschreiben. Soll Ihr Text an eine bestimmte Stelle passen, ziehen Sie noch vor der Texteingabe mit dem **Horizontaler-Text**-Werkzeug ein Textfeld in der gewünschten Größe auf. Bei der Eingabe bricht Ihr Text nun automatisch in die nächste Zeile um (wie in einem normalen Textverarbeitungsprogramm).

TIPP: Skalieren Sie Text mit dem Verschieben-Werkzeug
Sobald Sie Ihren Text fertig eingegeben haben, können Sie seine Größe ändern, indem Sie das **Verschieben**-Werkzeug im Werkzeugbedienfeld aktivieren, dann mit **Strg/Befehl+T** das **Frei-transformieren**-Werkzeug aktivieren (der Text wird mit Griffen und einem Rahmen versehen). Halten Sie die **Umschalt**-Taste gedrückt (damit die Proportionen des Textes erhalten bleiben) und ziehen Sie einen Eckgriff nach innen (um den Text zu verkleinern) oder nach außen (um ihn zu vergrößern). Anschließend drücken Sie die **Enter**-Taste, um die Transformierung zuzuweisen.

Wie ... ziehe ich eine ein Pixel dünne Linie?

Sie könnten das **Linienzeichner**-Werkzeug mit einer Breite von 1 Pixel verwenden (siehe Seite 40), aber für solche Arbeiten sollten Sie eventuell lieber das **Buntstift**-Werkzeug nutzen (es teilt sich seinen Platz im Werkzeugbedienfeld mit dem **Pinsel**-Werkzeug; alternativ drücken Sie **Umschalt+B**, bis es aktiviert ist). Es zeichnet standardmäßig eine hartkantige Linie mit 1 Pixel Breite – aktivieren Sie einfach den Buntstift und beginnen Sie freihand zu zeichnen. Benötigen Sie eine gerade Linie, halten Sie zuerst die **Umschalt**-Taste gedrückt, klicken Sie an den geplanten Startpunkt der Linie, bewegen Sie den Mauszeiger an den Endpunkt, klicken Sie erneut – und beide Punkte werden verbunden.

Wie ... radiere ich etwas weg?

Natürlich verwenden Sie dazu das **Radiergummi**-Werkzeug **(E)**. Es sieht aus wie ein Radiergummi und es radiert einfach Pixel. (Auf Textebenen funktioniert das Werkzeug nicht, weil Text eben nicht aus Pixeln besteht. Wenn Sie Text oder Textteile radieren möchten, gehen Sie zum Ebenenbedienfeld, klicken Sie mit der rechten Maustaste auf die Textebene und wählen Sie **Ebene rastern**. Der Text wird dadurch in Pixel umgewandelt und kann nun nach Belieben mit dem **Radiergummi**-Werkzeug bearbeitet werden.) Standardmäßig radiert es mit einer harten Pinselspitze (wie ein echter Radierer). Möchten Sie einen weichen Radierer, können Sie einen aus der Auswahl für Pinselvorgaben in der Optionsleiste wählen (klicken Sie auf die Pinselminiatur, um die **Auswahl für Pinselvorgaben** zu öffnen).

Wie ... wähle ich den Hintergrund hinter meinem Motiv aus?

Aktivieren Sie das **Zauberstab**-Werkzeug im Werkzeugbedienfeld (es sieht wie ein Zauberstab aus) oder drücken Sie **Umschalt+W**, bis es aktiviert wird. Klicken Sie einmal in den Bereich, den Sie auswählen möchten. Wenn es ein einfarbiger, zusammenhängender Farbbereich ist, etwa ein schöner blauer Himmel oder eine einfarbige Wand, wird wahrscheinlich das ganze Objekt mit einem einzigen Klick ausgewählt, und nun können Sie diesen Bereich isoliert bearbeiten. Wenn nicht der ganze Bereich, sondern nur ein Teil davon ausgewählt wird, halten Sie die **Umschalt**-Taste gedrückt (damit können Sie der aktuellen Auswahl etwas hinzufügen) und klicken Sie auf den nicht ausgewählten Teil. Enthält beispielsweise Ihr blauer Himmel Wolken, sind diese vielleicht nicht ausgewählt worden; halten Sie in dem Fall die **Umschalt**-Taste gedrückt und klicken Sie auf die einzelnen Wolkenbereiche, um sie der Auswahl hinzuzufügen. Haben Sie nun zu viel ausgewählt, gibt es drei Möglichkeiten: (1) Heben Sie die Auswahl mit **Strg/Befehl+D** auf und fangen Sie neu an, indem Sie auf einen anderen Teil des auszuwählenden Objekts klicken. Wenn Sie zum Beispiel auf die rechte Seite des Himmels geklickt und zu viel ausgewählt haben, heben Sie die Auswahl auf, klicken dann vielleicht auf die linke Seite des Himmels und prüfen das Ergebnis. Das funktioniert oft ziemlich gut. (2) Heben Sie die Auswahl auf, dann verringern Sie in der Optionsleiste die Toleranz. Die Standardeinstellung ist 30; dadurch wird der Farbbereich bestimmt. Wenn Sie also eine niedrigere Zahl wie 20 oder 10 oder 5 eingeben, werden weniger Farben in die Auswahl aufgenommen. Alternativ (3) wechseln Sie zum **Lasso**-Werkzeug (**L**), halten die **Alt**-Taste gedrückt und ziehen über die zu viel ausgewählten Bereiche. Diese Bereiche werden nun aus der Auswahl ausgeschlossen.

 **Wie ...** kann ich mir beim Erstellen einer Auswahl von Photoshop helfen lassen?

Ich verwende das **Schnellauswahl**-Werkzeug, um etwas komplexere Objekte auszuwählen und wenn Photoshop den größten Teil der Arbeit für mich übernehmen soll. Aktivieren Sie das Werkzeug im Werkzeugbedienfeld (es befindet sich am selben Ort wie das **Zauberstab**-Werkzeug; alternativ drücken Sie die **W**-Taste) und malen Sie einfach über das Objekt, das Sie auswählen möchten. Während des Malens wird es ausgewählt. Zunächst mag es so wirken, als funktioniere dies gar nicht gut, aber nach einem kurzen Augenblick analysiert Photoshop die Objektkanten und passt die Auswahl meist ganz ordentlich an. In den meisten Fällen entsteht keine perfekte Auswahl – das Werkzeug soll Ihnen lediglich helfen, Ihre Arbeit zu beschleunigen: Es entdeckt die Kanten der Objekte, die Sie übermalen (und je besser die Kante definiert ist, desto besser funktioniert die Schnellauswahl). Wechseln Sie anschließend zum **Lasso**-Werkzeug **(L)**, halten Sie die **Umschalt**-Taste gedrückt (zur aktuellen Auswahl hinzufügen) und zeichnen Sie die Bereiche nach, die nicht in die Auswahl aufgenommen wurden. Wenn Sie beide Werkzeuge gemeinsam verwenden, sparen Sie viel Zeit.

Wie ... schneide ich mein Bild zu?

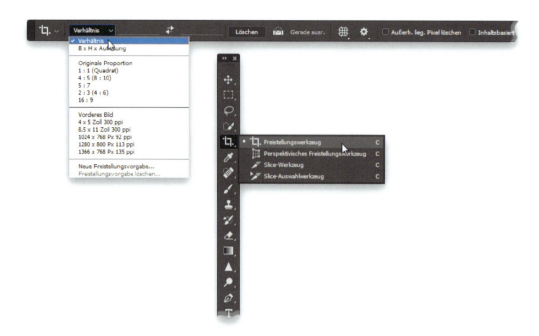

Aktivieren Sie das allernützlichste Werkzeug in Photoshop – das **Freistellungs**-Werkzeug. Wenn Sie es im Werkzeugbedienfeld anklicken (oder die **C**-Taste drücken), wird sofort ein Raster nach der Drittelregel über Ihr Bild gelegt (falls Sie diese Überlagerungsoption in der Optionsleiste ausgewählt haben) und an den Seiten und Ecken erscheinen kleine Zuschneidegriffe. Zum Zuschneiden ziehen Sie einen dieser Seiten- oder Eckgriffe. Die weggeschnittenen Bereiche werden dunkler angezeigt. Soll der Zuschnitt proportional bleiben, halten Sie die **Umschalt**-Taste während des Ziehvorgangs gedrückt. Um den Zuschnitt zuzuweisen, drücken Sie die **Enter**-Taste. Wenn Sie bereits die Zielgröße oder das gewünschte Seitenverhältnis kennen, können Sie zudem aus verschiedenen vordefinierten Seitenverhältnissen wählen. Sie finden diese bei ausgewähltem Freistellungs-Werkzeug im Pop-up-Menü auf der linken Seite der Optionsleiste.

 **Wie ...** setze ich ein Werkzeug auf seinen Standard zurück?

Die **Zurücksetzen**-Schaltfläche für Werkzeuge ist total schwer zu finden – keine Ahnung, warum. Möchten Sie ein einzelnes Werkzeug auf seine werkseitigen Standardeinstellungen zurücksetzen, wählen Sie es aus. Im linken Bereich der Optionsleiste sehen Sie nun ein Symbol Ihres aktuell ausgewählten Werkzeugs. Klicken Sie mit der rechten Maustaste darauf, erhalten Sie ein verborgenes Pop-up-Menü mit zwei Auswahlmöglichkeiten: **Werkzeug zurücksetzen** (dies wählen Sie aus, wenn Sie nur dieses eine Werkzeug zurücksetzen möchten) oder **Alle Werkzeuge zurücksetzen**, womit Sie alle Photoshop-Werkzeuge auf ihren werkseitigen Standard zurücksetzen. Fertig.

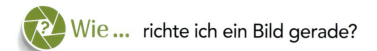 richte ich ein Bild gerade?

Drücken Sie **C**, um das **Freistellungs**-Werkzeug zu aktivieren; dann gehen Sie in die Optionsleiste und klicken auf das **Gerade-ausrichten**-Werkzeug (es sieht wie eine Wasserwaage aus). Ziehen Sie entlang einer Kante, die senkrecht oder waagerecht sein sollte, und sofort wird Ihr Freistellrahmen entsprechend gedreht. Zum endgültigen Zuweisen drücken Sie die **Enter**-Taste.

Wie ... dunkle ich Teile meines Bilds ab oder helle sie auf?

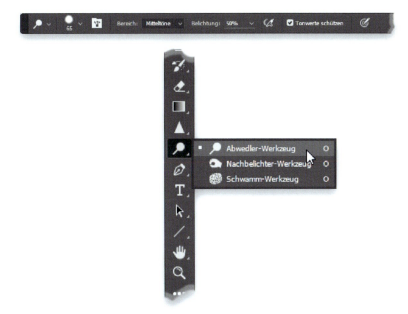

Es gibt sicherlich mindestens ein Dutzend Möglichkeiten, einzelne Teile Ihres Bilds in Photoshop aufzuhellen (abzuwedeln) oder abzudunkeln (nachzubelichten). Sie können beispielsweise verschiedene Werkzeuge dazu verwenden: Wählen Sie das **Abwedler**-Werkzeug **(O)** aus dem Werkzeugbedienfeld und malen Sie über die Bildbereiche, die heller werden sollen. Die Stärke der Aufhellung wird von den Belichtungseinstellungen in der Optionsleiste gesteuert (je höher der Wert, desto stärker wird jeder Strich). Ihre Striche addieren sich während des Malens, solange Ihre Belichtungseinstellung unter 100% liegt – standardmäßig beträgt sie 50%. Zum Abdunkeln eines Bereichs verwenden Sie das **Nachbelichter**-Werkzeug (es teilt sich seinen Platz im Werkzeugbedienfeld mit dem Abwedler-Werkzeug oder drücken Sie einfach **Umschalt+O**, bis Sie es aktiviert haben). Es funktioniert genau wie das **Abwedler**-Werkzeug, dunkelt aber ab statt aufzuhellen. Hinweis: Stellen Sie sicher, dass Sie das Kontrollfeld **Tonwerte schützen** immer aktiviert haben. Sonst verwendet das Werkzeug einen veralteten Algorithmus und produziert ziemlich schreckliche Ergebnisse.

 **Wie ...** nehme ich Änderungen nur in einem bestimmten Bildteil zurück?

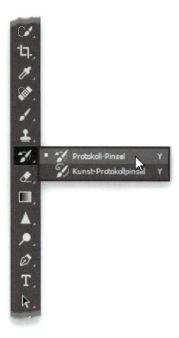

Ob Sie es glauben oder nicht: Sie können etwas »rückgängig malen« (solange Sie keine Änderung von Bildgröße oder Farbmodus vorgenommen haben – etwa von RGB nach CMYK –, denn dann würde es nicht funktionieren). Verwenden Sie dazu den **Protokoll**-Pinsel (**Y**; er sieht aus wie ein Pinsel mit einem runden Rückwärtspfeil, der dezent andeutet, dass Sie »in der Zeit zurückgehen«). Malen Sie einfach mit dem **Protokoll**-**Pinsel** über einen Bereich und dieser sieht wieder so aus wie beim ersten Öffnen des Bilds (wie cool ist das?). Wenn Sie mit dem Malen beginnen und ein »Oh nein, das werden Sie nicht!«-Symbol erhalten, haben Sie bereits etwas mit dem Bild gemacht (seine Größe geändert, es zugeschnitten etc.) und können deshalb nicht zum Originalzustand zurückmalen. In diesem Fall haben Sie leider Pech.

TIPP: Legen Sie fest, wie weit Sie rückgängig malen
Standardmäßig malt der Protokollpinsel bis zu dem Bildzustand direkt nach dem Öffnen zurück. Wenn Sie jedoch das Protokollbedienfeld im **Fenster**-Menü öffnen, können Sie auf die linke Seite eines der letzten 20 Bearbeitungszustände klicken und diesen Zeitpunkt für den **Protokoll**-Pinsel verwenden. Wenn Sie außerdem irgendwann zu einem bestimmten Punkt in Ihrer Bearbeitungsliste zurückmalen möchten, klicken Sie auf das Symbol **Neuen Schnappschuss erstellen** (es sieht aus wie eine Kamera) am unteren Rand des Protokollbedienfelds. Sie erhalten dann einen Schnappschuss des momentanen Bearbeitungszustands. Nun müssen Sie nicht mehr darüber nachdenken, die 20 Schritte zurückzugehen – Sie können jederzeit zum Zustand Ihres Bilds in diesem Schnappschuss zurückmalen.

Wie... speichere ich meine Lieblingseinstellungen für ein Werkzeug?

Wenn Ihnen die Einstellungen gefallen, die Sie für ein bestimmtes Werkzeug festgelegt haben (nehmen wir beispielsweise an, dass Sie gerne das **Pinsel**-Werkzeug mit einer selbst erzeugten Spitze, einer bestimmten Härteeinstellung und Deckkraft verwenden), können Sie all das als Werkzeugvoreinstellung speichern. Dann ist dieser Pinsel mit allen benutzerdefinierten Eigenschaften immer nur einen Klick entfernt. Richten Sie dazu das Werkzeug zunächst nach Ihren Wünschen ein, dann gehen Sie in die Optionsleiste und klicken auf das Symbol ganz links. Wenn die Auswahl für Werkzeugvorgaben angezeigt wird (Adobe hat hier bereits einige Standardvorgaben eingefügt, die Sie bei Bedarf löschen können), klicken Sie auf das Symbol **Neue Werkzeugvorgabe erstellen** (es befindet sich direkt unter dem Zahnradsymbol rechts oben). Sie können Ihre Vorgabe jetzt benennen und bei Bedarf sogar die aktuelle Vordergrundfarbe in die Vorgabe einschließen. Klicken Sie auf OK – wenn Sie nun das benutzerdefinierte Werkzeug verwenden möchten, gehen Sie einfach zur Auswahl für Werkzeugvorgaben, wählen es aus der Liste – und los geht's!

Wie ... stelle ich ein Bild frei?

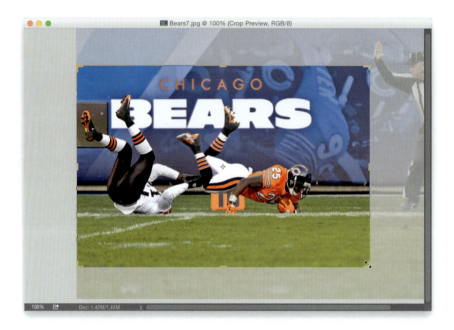

Übrigens, ehe ich Ihnen das Freistellen erkläre: Wenn Sie nachher das Kapitel zu Camera Raw lesen haben, dann denken Sie vielleicht: »Hat er mir das nicht schon alles erklärt?« Ja, Sie können tatsächlich (fast) alles auch in Camera Raw machen. Aber Sie sollten nicht dazu gezwungen sein, für einen einfachen Bildzuschnitt nach Camera Raw zurückzugehen. Interessante Tatsache: Sobald Sie ein RAW-Bild öffnen und dann Camera Raw als Filter öffnen, fehlt dort die **Freistellen**-Funktion. Komisch, ich weiß. Okay, zurück zum Freistellen in Photoshop. Aktivieren Sie das **Freistellungs**-Werkzeug mit der Taste **C** und schon erscheint ein Freistellungsrahmen um Ihr gesamtes Bild. Zum Freistellen klicken und ziehen Sie an einem der kleinen Griffe, die an den Seiten und Ecken erscheinen. Um den gesamten Freistellungsrahmen zu verschieben, klicken Sie hinein und ziehen Sie ihn mit der Maus an die gewünschte Position. Um die Rahmengröße proportional zu skalieren, halten Sie die **Umschalt**-Taste gedrückt, während Sie einen der Anfasser an den Rändern oder Ecken anklicken und nach innen oder außen ziehen. Um die Freistellungsauswahl vom Querformat ins Hochformat zu drehen (oder umgekehrt), drücken Sie die **X**-Taste auf Ihrer Tastatur. Zum stufenlosen Drehen bewegen Sie den Mauszeiger neben den Auswahlrahmen. Er verwandelt sich dabei in einen doppelseitigen Pfeil. Nun können Sie klicken und ziehen, um den gesamten Freistellungsrahmen zu drehen. Um den Freistellungsrahmen komplett zu löschen, drücken Sie die **Esc**-Taste. Wenn Sie den Freistellungsrahmen genau nach Ihren Wünschen aufgezogen haben, stellen Sie das Bild mit einem Druck auf die **Enter**-Taste frei.

 **Wie ...** bekomme ich beim Freistellen ein bestimmtes Bildformat?

Klicken Sie bei aktiviertem **Freistellungs**-Werkzeug **(C)** am linken Rand der Optionsleiste auf das Pop-up-Menü **Vorgaben**, um eine Reihe von Freistellungsverhältnissen und -größen anzuzeigen. Natürlich könnten Sie aus dem Menü nun einfach eine beliebige Größe oder ein beliebiges Seitenverhältnis auswählen, zum Beispiel **4 : 5 (8 : 10)**. Wenn Sie jetzt den Freistellungsrahmen ziehen, ist dieser auf das Seitenverhältnis 4 : 5 beschränkt. Wenn Sie Ihr eigenes Seitenverhältnis oder Ihre eigene Größe definieren möchten, geben Sie es einfach in die beiden Felder ein, die direkt neben dem Pop-up-Menü erscheinen (und zum schnellen Löschen der Felder verwenden Sie die Schaltfläche **Löschen** rechts daneben). Übrigens, die beiden kleinen Pfeile zwischen den Feldern des benutzerdefinierten Seitenverhältnisses dienen zum raschen Vertauschen der beiden Zahlen (aus einem Verhältnis von 5 : 7 wird dann 7 : 5). Wenn Sie es sich anders überlegt haben, drücken Sie die **Esc**-Taste auf Ihrer Tastatur, um den Freistellungsrahmen zurückzusetzen. Um den Vorgang komplett abzubrechen, drücken Sie die **Entf**-Taste.

TIPP: Weitere Freistellungsoptionen
Betätigen Sie irgendwo innerhalb des Freistellungsrahmens die rechte Maustaste, erscheint ein Pop-up-Menü mit zahlreichen Optionen, die Sie auf Ihren Freistellungsrahmen anwenden können, etwa verschiedene Vorgaben für Größe und Auflösung, Zurücksetzen des Freistellungsrahmens usw.

Wie... verändere ich das Raster beim Freistellen?

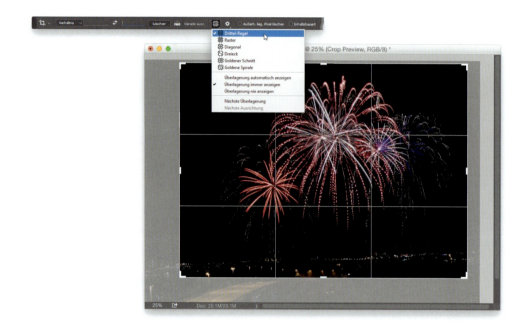

Wenn Sie mit dem Freistellen beginnen, wird als optische Hilfestellung standardmäßig das Raster für die Drittelregel eingeblendet (natürlich hilft Ihnen das nur, wenn Sie die Drittelregel bei Ihrer Freistellung anwenden möchten), aber Sie sind nicht an dieses eine Raster gebunden – es gibt noch etliche andere Auswahlmöglichkeiten, wie etwa Goldene Spirale, Goldenen Schnitt, Dreieck und weitere (jede einzelne würde einen tollen Bandnamen abgeben). Wie dem auch sei, Sie können das überlagerte Raster verändern, es komplett ausschalten oder festlegen, wann es zu sehen sein soll. Dazu klicken Sie oben in der Optionsleiste auf das Symbol **Überlagerungsoptionen** (das ist das Rastersymbol rechts von den Worten »Gerade ausrichten«) und ein Pop-up-Menü mit verschiedenen Rasteranordnungen erscheint, ebenso wie die Option **Überlagerung nie anzeigen**, mit der Sie das Raster verbergen.

KAPITEL 2 ■ WIE SIE DIE PHOTOSHOP-WERKZEUGE ANWENDEN

Wie... rücke ich ein schiefes Foto gerade?

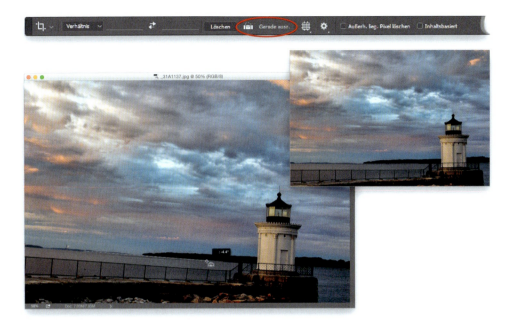

Rufen Sie zuerst das **Freistellungs**-Werkzeug **(C)** auf. Oben in der Optionsleiste sehen Sie dann das **Gerade-ausrichten**-Werkzeug (die Worte »Gerade ausrichten« stehen direkt daneben). Klicken und ziehen Sie dieses Werkzeug entlang einer Kante im Bild, die waagerecht sein soll (in einem Landschaftsfoto wäre das beispielsweise die Horizontlinie). Das Werkzeug begradigt dann Ihr Foto.

Wie ... drehe ich den Freistellungsrahmen?

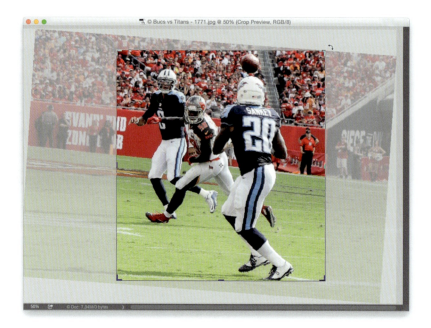

Wenn Sie Ihren Freistellungsrahmen aufgezogen haben, können Sie ihn auch drehen. Bewegen Sie dazu Ihren Mauszeiger irgendwo neben den Freistellungsrahmen, bis er sich in einen Doppelpfeil verwandelt. Jetzt können Sie außerhalb des Rahmens klicken und ziehen, um das Bild zu drehen (der Freistellungsrahmen bleibt dabei bestehen – es wird tatsächlich das Bild im Rahmen gedreht).

 **Wie ...** verschiebe ich den Freistellungsrahmen nach innen oder außen?

Halten Sie einfach die **Alt**-Taste gedrückt, ehe Sie mit dem Freistellen beginnen. Dann greifen Sie sich einen Eckpunkt und ziehen Sie nach innen (oder nach außen). Der Freistellungsrahmen bleibt nun stets zentriert und vergrößert oder verkleinert sich, je nachdem, ob Sie nach innen oder nach außen ziehen.

 **Wie ...** füge ich Leerraum rund um mein Bild ein?

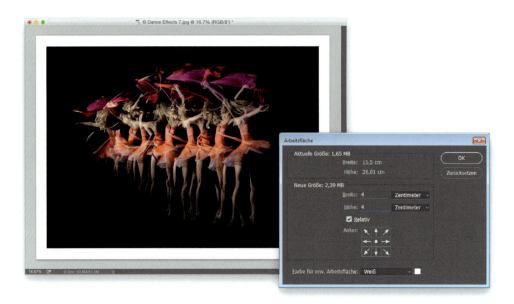

Gehen Sie ins **Bild**-Menü und wählen Sie **Arbeitsfläche** (das Tastenkürzel lautet **Strg/Befehl+Alt+C**). Daraufhin öffnet sich das Dialogfenster **Arbeitsfläche**, in dem Sie die neue Größe der Arbeitsfläche definieren können. Standardmäßig wird Ihnen die aktuelle Größe angezeigt und Sie können stattdessen eine neue Größe eingeben. Wenn die aktuelle Größe zum Beispiel bei 15,5 cm Breite und 26 cm Höhe liegt und Sie außen herum 4 cm Platz haben möchten, dann genügt schon etwas einfache Mathematik und die Eingabe der Werte **19,5 cm** für **Breite** und **30 cm** für **Höhe**. Noch einfacher geht es, wenn Sie das Kontrollfeld **Relativ** aktivieren. Geben Sie dann in die Felder für **Höhe** und **Breite** jeweils **4 cm** ein. Kein Mathe. Zack. Fertig. Unter diesem Kontrollfeld ist ein kleines Ankergitter aus neun Feldern, mit dem Sie festlegen können, wo der neue Leerraum angefügt werden soll. Das Quadrat mit dem Punkt steht für Ihr Bild. Standardmäßig wird der neue Raum gleichmäßig um Ihr Bild verteilt (deshalb liegt es in der Mitte). Wenn Sie zum Beispiel nur Raum unter Ihrem Bild anfügen möchten, klicken Sie dafür auf den oberen mittleren Kasten des Ankergitters (damit alles, was Sie nun anfügen, unterhalb des Bilds erscheint). Geben Sie dann die gewünschten Abmessungen ausschließlich in das Feld **Höhe** ein (z.B. 5 cm). Wenn Sie alternativ lieber Augenmaß statt Mathe verwenden, gehen Sie so vor: Klicken und ziehen Sie die untere Ecke Ihres Bilds heraus (so dass Sie den Bereich um Ihr Bild herum sehen können). Dann aktivieren Sie mit der Taste **C** das **Freistellungs**-Werkzeug und klicken und ziehen Sie den Freistellungsrahmen bis neben Ihr Bild, um so viel Arbeitsfläche hinzuzufügen, wie Sie eben benötigen. Drücken Sie die **Enter**-Taste, um den zusätzlichen Leerraum in der jeweils von Ihnen eingestellten Hintergrundfarbe einzufügen.

Wie ... ändere ich die Schattierung außerhalb des Freistellungsrahmens?

Wenn Sie das **Freistellungs**-Werkzeug ausgewählt haben **(C)**, gehen Sie oben in die Optionsleiste und klicken dort auf das zweite Symbol rechts neben den Worten »Gerade ausrichten«, das wie ein Zahnrad aussieht. Daraufhin öffnet sich ein Pop-up-Menü mit Optionen. Ziemlich weit unten im Menü befinden sich die Optionen für die Farbschattierung der Freistellungsabdeckung. Hier können Sie festlegen, wie hell (oder dunkel) der Bildbereich außerhalb des Freistellungsrahmens auf dem Bildschirm dargestellt werden soll. Standardmäßig ist eine Deckkraft von 75% eingestellt. Sie können diesen Wert mit dem **Deckkraft**-Regler ändern. Die Möglichkeiten reichen von einem undurchsichtigen Grau, wie ich es oben gewählt habe, bis hin zu einer komplett transparenten Ansicht. Im Pop-up-Menü **Farbe** können Sie außerdem auch eine andere Farbe wählen. Das kann beim Zuschneiden von Schwarzweißbildern hilfreich sein. Ich persönlich verändere diese Farbe niemals, aber Ihnen ist das natürlich trotzdem freigestellt.

Kapitel 3
Wie Sie Camera Raw professionell nutzen

Teil eins

Viele Fotografen sind überrascht, dass in einem Photoshop-Buch so viel Gewicht auf Camera Raw gelegt wird. Ich will aber ehrlich sein – die Grundbearbeitung Ihres Bilds nehmen Sie heutzutage meist in Camera Raw vor. Weiter hinten in diesem Buch beschäftigen wir uns dann ein wenig mit der Tonwertkorrektur und den Gradationskurven; aber im Vergleich zu den modernen Bildbearbeitungs-Workflows der Fotografen (ob sie nun in RAW fotografieren oder nicht) wirken Tonwertkorrektur und Gradationskurven ziemlich altmodisch. Richtig »Old School« sozusagen. Dieser Begriff der alten Schule ist natürlich auch durchaus positiv belegt, aber dabei sind dann meist ganz andere Dinge als Photoshop gemeint. Ich habe ihn einmal online bei Urban Dictionary eingegeben, und dort steht sinngemäß: »Alles aus einer früheren Ära, das hohes Ansehen oder großen Respekt genießt. Kann sich auf Musik, Kleidung, Sprache oder eigentlich alles Mögliche beziehen.« Dieser letzte Teil, »eigentlich alles Mögliche«, schließt dann auch wieder den Kreis zu Photoshop. Verstehen Sie mich nicht falsch – ich habe großen Respekt vor Gradationskurven und Tonwertkorrektur und ich habe in früheren Büchern ganze Kapitel darüber geschrieben, während ich mir Old-School-Rap anhörte (»*I wanna rock right now. I'm Rob Base und I came to get down. I'm not internationally known, but I'm known to rock a microphone!*«). Genau deshalb gab es in diesen Kapiteln so viele unbeabsichtigte Anspielungen darauf, spontan abzufeiern und nur im unmittelbaren Umfeld anerkannt zu werden. Wie auch immer – wichtig ist: Möchten Sie lieber lernen, »wie wir es in der guten alten Zeit machten« (alte Schule) oder wie wir heutzutage vorgehen (übrigens fahren wir auch nicht mehr in Postkutschen oder benutzen Butterfässer, auch wenn die zu ihrer Zeit hochmodern waren). Also beschäftigen wir uns in den nächsten beiden Kapiteln mit Camera Raw. Und das wird Ihre Welt auf den Kopf stellen.

Wie ... erweitere ich den Tonwertbereich meines Bilds?

Halten Sie die **Umschalt**-Taste im **Grundeinstellungen**-Bedienfeld gedrückt und doppelklicken Sie direkt auf den **Weiß**-Regler. Genauso verfahren Sie mit dem **Schwarz**-Regler. Damit erweitern Sie die Weiß- und Schwarztöne automatisch auf ihre maximalen Punkte, ohne dass die Lichter beschnitten werden (okay, so ist es auf jeden Fall gedacht – gelegentlich erzeugen die Weißtöne eine geringfügige Lichterbeschneidung). Ihr gesamter Tonwertbereich wird somit ausgeweitet. Wenn Sie schon einmal mit Photoshop gearbeitet haben, erinnern Sie sich vielleicht daran, dort etwas Ähnliches getan zu haben (wenn auch nicht automatisch wie hier). Sie haben dazu jedoch das Dialogfeld **Tonwertkorrektur** verwendet; und man sprach davon, »den Weiß- und den Schwarzpunkt zu setzen«. Die Technik ist dieselbe, in Camera Raw funktioniert es aber wunderbar automatisch. Mit diesem Schritt sollten Sie Ihre Fotobearbeitung vielleicht beginnen, weil Sie dann gleich mit einem erweiterten Tonwertbereich arbeiten können. Anschließend können Sie Ihre Belichtung anpassen (und damit das gesamte Bild aufhellen oder abdunkeln).

Wie ... passe ich die allgemeine Belichtung an?

Zwar gibt es mehr als nur einen Regler, mit dem Sie das bewerkstelligen können. Der naheliegendste ist aber der **Belichtung**-Regler (Sie finden ihn im **Grundeinstellungen**-Bedienfeld). Er reicht nicht bis zu den dunkelsten (schwarzen) oder hellsten (weißen) Bereichen, deckt aber den wichtigen Mitteltonbereich ab. In puncto Belichtung hat er also insgesamt die stärksten Auswirkungen auf Ihr Bild. In früheren Versionen von Camera Raw gab es ihn nicht. Stattdessen nannte sich der Regler **Helligkeit** und kontrollierte die Gesamthelligkeit. Auch wenn der Algorithmus mittlerweile geändert wurde, können Sie sich anhand des alten Namens besser vorstellen, was dieser Regler in erster Linie tut: Er kontrolliert die Helligkeit. Ziehen Sie ihn nach rechts, wird Ihr Bild heller; ziehen Sie ihn nach links, wird es dunkler.

Wie ... gehe ich mit beschnittenen Lichtern um?

Im **Grundeinstellungen**-Bedienfeld ziehen Sie den **Lichter**-Regler nach links, bis das weiße Dreieck in der oberen rechten Ecke des Histogramms schwarz wird. Wenn Sie ihn ganz, ganz weit nach links ziehen, verändert sich das Gesamtaussehen Ihres Bilds jedoch zu stark. Verringern Sie deshalb zuerst lieber einmal den Wert des **Weiß**-Reglers ein wenig und schauen Sie, ob das hilft (auf diese Weise können Sie den »überentwickelten« Look vermeiden, den Sie bekommen, wenn Sie einen beliebigen Regler in Camera Raw ganz nach links oder rechts ziehen). Wenn das nicht funktioniert und die Lichter immer noch beschnitten sind, können Sie eine andere Sache probieren – nämlich den Wert des Belichtungsreglers ein wenig verringern. (Auf Seite 83 finden Sie mehr über die Beschneidung.)

Wie... verbessere ich flaue Fotos?

Wirkt Ihr Foto ein bisschen flau (vor allem im Vergleich zu dem Bild, das Sie beim Fotografieren auf dem Display Ihrer Kamera gesehen haben), ist eine Kontrasterhöhung eine der besten und schnellsten Möglichkeiten, um Abhilfe zu schaffen: Ziehen Sie den **Kontrast**-Regler im **Grundeinstellungen**-Bedienfeld nach rechts. Dadurch ändern sich gleich mehrere Dinge: Unter anderem werden die dunkelsten Bereiche Ihres Bilds dunkler, die hellsten heller (so funktioniert eine Kontrastverstärkung im Großen und Ganzen). Die Farben erscheinen tiefer und stärker gesättigt und Ihre Augen nehmen ein Bild mit stärkerem Kontrast auch als schärfer wahr. Ich persönlich nutze den **Kontrast**-Regler gerne. Benötigen Sie aber mehr Kontrolle oder wünschen Sie sich mehr »Schmackes«, als dieser eine Regler bieten kann, können Sie auch im **Gradationskurve**-Bedienfeld eine der Vorgaben im Register **Punkt** nutzen oder die Form der S-Kurve einer dieser Vorgaben noch verstärken, indem Sie an den Punkten der Kurve ziehen (je steiler das S, desto stärker wird der Kontrast). Diese Gradationskurve liegt über allen Bearbeitungen, die Sie bereits mit dem **Kontrast**-Regler durchgeführt haben – also können Sie wirklich viel Kontrast hinzufügen. Ich möchte noch einmal erwähnen, dass ich die Gradationskurven kaum nutze, weil der **Kontrast**-Regler selbst wirklich sehr gut ist. Wenn Sie aber ein Kontrastproblem haben, kennen Sie jetzt zumindest eine weitere Möglichkeit, wie Sie es lösen können.

Wie ... verbessere ich Strukturen in meinen Fotos?

Um alle Strukturen im Bild umgehend zu verstärken, ziehen Sie einfach den **Klarheit**-Regler im **Grundeinstellungen**-Bedienfeld nach rechts. Behalten Sie das Bild im Auge, wenn Sie diesen Regler ziehen: Ziehen Sie nämlich zu weit, erhalten Sie einen schwarzen Schein oder ein Halo um die Objektkanten – das ist ein Warnsignal dafür, dass Sie dieses Bild gerade zu Tode bearbeiten. Wie weit Sie gehen können, hängt einfach vom Bild ab – Bilder mit Landschaften, Stadtansichten, Fahrzeugen sowie Motiven mit gut definierten harten Kanten können viel Klarheit vertragen. Andere Bilder, etwa Porträtaufnahmen oder Fotos mit Blumen oder anderen Dingen zarterer Natur, vertragen oft nur sehr wenig davon.

Wie... stelle ich die Farben (den Weißabgleich) richtig ein?

Stellen Sie Ihren Weißabgleich richtig ein – und alles andere regelt sich von alleine. Sie haben drei Möglichkeiten, um den Weißabgleich einzustellen: (1) Probieren Sie es mit den **Weißabgleich**-Vorgaben im oberen Bereich des **Grundeinstellungen**-Bedienfelds. Standardmäßig ist im Menü auf **Wie Aufnahme** eingestellt. Der Weißabgleich entspricht dann dem in der Kamera eingestellten. Klicken Sie auf das Menü, um eine Liste mit allen Auswahlmöglichkeiten, die Ihre Kamera geboten hätte, zu sehen. (Die komplette Liste wird nur angezeigt, wenn Sie in RAW fotografiert haben. Bei JPEG-Bildern sehen Sie nur **Wie Aufnahme, Automatisch** und **Benutzerdefiniert**. Letzteres bedeutet übrigens »Ziehen Sie die Regler selbst«, es handelt sich also nicht wirklich um eine Vorgabe.) Wählen Sie die Vorgabe, die am besten zu der Beleuchtungssituation zum Zeitpunkt der Aufnahme passt. Wenn Sie eine gewählt haben (zum Beispiel **Kunstlicht**, wenn Sie drinnen bei eingeschalteten Lampen fotografiert haben), diese aber nicht gut aussieht, wählen Sie eben eine andere. Was sind schon Namen? Nehmen Sie einfach den Weißabgleich, den Sie für richtig halten. (2) Bei der zweiten Methode wählen Sie die bestmögliche Vorgabe und passen die Farbe dann über die Regler **Temp** und **Tönung** an. Die Reglerskalen zeigen Ihnen, welche Farben hinzugefügt werden, wenn Sie in die eine oder die andere Richtung ziehen. Ziehen Sie also in Richtung der Farbe, von der Sie mehr im Bild haben möchten (ziehen Sie in Richtung Gelb, wirkt Ihr Bild wärmer, ziehen Sie in Richtung Blau, wirkt es kühler). (3) Die dritte Methode nutze ich am liebsten: Aktivieren Sie das **Weißabgleich**-Werkzeug (**I**; die Pipette am oberen Fensterrand) und klicken Sie auf einen hellgrauen Bereich in Ihrem Bild. Gibt es nichts Hellgraues, versuchen Sie es mit etwas Neutralem (nicht zu hell, nicht zu dunkel, nicht zu farbig).

Wie ... erhalte ich insgesamt farbigere Bilder?

Rühren Sie den Sättigungsregler nicht an – er macht Ihr Bild zu bunt. Es soll nur farbiger werden und aus diesem Grund sollten Sie lieber den **Dynamik**-Regler des **Grundeinstellungen**-Bedienfelds verwenden. Er ist eine Art intelligenter Farbverstärker – wenn Sie ihn nämlich nach rechts ziehen, werden alle gedämpften Farben lebhafter. Farben, die bereits gesättigt sind, werden hingegen kaum beeinflusst (das ist gut) und Hauttöne versucht er komplett auszuklammern, sodass die Menschen auf Ihren Bildern weder sonnenverbrannt noch gelbsüchtig aussehen. Der Regler ist auch gut geeignet, um die Sättigung ein bisschen zu verringern, wenn Sie ein übertrieben buntes Bild haben – ziehen Sie ihn in diesem Fall einfach ein wenig nach links.

Wie ... verstärke ich nur eine bestimmte Farbe?

Klicken Sie auf das **HSL/Graustufen**-Symbol unter dem Histogramm (das vierte von links). Aktivieren Sie dann das Register **Sättigung** (»HSL« steht für Hue (Farbton), Saturation (Sättigung) und Luminance (Luminanz)). In der Symbolleiste am oberen Fensterrand sehen Sie an fünfter Stelle von links ein kleines Werkzeug – sein Symbol sieht aus wie eine winzige Zielscheibe mit einem Pluszeichen. Zeigen Sie mit der Maus darauf. Das ist das **TAT**-Werkzeug (Targeted Adjustment Tool). Klicken Sie darauf, um es zu aktivieren, dann bewegen Sie die Maus auf einen Bereich, dessen Farbe Sie verstärken (oder übrigens auch entsättigen) möchten – etwa ein blauer Himmel oder grünes Gras oder jemand mit einem gelben T-Shirt. Klicken und ziehen Sie nach oben, um die Menge dieser Farbe (und aller ähnlichen Farben) zu verstärken. (Beispielsweise könnte der Himmel nicht nur aus Blau-, sondern auch aus Aquamarintönen bestehen. Das Werkzeug erkennt dies und bewegt beide Regler automatisch, sobald Sie ziehen.) Klicken und ziehen Sie nach unten, um die Sättigung dieser Farbe zu verringern. Um die Helligkeit der Farben zu ändern, klicken Sie auf das Register **Luminanz**. Dann klicken Sie auf das **TAT**-Werkzeug und ziehen nach unten. Die Farbe wird tiefer und satter. Möchten Sie die Farbe an sich ändern (zum Beispiel soll ein gelbes T-Shirt grün werden), klicken Sie zuerst auf das **Farbton**-Register, dann auf die Zielscheibe und anschließend ziehen Sie nach oben bzw. unten, bis die Farbe sich auf die gewünschte Weise verändert hat. Hinweis: Sie ändern damit nicht nur die Farbe in diesem speziellen Bereich – alle entsprechenden Bildfarben werden geändert. Wenn Sie also einen blauen Himmel haben und die abgebildete Person ein blaues Hemd trägt, sollte Ihnen klar sein, dass sich beim Ändern des einen blauen Bereichs auch der andere ändert.

Wie ... optimiere ich Gegenlichtaufnahmen?

Um die Schatten anzuheben, sodass das Bild unserer natürlichen Wahrnehmung der Szene entspricht, gehen Sie zum **Grundeinstellungen**-Bedienfeld und klicken und ziehen Sie den **Tiefen**-Regler nach rechts. Das Gegenlichtproblem tritt auf, weil unsere Augen sich auf einen unwahrscheinlich breiten Tonwertbereich einstellen können – um ein Vielfaches breiter als selbst der teuerste Kamerasensor. Wenn wir also vor unserem Motiv stehen, sieht es nicht aus wie eine Silhouette – wir sehen es korrekt belichtet. Wenn wir durch den Sucher unserer DSLR-Kamera blicken, sieht es immer noch korrekt belichtet aus. Sobald wir dann aber den Auslöser drücken und das Bild an den Sensor übergeben wird (der einen sehr viel schmaleren Tonwertbereich einfangen kann), wirkt unser Motiv wie eine Silhouette. Glücklicherweise kann der **Tiefen**-Regler hier geradezu zaubern: Ziehen Sie ihn einfach nach rechts und sehen Sie zu, wie sich das Wunder entfaltet. Wenn Sie ganz weit nach rechts ziehen müssen, um die Schatten zu öffnen, riskieren Sie jedoch, dass das Bild etwas verwaschen wirkt. Wenn das passiert, heben Sie einfach den Kontrast an (ziehen Sie den **Kontrast**-Regler nach rechts), bis Ihnen das Ergebnis zusagt.

Wie ... schneide ich mein Bild zu?

Klicken Sie zuerst auf das **Freistellungs**-Werkzeug **(C)** in der Werkzeugleiste am oberen Fensterrand. Ziehen Sie über den Bildbereich, den Sie beibehalten möchten. Die Bereiche, die abgeschnitten werden, erscheinen jetzt dunkel. Um den Zuschneiderahmen zu ändern, ziehen Sie einfach an einem der kleinen Eck- oder Seitengriffe. Den gesamten Zuschneiderahmen verschieben Sie, indem Sie hineinklicken und an die gewünschte Stelle ziehen. Um proportional zu skalieren, halten Sie die **Umschalt**-Taste gedrückt, dann klicken und ziehen Sie einen Eckgriff nach innen oder außen. Für einen Wechsel vom Quer- in das Hochformat (oder umgekehrt) drücken Sie einfach die **X**-Taste. Um den Rahmen zu drehen, zeigen Sie außerhalb des Zuschneiderahmens. Das Symbol wird zu einem Doppelpfeil. Klicken und ziehen Sie, um den gesamten Rahmen zu drehen. Sobald Sie den gewünschten Bildausschnitt gefunden haben, drücken Sie die **Enter**-Taste, um ihn zuzuweisen. Mit der **Entf**-Taste entfernen Sie den Zuschneiderahmen schließlich ganz.

Wie ... schneide ich mein Bild auf eine bestimmte Größe zu?

Halten Sie die Maustaste auf dem **Freistellungs**-Werkzeug oben in der Symbolleiste gedrückt. Sie erhalten daraufhin ein Pop-up-Menü mit mehreren Zuschneideoptionen. Die erste Option im Menü, **Normal**, dient zum normalen, freien Zuschneiden. Sie können aus dem Pop-up-Menü aber auch ein bestimmtes Seitenverhältnis (etwa 4 zu 5) wählen. Wenn Sie jetzt mit dem **Freistellungs**-Werkzeug ziehen, behält der Zuschneiderahmen immer das Seitenverhältnis 4 zu 5. Nachdem Sie Ihren Zuschneiderahmen definiert haben, können Sie direkt ein anderes Seitenverhältnis festlegen, indem Sie es aus dem Menü auswählen. Um den Rahmen zu entfernen, drücken Sie die **Entf**-Taste.

Wie ... begradige ich ein schiefes Bild?

Es gibt drei verschiedene Methoden: (1) Beginnen wir damit, dass Sie in der Werkzeugleiste am oberen Fensterrand auf das **Gerade-ausrichten**-Werkzeug (**A**; das siebte Werkzeug von links) klicken. Ziehen Sie mit der Maus entlang einer Bildkante, die Sie begradigen möchten (in einem Landschaftsfoto könnten Sie entlang der Horizontlinie ziehen). Ihr Bild wird begradigt. Bei der zweiten Methode (2) übernimmt Camera Raw die Begradigung automatisch für Sie. Klicken Sie auf das **Transformieren**-Werkzeug (das achte von links) in der Werkzeugleiste. Klicken Sie unter **Upright** auf das Symbol **Nur horizontale Korrektur**. Schließlich könnten Sie selbst Hand anlegen, indem Sie das Bild drehen, bis es gerade ist: Klicken Sie auf das **Freistellungs**-Werkzeug in der Symbolleiste, bewegen Sie den Mauszeiger aus dem Zuschneiderahmen hinaus und klicken und ziehen Sie in die Richtung, in die Sie drehen möchten. Hören Sie auf zu ziehen, sobald das Bild gerade wirkt. Dann drücken Sie die **Enter**-Taste, um die Freistellung zuzuweisen.

Wie ... verbessere ich dunkle Bereiche in den Bildecken?

Um vignettierte Ecken zu beheben (ein Problem, das von Ihrem Objektiv hervorgerufen wird), klicken Sie unter dem Histogramm auf das Symbol **Objektivkorrekturen** (das sechste Symbol von links). Klicken Sie auf das Register **Profil** und schalten Sie das Kontrollfeld **Profilkorrekturen aktivieren** ein. Das Fabrikat und die Marke Ihres Objektivs sollten in den darunterliegenden Pop-up-Menüs erscheinen (wenn nicht, lesen Sie den Tipp unten auf dieser Seite). Häufig ist das Problem dadurch schon behoben; anderenfalls gibt es im Bereich **Stärke** einen **Vignettierung**-Regler, mit dem Sie die Stärke fein abstimmen können. Probieren Sie ihn aus und prüfen Sie, ob das hilft. Wenn nicht, gehen Sie in das Register **Manuell**, dort sehen Sie zwei Regler für die Objektivvignettierung im unteren Bedienfeldbereich. Ziehen Sie den **Stärke**-Regler nach rechts, um die Ecken Ihres Bilds aufzuhellen und das Vignettierungsproblem so zu beheben. Der andere Regler – **Mittenwert** – bestimmt, wie weit Ihre Eckenaufhellung in das Bild hineinreicht. Befindet sich die Vignettierung nur in den Ecken, ziehen Sie den Regler ganz nach rechts. Wenn sie ein bisschen weiter ins Bild reicht, müssen Sie den Regler vielleicht nach links ziehen (bewegen Sie den **Mittelpunkt**-Regler einfach ein paar Mal vor und zurück, dann werden Sie sehen, wovon ich spreche).

TIPP: Wählen Sie Ihr Objektiv, wenn Camera Raw das nicht für Sie erledigt
Wenn beim Aktivieren des Kontrollfelds **Profilkorrekturen aktivieren** nichts passiert, kann Camera Raw aus irgendeinem Grund das Profil für Ihr Objektiv nicht finden. Gehen Sie einfach in den Bereich **Objektivprofil** und wählen Sie Ihre Marke aus (Canon, Nikon, Sony, Fuji etc.). Fast immer findet Camera Raw nun das Profil für Sie (auf jeden Fall, wenn sich dieses tatsächlich in der Camera-Raw-Datenbank befindet). Wenn nicht, dann müssen Sie Ihr Objekt selbst aus dem Pop-up-Menü **Modell** auswählen.

Wie ... schärfe ich mein Bild?

Klicken Sie unter dem Histogramm auf das **Details**-Symbol (das dritte von links). Sie finden die Regler zum Scharfzeichnen im oberen Bereich. Der Regler **Betrag** kontrolliert, wie stark die Schärfung ausfällt (entschuldigen Sie bitte, dass ich die Funktion dieses Reglers erklärt habe). Der Radius-Regler bestimmt, wie viele Pixel außerhalb einer Kontur in die Scharfzeichnung mit einbezogen werden. Ich lasse ihn normalerweise auf 1,0. Wenn ein Bild superscharf werden soll, ziehe ich den Regler gelegentlich auf 1,2 oder höchstens auf 1,3, höher gehe ich aber wirklich nicht. Der nächste Regler ist **Details**. Ich empfehle, diesen unverändert zu lassen (normalerweise bin ich kein Fan von Standardeinstellungen; aber diese ist wirklich gut). Diese Reglereinstellung ermöglicht Ihnen eine stärkere Scharfzeichnung, ohne dass Sie Halos um die Objektkanten erhalten (ein typischer Nebeneffekt einer zu starken Scharfzeichnung). Der **Details**-Regler ist deshalb eine Verbesserung des Photoshop-Filters **Unscharf maskieren**. Wenn Sie eine Schärfung möchten, die eher an die Unscharfmaskierung erinnert, dann ziehen Sie diesen Regler auf 100 (Sie können davon ausgehen, dass Sie schnell Halos sehen, wenn Sie den **Betrag**-Regler zu hoch setzen). Zuletzt kommt der **Maskieren**-Regler dran. Ich verwende ihn, wenn ich lediglich die Kanten und nicht das gesamte Bild schärfen möchte. Bei einem Frauenporträt möchte ich beispielsweise die Augen, Augenbrauen, Zähne, Lippen usw. schärfen, die Haut aber möglichst nicht, denn dadurch würden Strukturen hervortreten, die nicht betont werden sollen. Durch Erhöhen des Maskieren-Werts wird die Scharfzeichnung auf die Kanten beschränkt. Halten Sie beim Ziehen des Reglers die **Alt**-Taste gedrückt, um seine Auswirkungen zu prüfen: Schwarze Bereiche (wie im kleinen Bild links oben) werden nicht geschärft, sondern nur die weißen.

Wie ... passe ich mehrere Bilder gleichzeitig an?

Wählen Sie zuerst in Adobe Bridge eine Reihe von Bildern aus, die Sie bearbeiten möchten. Drücken Sie dann **Strg/Befehl+R**, um sie alle in Camera Raw zu öffnen. Sie werden in einer Art senkrechtem Filmstreifen auf der linken Seite des Camera-Raw-Fensters angezeigt. Standardmäßig bearbeiten Sie nur das im Filmstreifen momentan markierte Bild. Möchten Sie also alle Bilder auf einen Schlag bearbeiten, klicken Sie im linken oberen Bereich auf das Symbol rechts vom Wort **Filmstreifen** und wählen Sie **Alle auswählen** aus dem Pop-up-Menü (alternativ drücken Sie einfach **Strg/Befehl+A**). Jetzt klicken Sie auf das Bild im Filmstreifen, an dem Sie arbeiten möchten. Alle Änderungen, die Sie an diesem Bild vornehmen, werden sofort auch allen anderen Bildern zugewiesen – ändern Sie eins, ändern Sie alle. Sie sparen sich damit jedoch eventuell eine Menge Zeit, besonders wenn Sie beispielsweise die Belichtung oder den Weißabgleich anpassen. Anschließend klicken Sie entweder auf die Schaltfläche **Bilder öffnen**, um alle im Filmstreifen ausgewählten Bilder in Photoshop zu öffnen, oder Sie klicken auf die Schaltfläche **Fertig**, um die Änderungen zuzuweisen, ohne die Bilder jedoch zu öffnen.

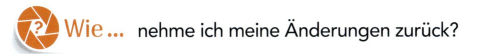 **Wie ...** nehme ich meine Änderungen zurück?

Zum Widerrufen des letzten Schritts können Sie die normale, gute, alte Tastenkombination **Strg/Befehl+Z** verwenden. In Camera Raw lassen sich jedoch alle vorgenommenen Änderungen zurücknehmen, weil im Hintergrund alles aufgezeichnet wird, was Sie jemals mit Ihrem Bild angestellt haben. Um die einzelnen Schritte nacheinander rückgängig zu machen, drücken Sie einfach wiederholt **Strg/Befehl+Option+Z** und der jeweils vorhergehende Schritt wird rückgängig gemacht.

Wie ... erzeuge ich Vorgaben, die ich mit einem Klick zuweisen kann?

Um eine Vorgabe zu erzeugen, klicken Sie unter dem Histogramm auf das Symbol **Vorgaben** (das zweite von rechts). Anschließend klicken Sie am unteren Rand des Bedienfelds auf das Symbol **Neue Vorgabe erstellen** (es sieht aus wie eine kleine Seite mit einem Eselsohr in der linken unteren Ecke). Daraufhin öffnet sich das Dialogfeld **Neue Vorgabe**, in dem Sie festlegen, welche Bearbeitungen am Bild Sie in der Vorgabe speichern möchten (das ist perfekt, wenn Sie Ihr Bild bearbeitet haben und denselben Look erneut zuweisen möchten, ohne sich all die Einstellungen merken zu müssen, Sie erhalten diesen Look dann mit einem Klick). Standardmäßig ist jedes einzelne Kontrollfeld eingeschaltet (nur sicherheitshalber, die Funktion erinnert sich an alles, selbst wenn Sie einen bestimmten Regler nicht angerührt haben). Sie können das so lassen und Camera Raw merkt sich, was Sie zugewiesen haben. Möchten Sie eine effizientere Vorgabe (die tatsächliche Veränderungen an diesem Bild einschließt), können Sie eine der Vorgaben aus dem Pop-up-Menü **Teilmenge** im oberen Bereich des Dialogfelds wählen. Wählen Sie beispielsweise **Grundeinstellungen**, bleiben nur die Kontrollfelder für Änderungen im **Grundeinstellungen**-Bedienfeld eingeschaltet (etwa Belichtung, Weißabgleich, Lichter etc.). Dies sind lediglich Abkürzungen, die Ihnen Zeit sparen sollen – Sie können jede Einstellung nach Ihren Wünschen deaktivieren oder aktivieren. Anschließend geben Sie Ihrer Beschreibung einen beschreibenden Namen (wie **Kühler blauer Look** oder **Hoher Kontrast** etc.). Klicken Sie auf **OK** und die Vorgabe wird in der Liste im **Vorgaben**-Bedienfeld angezeigt. Um die Vorgabe einem anderen Bild zuzuweisen, öffnen Sie es in Camera Raw, klicken Sie auf das Symbol **Vorgaben**, dann auf die gewünschte Vorgabe und dem Bild wird exakt derselbe Look zugewiesen.

Wie ... verringere ich Bildrauschen?

Klicken Sie unter dem Histogramm auf das **Details**-Symbol (das dritte von links). Direkt unter dem **Schärfen**-Bereich sehen Sie den Bereich **Rauschreduzierung**. Der erste Regler ist der **Luminanz**-Regler, mit dem das Rauschen durch leichte Weichzeichnung des Bilds reduziert wird (das ist ganz allgemein die Funktionsweise einer Rauschreduzierung – das Rauschen wird mit einer Weichzeichnung maskiert). Wenn Sie den **Luminanz**-Regler nach rechts ziehen und sehen, dass das Bild entweder an Details oder Kontrast verliert, können Sie die nächsten beiden Regler verwenden, um sie wieder hinzuzufügen. Der Regler **Farbe** kommt zum Einsatz, wenn Sie rote, grüne und blaue Punkte in Ihrem Bild sehen – er entsättigt diese, so dass sie unsichtbar werden. Ziehen Sie diesen Regler jedoch zu weit nach rechts, kommt es möglicherweise auch hier zu einem Detailverlust. Sie können die Details mit dem **Farbdetails**-Regler direkt darunter teilweise zurückholen. Der **Farbglättung**-Regler funktioniert anders – er bringt nichts zurück. Sie verwenden ihn, um größere Flecken mit Farbrauschen zu glätten – ziehen Sie ihn einfach nach rechts, um diese fleckigen Bereiche zu glätten (solche größeren Flecken sehen Sie wahrscheinlich erst dann, wenn Sie einen wirklich dunklen Bereich in Ihrem Bild aufhellen). Behalten Sie beim Entrauschen Folgendes im Hinterkopf: Diese Funktion zeichnet Ihr Bild weich und zwar ein bisschen bis stark – je nachdem, wie weit Sie die Regler ziehen. Stellen Sie sich das Entrauschen deshalb als Balanceakt vor: Ihre Aufgabe besteht darin, herauszufinden, ab wann das Rauschen reduziert wird, ohne dass das Bild zu stark weichgezeichnet wird.

Wie ... gleiche ich mein RAW-Bild an das JPEG auf dem Kamera-Display an?

Klicken Sie unter dem Histogramm auf das Symbol **Kamerakalibrierung** (es ist das dritte von rechts) und schauen Sie die verschiedenen Profile im Pop-up-Menü **Profil** durch, bis Sie dasjenige Profil gefunden haben, das Ihrem JPEG-Bild am ähnlichsten sieht. Was haben Sie davon, wenn Ihr RAW-Bild wie ein JPEG-Bild aussieht? Nun, JPEG-Bilder werden in der Kamera geschärft, wirken farbiger und nutzen alle Funktionen der Kamera für ein großartiges Aussehen. Wenn Sie Ihre Kamera in den RAW-Modus umschalten, werden sämtliche Anpassungen wie Scharfzeichnung, Kontrastverstärkung usw. abgeschaltet und nur das rohe Bild wird gespeichert (damit Sie Ihre eigene Schärfung usw. mit Lightroom oder Photoshop oder einem anderen Programm durchführen können). Ihr Bild wirkt also in RAW flauer als in JPEG. Noch schlimmer: Selbst wenn Sie in RAW fotografieren, zeigt Ihre Kamera Ihnen dennoch das hübsche, farbige, scharfe JPEG-Vorschaubild auf dem Kamera-LCD. Sie sehen die flaue Version also erst in Camera Raw und auch erst dann, wenn das RAW-Bild komplett geladen ist (bis dahin zeigt Ihnen Photoshop wieder nur die JPEG-Vorschau). Übrigens – so finden Sie ein Profil, das der JPEG-Vorschau am ähnlichsten ist: Machen Sie ein paar Bilder im Aufnahmemodus RAW + JPEG (Ihre Kamera erzeugt dann sowohl ein voll entwickeltes JPEG-Bild als auch das flauer wirkende RAW-Bild). Importieren Sie beide Bilder, zeigen Sie sie nebeneinander an und probieren Sie die unterschiedlichen Profile durch. Sie sehen nun problemlos, welches Profil am ehesten aussieht wie das JPEG. Sie können dies dann als Profilvorgabe speichern (siehe Seite 78) und Ihren RAW-Bildern mit einem Klick zuweisen.

 **Wie ...** behebe ich Objektivprobleme wie gewölbte Gebäude?

Eine Objektivverzerrung kann dazu führen, dass Flure und Gebäude sich scheinbar zum Betrachter hin nach außen wölben. Um dies zu beheben, klicken Sie unter dem Histogramm auf das **Objektivkorrekturen**-Symbol (das sechste von links), dann auf das Register **Profil** und probieren Sie es zuerst mit eingeschaltetem Kontrollfeld **Profilkorrekturen aktivieren**. Damit beheben Sie das Problem manchmal schon. (Vergewissern Sie sich, dass Fabrikat und Modell Ihres Objektivs in den Pop-up-Menüs unter dem Kontrollfeld aktiviert sind. Wenn nicht, wählen Sie beides aus den Menüs – normalerweise genügt es schon, die Marke auszuwählen, um in der internen Datenbank die genaue Objektivbezeichnung zu finden.) Hat die Profilkorrektur zwar funktioniert, aber Ihrer Ansicht nach nicht ausreichend, finden Sie im Abschnitt **Korrekturstärke** den **Verzerrung**-Regler, mit dem Sie eine Feinabstimmung vornehmen können – ziehen Sie ihn einfach nach rechts. Wenn das immer noch nicht ausreicht, klicken Sie auf das Register **Manuell** und ziehen Sie den **Verzerrung**-Regler im oberen Bereich nach rechts, bis die Wölbung abgeflacht ist. (Ja, Sie müssen anschließend die Kanten wegschneiden.)

 **Wie ...** verhindere ich, dass Gebäude nach hinten kippen?

Um diese trapezförmige Verzerrung zu beheben, klicken Sie unter dem Histogramm auf das Symbol **Objektivkorrekturen** (es ist das sechste von links), dann auf das Register **Manuell** und ziehen Sie den Regler **Vertikal** nach links, bis das Gebäude gerade wirkt (und nicht mehr nach hinten zu kippen scheint). Es gibt auch eine automatische Methode: Klicken Sie auf das Register **Profil** und schalten Sie das Kontrollfeld **Profilkorrekturen** aktivieren ein. (Siehe kleines Bild. Das Fabrikat und Modell Ihres Objektivs sollten in den darunterliegenden Pop-up-Menüs angezeigt werden. Wenn nicht, wählen Sie diese Angaben selbst aus.) Aktivieren Sie das **Transformieren**-Werkzeug und klicken im Bereich **Upright** zunächst auf die Schaltfläche **Automatisch**. Prüfen Sie, wie das Bild nun aussieht. Es kann gut sein, dass das Problem dadurch gelöst wurde. Wenn nicht, klicken Sie auf das Symbol **Vertikal** (das dritte von rechts). Funktioniert beides nicht, gehen Sie wieder in das Register **Manuell** der Objektivkorrekturen und nehmen Sie die Korrektur manuell vor (wie zu Beginn dieses Tipps beschrieben).

Wie ... sehe ich, welche Bereiche meines Bilds beschnitten werden?

Um Bereiche mit ausgefressenen Lichtern anzuzeigen, klicken Sie auf das kleine Dreieck in der rechten oberen Ecke des **Histogramm**-Bedienfelds. Um Bereiche mit zugelaufenen Tiefen anzuzeigen, die komplett schwarz geworden sind, klicken Sie auf das kleine Dreieck in der linken oberen Ecke. Nun werden alle ausgefressenen Lichter rot dargestellt (siehe oben) und Sie können den **Lichter**-Regler nach links ziehen, um diese Beschneidung zu reduzieren oder im besten Fall ganz zu entfernen. Bei eingeschalteter Tiefenbeschneidungswarnung erscheinen die entsprechenden Zonen blau und Sie können sie reparieren, indem Sie den **Tiefen**-Regler nach rechts ziehen.

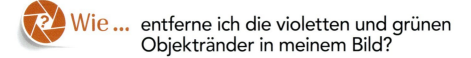

Wie ... entferne ich die violetten und grünen Objektränder in meinem Bild?

Klicken Sie auf das Symbol **Objektivkorrekturen** (das sechste von links) unter dem Histogramm, schalten Sie das Register **Profil** ein und aktivieren Sie das Kontrollfeld **Chromatische Aberration entfernen**. Manchmal reicht es schon, wenn Sie dieses Kontrollfeld einschalten. Meist müssen Sie aber im Bereich **Rand entfernen** des Registers **Manuell** den Regler **Lila Intensität** oder **Grün Intensität** nach rechts ziehen, bis die Farbsäume verschwinden (die Kanten werden grau statt violett oder grün und fallen nicht mehr auf). Der nächste Schritt ist normalerweise nicht nötig, aber Sie sollten ihn trotzdem kennen, nur für den Fall: Wenn Sie einen Regler ziehen (violett oder grün) und er nichts an den violetten oder grünen Farbsäumen ändert, können Sie die Regler **Lila Farbton** oder **Grün Farbton** verschieben, um den exakten Farbton der Farbsaumfarben zu finden.

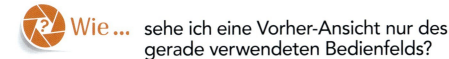

Wie... sehe ich eine Vorher-Ansicht nur des gerade verwendeten Bedienfelds?

Sie möchten prüfen, wie Ihr Bild aussah, bevor Sie Einstellungen im aktuellen Bedienfeld vorgenommen haben (wenn Sie beispielsweise im **Details**-Bedienfeld eine Scharfzeichnung angewandt haben und nun eine Vorher-Nachher-Ansicht nur der Scharfzeichnung sehen möchten, statt alle Änderungen, die Sie seit dem ersten Öffnen des Bilds in Camera Raw vorgenommen haben). Dazu klicken Sie auf das vierte Symbol von links, rechts unter dem Vorschaubereich (oben eingekreist) oder drücken Sie einfach **Strg/Befehl+Option-P**. Damit schalten Sie eine Vorher-Nachher-Ansicht nur der in diesem einen Bedienfeld vorgenommenen Bearbeitungen ein und wieder aus. Wenn Sie natürlich eine echte Vorher-Nachher-Ansicht aller Ihrer Änderungen anzeigen möchten (egal, in welchem Bedienfeld Sie sie vorgenommen haben), drücken Sie die **P**-Taste auf Ihrer Tastatur. Um die Vorher-Nachher-Ansichten nebeneinander anzuzeigen, drücken Sie die **Q**-Taste, um durch die unterschiedlichen Vorher-Nachher-Layouts zu blättern (nebeneinander, oben und unten oder geteilter Bildschirm).

Kapitel 4
Wie Sie den Korrekturpinsel von Camera Raw verwenden
Es gibt mehr als einen Pinsel

Ich habe mir überlegt, ob ich dieses Kapitel »Camera Raw für Fortgeschrittene« nennen sollte, fand aber, dass das so schwierig klingen würde. Dem ist nicht so. Hier geht es einfach um die Dinge, die Sie lernen sollten, sobald Sie mit dem Grundeinstellungen-Bedienfeld von Camera Raw umgehen können. Der Titel ist etwas irreführend, weil es in diesem Kapitel nicht nur um den Korrekturpinsel geht. Es geht auch um zahlreiche wichtige Pinsel und Funktionen, die sich ähnlich wie Pinsel verhalten, etwa den Verlaufsfilter. Wenn dieser tatsächlich ein Pinsel wäre, dann müsste er Verlaufspinsel heißen. Das wäre leider missverständlich, denn wir wenden ihn zwar durch Ziehen an, aber er ist kein Pinsel. Sie malen damit nicht, aber Sie können unerwünschte Bereiche mit einem Pinsel radieren, deshalb gibt es auch beim Verlaufsfilter eine Pinselkomponente. Die meisten Leute wissen aber noch nicht einmal, dass es diesen Pinsel gibt, weil Adobe ihn sozusagen während eines spätabendlichen Updates in Camera Raw hineinmogelte, während alle *Die wandelnden Toten* sahen (ich glaube, es war die vorletzte Folge der Staffel) und niemand sich besonders für das Update interessierte. Da wir schon dabei sind (Achtung, Spoiler): Waren Sie überrascht, als Glen den Laptop heraushote (der komischerweise trotz Apokalypse immer noch Akkuladung hatte), Photoshop CC startete, direkt in Camera Raw ging und dann versuchte, den Weißabgleich in den Bildern, die er von Daryl gemacht hatte, zu korrigieren? Ich brüllte die ganze Zeit: »Du brauchst mehr Magenta in den Hauttönen!« in die Glotze. Aber er beachtete die Weißabgleichspipette in der ganzen Folge kein einziges Mal. Nach dieser Folge konnte ich die Serie nicht mehr weiterschauen und vom fehlenden Cyan in *Die Wandelnden Toten* sprechen wir lieber gar nicht erst!

 Wie ... helle ich bestimmte Bereiche auf und dunkle andere ab (Abwedeln und Nachbelichten)?

Üblicherweise aktivieren Sie zum Abwedeln (Aufhellen) den Korrekturpinsel (**K**; oben in der Symbolleiste). Ziehen Sie einfach den **Belichtung**-Regler nach rechts (alle anderen Regler sind auf null gesetzt – siehe Tipp unten) und malen Sie über die Bereiche, die Sie aufhellen möchten. Zum Nachbelichten (Abdunkeln) ziehen Sie denselben Regler nach links, um die Belichtung zu verringern, und malen Sie über die Bereiche, die dunkler werden sollen.

TIPP: Wie Sie alle anderen Regler auf Null setzen
Klicken Sie auf die Plus-Schaltfläche (+) rechts von der Einstellung, die Sie ändern möchten, zum Beispiel die Belichtung – dadurch wird der Wert dieses speziellen Reglers auf +0,50 erhöht (bei allen anderen Reglern +25), die übrigen Regler werden auf null gesetzt. Ähnliches passiert, wenn Sie auf das Minus-Symbol (–) links vom Regler klicken – der Wert dieses Reglers wird auf –0,50 gesetzt (alle anderen Regler auf –25). Damit verringert sich die Belichtung, die übrigen Regler werden auf 0 gesetzt.

Wie... blende ich die Bearbeitungs-Pins aus?

Diese Taste können Sie sich leicht merken: Um die Pins in Ihrem Bild auszublenden, drücken Sie einfach die Taste **V** auf Ihrer Tastatur. Um sie wieder anzuzeigen, drücken Sie erneut V.

TIPP: Wie Sie einen einzelnen Regler auf Null setzen
Um einen einzelnen Regler zurückzusetzen, doppelklicken Sie einfach direkt auf den Reglerknopf. Der Regler wird auf null gesetzt.

KAPITEL 4 ■ WIE SIE DEN KORREKTURPINSEL VON CAMERA RAW VERWENDEN

Wie ... behebe ich Rauschen in einem bestimmten Bereich?

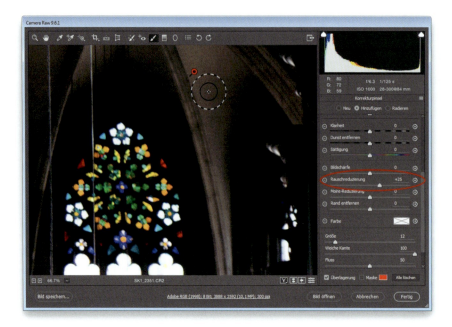

Es macht keinen Sinn, das gesamte Foto weichzuzeichnen, um nur einen einzigen verrauschten Bildbereich zu verbessern (denn das passiert bei der Rauschreduzierung grundsätzlich – das gesamte Bild wird ein bisschen weichgezeichnet, um das Rauschen zu unterdrücken). Stattdessen aktivieren Sie den Korrekturpinsel **(K)** und klicken auf die Plus-Schaltfläche (+) rechts von der Rauschreduzierung (um sie auf +25 und alle anderen Regler auf null zu setzen). Dann übermalen Sie einfach die verrauschten Bereiche in Ihrem Bild. Auf diese Weise wird nur das auffälligste Rauschen weichgezeichnet statt das ganze Bild (wenn ich übrigens überhaupt Rauschen reduziere, gehe ich genauso vor – ich gehe direkt den Bereich oder die Bereiche an, in denen das Rauschen am deutlichsten sichtbar ist).

Wie ... entferne ich Flecken?

Klicken Sie auf das **Makel-entfernen**-Werkzeug **(B)** in der Werkzeugleiste. Stellen Sie den Pinsel so ein, dass er ein bisschen größer ist als der zu entfernende Fleck (siehe kleines Bild oben) und klicken Sie diesen an. Das Werkzeug nimmt einen nahegelegenen Bereich als Quelle für die Reparatur. (Sehen Sie oben den grünen Kreis? Das ist die Quelle.) Wenn aus irgendeinem Grund die Reparatur seltsam aussieht (weil beispielsweise eine ungeeignete Stelle als Quelle verwendet wurde, was mit Sicherheit von Zeit zu Zeit passiert), ziehen Sie einfach den grünen Kreis mit der Quelle an eine andere Stelle, um ein besseres Ergebnis zu erzielen. Sie können auch den roten Kreis mit gedrückter Maustaste ziehen, wenn Sie ein bisschen neben die Stelle geklickt haben, die Sie eigentlich reparieren wollten.

TIPP: Stellen Sie Camera Raw so ein, dass die Quellbereiche automatisch neu aufgenommen werden
Sie haben gerade gelesen, dass Sie den grünen Kreis an eine neue Stelle ziehen können, wenn Ihnen die Ergebnisse des **Makel-entfernen**-Werkzeugs nicht gefallen (weil vielleicht eine ungeeignete Stelle als Quelle ausgewählt wurde). Sie können diese Aufgabe aber auch Camera Raw überlassen: Drücken Sie einfach die Tastenkombination **Umschalt+7** und Camera Raw nimmt automatisch einen anderen Quellbereich auf (der Kreis verschiebt sich). Drücken Sie so lange auf die Taste, bis das Ergebnis Ihnen zusagt.

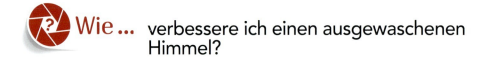

Wie ... verbessere ich einen ausgewaschenen Himmel?

Aktivieren Sie das **Verlaufsfilter**-Werkzeug in der Werkzeugleiste (**G**; es hat dieselben Grundeinstellungen wie der Korrekturpinsel, ist aber nicht wirklich ein Pinsel – mit dem **Verlaufsfilter**-Werkzeug klicken und ziehen Sie in eine bestimmte Richtung). Setzen Sie zunächst alle Regler auf null (doppelklicken Sie dafür auf das Minus-Symbol (-) links von der Belichtung, um diese auf –1,00 und alle anderen Regler auf null zu setzen). Ziehen Sie jetzt mit dem **Verlaufsfilter**-Werkzeug vom oberen Bildrand nach unten zur Horizontlinie. Der obere Teil des Himmels wird abgedunkelt und der Verlauf wird allmählich transparent, ganz wie ein echter Neutralgraufilter, den Sie auf Ihr Objektiv setzen. Natürlich lässt sich damit nicht nur der Himmel abdunkeln: Sie können den Kontrast steigern (ziehen Sie den Kontrastregler nach rechts) oder die Leuchtkraft der Farbe in diesem Teil des Himmels verstärken (ziehen Sie den **Sättigung**-Regler nach rechts) oder auch die Lichter mithilfe des **Lichter**-Reglers erhöhen (oder absenken).

KAPITEL 4 ■ WIE SIE DEN KORREKTURPINSEL VON CAMERA RAW VERWENDEN

Wie... behebe ich Probleme mit roten Augen (oder mit Tieraugen)?

Aktivieren Sie das Werkzeug **Rote-Augen-Korrektur (E)** in der Werkzeugleiste, klicken Sie neben das zu reparierende Auge und ziehen Sie nach außen, bis die Auswahl die Größe des gesamten Auges hat (nicht nur Pupille und Iris, sondern das ganze Auge – Camera Raw erkennt die Pupille innerhalb dieses Bereichs). Mit Tieraugen funktioniert es genauso, aber die Ergebnisse sind an die grüne oder goldene Reflexion in Tieraugen angepasst – wählen Sie einfach **Pet Eye** aus dem Pop-up-Menü, nachdem Sie das **Rote-Augen-Korrektur**-Werkzeug ausgewählt haben.

Wie ... speichere ich meine Pinseleinstellungen als Vorgabe?

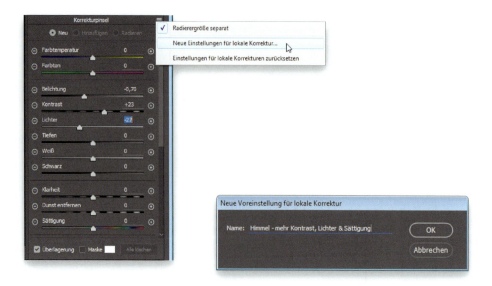

Aktivieren Sie den Korrekturpinsel **(K)**. Im rechten Bedienfeld zeigen Sie nun auf das kleine Symbol rechts vom Wort »Korrekturpinsel« und wählen Sie aus dem angezeigten Pop-up-Menü die Option **Neue Einstellungen für lokale Korrektur** (siehe Abbildung oben links). Geben Sie der Vorgabe einen Namen (siehe oben rechts) und schon wird sie dem Menü hinzugefügt. Sie können sie künftig mit einem einzigen Klick zuweisen. (Hinweis: Verlaufs- und Radialfiltereinstellungen lassen sich übrigens auf dieselbe Weise speichern.)

Wie ... kann ich Flecken leichter ausfindig machen?

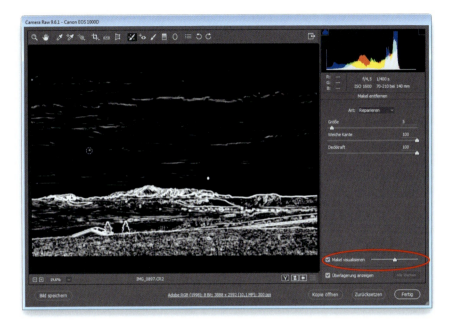

Aktivieren Sie das **Makel-entfernen**-Werkzeug **(B)** und schalten Sie im rechten Bedienfeld das Kontrollfeld **Makel visualisieren** ein. Das Bild wird zu einer Schwarzweißzeichnung (na ja, es sieht auf jeden Fall so aus). Jetzt ziehen Sie den Regler **Makel visualisieren** vor und zurück, bis alle Flecken oder Staub sehr deutlich sichtbar sind – in Himmelsbereichen erscheinen sie beispielsweise weiß vor einem schwarzen Hintergrund, in helleren Bereichen schwarz vor einem weißen Hintergrund. Dadurch fallen die Flecken deutlich auf und Sie können sie bei weiterhin aktivierter Funktion **Makel visualisieren** mit dem **Makel-entfernen**-Werkzeug wegretuschieren.

Wie ... lösche ich etwas, wenn ich einen Fehler gemacht habe?

Wenn Sie beim Malen mit dem Korrekturpinsel einen Fehler gemacht haben, halten Sie einfach die **Alt**-Taste gedrückt und malen Sie über den Bereich, der Ihnen nicht gelungen ist. Wenn Sie diese Taste gedrückt halten, wechseln Sie in Wirklichkeit zu einem anderen Pinsel, der die Maske löscht; er hat auch seine eigenen Einstellungen. Sobald Sie einen Strich malen, können Sie auf das Optionsfeld **Radieren** im oberen Bereich des **Korrekturpinsel**-Bedienfelds klicken und dann **Größe**, **Weiche Kante**, **Fluss** oder **Dichte** des Radierpinsels am unteren Bedienfeldrand einstellen. Wie gesagt: Dieser Radierpinsel ist erst verfügbar, nachdem Sie einen Strich gemalt haben. Anschließend können Sie entweder mit gedrückter **Alt**-Taste darauf zugreifen (die Einstellungen werden angezeigt, solange Sie diese Taste gedrückt halten) oder Sie klicken einfach auf das Optionsfeld **Radieren** (siehe Abbildung oben links). Hinweis: Sie können auch Teile eines Verlaufsfilters ausradieren (falls es einen Bereich gibt, der vom Filter unberührt bleiben soll), aber bei diesem Werkzeug geht das etwas anders: Nach dem Aufziehen des Verlaufs sehen Sie das Wort »Pinsel« oben rechts im Bedienfeld (siehe Abbildung oben rechts) – klicken Sie es einfach an und radieren Sie über die Bereiche, die unverändert bleiben sollen.

 **Wie ...** passe ich den Pinsel an, wenn er nicht funktioniert?

Wenn Sie den Korrekturpinsel aktivieren und er entweder nicht richtig funktioniert oder nur sehr schwach wirkt, sind möglicherweise die Einstellungen für **Fluss** oder **Weiche Kante** sehr niedrig oder stehen ganz auf null. Ziehen Sie sie nach rechts und der Pinsel sollte wieder funktionieren.

Wie ... weiß ich, ob ich kopieren oder reparieren soll?

Wenn Sie das **Makel-entfernen**-Werkzeug **(B)** verwenden, um mit den standardmäßigen Reparatureinstellungen störende Objekte in der Nähe von Objektkanten zu entfernen, erhalten Sie oft ein verschmiertes Ergebnis (siehe kleines Bild oben). Das bedeutet für Sie, dass Sie aus dem Pop-up-Menü **Art** die Einstellung **Kopieren** wählen sollten. Dadurch wird das Schmierproblem normalerweise gelöst (siehe große Abbildung). Außerdem müssen Sie gegebenenfalls den Regler **Weiche Kante** nach links oder rechts ziehen und prüfen, welche Einstellung bei dem aktuell bearbeiteten Bereich am besten aussieht – probieren Sie einfach verschiedene Regler-Einstellungen aus, bis Sie mit dem Ergebnis zufrieden sind.

Wie ... ziehe ich einen geraden Pinselstrich?

Um mit dem Korrekturpinsel eine gerade Linie zu ziehen, klicken Sie einmal, halten dann die **Umschalt**-Taste gedrückt und bewegen den Mauszeiger dorthin, wo die gerade Linie enden soll. Dort klicken Sie erneut. Sie erhalten eine schnurgerade Linie zwischen den beiden Punkten.

Wie ... vermeide ich es, über Konturen hinauszumalen?

Aktivieren Sie das Kontrollfeld **Automatisch maskieren** im unteren Bereich des **Korrekturpinsel**-Bedienfelds. So vermeiden Sie es, mit dem Pinsel versehentlich über den korrekturbedürftigen Bereich hinauszumalen. Sobald Sie das Kontrollfeld aktiviert haben, ist nur noch der Bereich unter dem kleinen Fadenkreuz im Zentrum des Pinsels von Ihren Korrekturen betroffen. (Betrachten Sie das Bild oben – dort male ich auf der Wand links von den Stufen. Obwohl mein Pinsel eindeutig in die Stufen hineinreicht, werden diese überhaupt nicht aufgehellt, weil das Fadenkreuz sich immer noch auf der Wand befindet.) Hinweis: Wenn diese Funktion aktiviert ist, reagiert der Pinsel tendenziell ein wenig langsamer, weil während des Malens viele Berechnungen durchgeführt werden, mit denen Camera Raw die Kanten entdeckt. Außerdem könnte es passieren, dass Sie über einen Bereich malen und dieser offensichtlich nicht gleichmäßig abgedeckt wird. In dem Fall können Sie die Automaskierung ausschalten und erneut über den Bereich malen. Üblicherweise lasse ich die Automaskierung während des Malens ausgeschaltet. Sobald ich jedoch in die Nähe einer Kante komme, die unverändert bleiben soll, schalte ich die Funktion für diesen Teil der Bearbeitung vorübergehend ein.

Wie ... lasse ich die Maskenüberlagerung während des Malens eingeschaltet?

Beim Malen mit dem Korrekturpinsel können Sie entweder die Taste **Y** drücken oder das Kontrollfeld **Maske anzeigen** am unteren Rand des **Korrekturpinsel**-Bedienfelds aktivieren. Es kann wirklich praktisch sein, diese Funktion zu aktivieren. Dann sehen Sie genau, welchen Bereich Sie bearbeiten, und vor allem, ob Sie irgendwelche Bereiche ausgelassen haben. (In der Abbildung oben sehe ich, dass ich einen Bereich vergessen habe, und kann schnell mit eingeschalteter roter Maske darübermalen.)

Wie... ändere ich schnell die Größe meines Pinsels?

Bei aktiviertem Korrekturpinsel klicken Sie mit der rechten Maustaste auf Ihr Bild und ziehen nach rechts, um Ihren Pinsel zu vergrößern, oder nach links, um ihn zu verkleinern. Einmal ausprobiert, werden Sie gleich erfassen, wie es geht – falls jedoch aus irgendwelchen Gründen nicht, können Sie jederzeit mit den Tasten **ö** und **#** auf Ihrer Tastatur zur nächstkleineren oder -größeren Pinselstärke springen. Wenn Sie nach Stunden abrechnen, können Sie die Pinselgröße auch ganz normal über den **Größe**-Regler am unteren Rand des **Korrekturpinsel**-Bedienfelds einstellen.

Wie ... dupliziere ich einen Bearbeitungs-Pin?

Klicken Sie mit der rechten Maustaste auf den Pin, den Sie duplizieren möchten. Aus dem nun angezeigten Pop-up-Menü wählen Sie **Duplizieren** (wie oben gezeigt). Das Duplikat erscheint direkt über dem Original. Wenn Sie also das Gefühl haben, dass nichts passiert ist, klicken Sie auf den duplizierten Pin und ziehen Sie – Sie sehen, dass Sie die Kopie wegziehen, ohne das Original zu verändern. Eine andere Möglichkeit besteht darin, dass Sie **Strg/Befehl+Alt** gedrückt halten, den Pin anklicken und ihn an die gewünschte Stelle ziehen.

Wie ... zeichne ich Haut weich?

Aktivieren Sie das **Korrekturpinsel**-Werkzeug **(K)** in der Symbolleiste und klicken Sie viermal auf das Minus-Symbol (–) links vom **Klarheit**-Regler, um alle anderen Regler auf null zurückzusetzen, den **Klarheit**-Regler hingegen auf –100. Erhöhen Sie anschließend den **Bildschärfe**-Regler auf +25. Nun müssen Sie nur noch mit dem Pinsel über die Hautbereiche malen, um sie weichzuzeichnen (und daran denken, dass Sie Detailbereiche wie Augen, Lippen, Nasenlöcher, Wimpern, Augenbrauen und Haare auslassen).

Wie ... erzeuge ich einen dramatischen Scheinwerfereffekt?

Aktivieren Sie den **Radialfilter (J)** in der Werkzeugleiste (das vierte Symbol von rechts – es sieht aus wie ein schmales Oval), dann ziehen Sie eine Ellipse über den Bildbereich, den Sie mit dem Scheinwerfer versehen möchten. Anschließend können Sie die Ellipse noch mit den kleinen Reglern an den Seiten, oben und unten skalieren. Um sie zu verschieben, klicken Sie hinein und ziehen Sie. Um sie zu drehen, zeigen Sie auf eine Stelle außerhalb der Ellipse, so dass der Mauszeiger zu einem Doppelpfeil wird, und ziehen Sie. Mit diesem Werkzeug können Sie den Bereich innerhalb oder außerhalb der Ellipse verändern. In diesem Fall möchten wir den Bereich außerhalb verändern. Klicken Sie deshalb im Bereich **Effekt** am unteren Rand des **Radialfilter**-Bedienfelds auf das Optionsfeld **Außen** (siehe kleines Bild oben). Jetzt ziehen Sie den **Belichtung**-Regler nach links, um alles außerhalb der Ellipse abzudunkeln (siehe oben).

KAPITEL 4 ■ WIE SIE DEN KORREKTURPINSEL VON CAMERA RAW VERWENDEN

Wie ... verbessere ich neblige oder dunstige Bereiche in meinem Bild?

Aktivieren Sie das **Korrekturpinsel**-Werkzeug **(K)** in der Symbolleiste und klicken Sie auf die Plus-Schaltfläche (+) rechts vom Regler **Dunst entfernen**, um alle anderen Regler auf null zu setzen, den Wert für **Dunst entfernen** hingegen auf +25. Jetzt malen Sie über die dunstigen oder nebligen Bildbereiche und der Nebel verschwindet (ich weiß, das ist eine ziemlich fantastische Sache). Wenn der Nebel Ihnen nun immer noch zu stark ist, ziehen Sie den Regler **Dunst entfernen** nach rechts und erhöhen den Wert damit. Außerdem können Sie auch einen dunstigen Look erzeugen (hey, das soll vorkommen – vielleicht einen hübschen Nebel für eine Waldszene), dann könnten Sie den Regler **Dunst entfernen** nach links ziehen.

Wie ... entferne ich ein Moiré-Muster aus Kleidung?

Aktivieren Sie das **Korrekturpinsel**-Werkzeug **(K)** in der Symbolleiste und klicken Sie auf die Plus-Schaltfläche (+) rechts von **Moiré-Reduzierung**, um alle anderen Regler auf null, die **Moiré-Reduzierung** hingegen auf +25 zu setzen. Malen Sie jetzt über alle Bildbereiche mit einem sichtbaren Moiré-Muster (typische Beispiele sind Textilien mit schmalen Linien im Muster, zum Beispiel Sportsakkos, Koffer oder Kamerataschen; hier entstehen Wellenmuster, die das Bild ziemlich verhunzen können [siehe oben im Vorher-Bild]). Sie können das Moiré-Muster jetzt einfach »wegmalen« (das funktioniert normalerweise ziemlich gut). Wenn das Ergebnis nicht zufriedenstellend ist, erhöhen Sie den **Moiré-Reduzierung**-Wert, indem Sie den Regler nach rechts ziehen (das habe ich hier getan).

Kapitel 5
Wie Sie mit Ebenen arbeiten

Jetzt wird es spannend

Sie fragen sich vielleicht, warum das Buch erst jetzt richtig spannend wird. Ganz einfach: Sie mussten sich das erst verdienen. Wenn Sie das Buch aufgeschlagen hätten und es gleich mit den spaßigen Dingen begonnen hätte, würden Sie sich jetzt doch nur langweilen. Sie würden sagen: »Am Anfang hat es noch Spaß gemacht, aber jetzt ist es nur noch Routine.« Stattdessen denken Sie genau jetzt: »Endlich wird es spannend.« Meiner Meinung nach hat es sich deshalb schon gelohnt, Ihnen die interessanten Dinge vorzuenthalten. Unsere Eltern haben diese Technik nicht nur erfunden, sondern bis zur Perfektion gebracht. Erinnern Sie sich, wie unsere Eltern sagten, als wir klein waren: »Eines Tages bekommst du anständiges Essen wie wir, aber erst wenn du es dir verdient hast. Iss jetzt deinen Haferschleim und den Erbseneintopf.« Ja, so war das damals. Auf jeden Fall waren sie Meister darin, uns auf die guten Dinge warten zu lassen. Und jetzt reichen wir diese altehrwürdige Tradition an unsere eigenen Kinder weiter, indem wir sie zwingen, stets alles auf der Hintergrundebene zu machen, wie damals vor Photoshop 2.0, als es noch keine Ebenen gab. Da es noch kein Ebenenkonzept gab, nannte man die Hintergrundebene damals natürlich auch nicht »Hintergrundebene«. Stattdessen nannte man sie einfach »Ernie« (für Leute, die erst nach Version 3.0 in Photoshop einstiegen, klingt das gewiss merkwürdig). Als ich in meinen ersten Photoshop-Büchern ausdrücken wollte, dass sich etwas auf dieser einen Bildebene abspielte, musste ich demnach schreiben: »Aktivieren Sie Ernie und weisen Sie eine Tonwertkorrektur zu.« Dann wusste jeder, dass es wieder Zeit für eine Portion Haferschleim und Erbseneintopf war. Freunde, wir haben lange genug gewartet. Der Spaß kann beginnen!

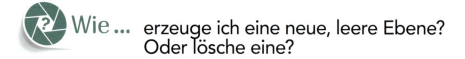

Wie ... erzeuge ich eine neue, leere Ebene? Oder lösche eine?

Klicken Sie im Ebenenbedienfeld auf das Symbol **Neue Ebene erstellen** (das zweite von rechts am unteren Rand des Ebenenbedienfelds; es sieht aus wie eine winzige Seite mit einem Eselsohr). Nun wird über der aktuellen eine neue Ebene erzeugt (siehe oben). Standardmäßig sind Ebenen vollständig transparent, deshalb sieht Ihr Dokument im Moment komplett unverändert aus. Im Ebenenbedienfeld sehen Sie aber die neue leere Ebene mit dem Namen »Ebene 1«. Übrigens: Wenn Sie die **Strg/Befehl**-Taste gedrückt halten und auf das Symbol **Neue Ebene erstellen** klicken, wird die neue Ebene *unter der* aktuellen erzeugt, natürlich nur, wenn Sie gerade nicht auf der Hintergrundebene sind, denn ... na ja ... unter der Hintergrundebene ist nichts. Sie ist sozusagen das »Parterre« Ihrer Datei. Möchten Sie eine Ebene löschen, ziehen Sie sie entweder auf das Papierkorbsymbol am unteren Rand des Ebenenbedienfelds oder Sie drücken einfach die **Entf**-Taste auf Ihrer Tastatur.

Wie ... ordne ich Ebenen neu an?

Ziehen Sie die Ebenen im Ebenenbedienfeld einfach mit gedrückter Maustaste in die gewünschte Reihenfolge (oben ziehe ich Ebene 3 vom Anfang des Ebenenstapels unter die Ebene 1). Die Stapelreihenfolge von oben nach unten können Sie sich wie Papier auf einem Schreibtisch vorstellen. Die oberste Ebene überdeckt also die Ebene darunter usw. Stellen Sie sich Ihre Ebenen außerdem wie durchsichtige Folien vor – durchsichtig, bis Sie etwas darauf schreiben oder zeichnen. (Für diejenigen, die alt genug sind, um sich an Overhead-Projektoren zu erinnern, und noch wissen, wer sie selbst sind: Das funktionierte ungefähr genauso – durchsichtige Folien, die übereinandergelegt wurden. Dasselbe Konzept, nur neue Technologie. Übrigens, vermissen Sie auch die Postkutschen? Und die Arbeit am Webstuhl? Ahhh, das waren noch Zeiten, stimmt's? Wenn Sie die Fehler von Ihrer mechanischen Schreibmaschine immer noch mit Tipp-Ex korrigieren, will ich jetzt ein »Ho, Ho« hören! Okay – ich geb's zu, ich bin zu weit gegangen. Tut mir echt leid.)

Wie ... schalte ich eine Ebene unsichtbar?

Im Ebenenbedienfeld klicken Sie auf das kleine Augensymbol links von einer Ebenenminiatur, um die zugehörige Ebene auszublenden. Um sie wieder anzuzeigen, klicken Sie an dieselbe Stelle. Um nur eine bestimmte Ebene anzuzeigen (und alle anderen Ebenen auszublenden), halten Sie die **Alt**-Taste gedrückt und klicken dann auf das Augensymbol der Ebene. Alle anderen Ebenen werden nun ausgeblendet und nur diese eine Ebene bleibt sichtbar. Um alle wieder einzublenden, klicken Sie mit gedrückter **Alt**-Taste erneut auf das Augensymbol.

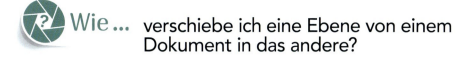

Wie... verschiebe ich eine Ebene von einem Dokument in das andere?

Hierzu haben Sie mehrere Möglichkeiten: (1) Klicken Sie auf die Ebene, die Sie in ein anderes geöffnetes Photoshop-Dokument kopieren möchten, dann öffnen Sie das **Ebene**-Menü am oberen Bildschirmrand und wählen **Ebene duplizieren**. Im nun angezeigten Dialogfeld **Ebene duplizieren** halten Sie die Maustaste auf dem Pop-up-Menü **Dokument** gedrückt. Sie sehen jetzt die Namen Ihrer anderen offenen Dokumente (neben der Möglichkeit, ein neues Dokument zu erzeugen). Wählen Sie das Dokument, in das Sie die Ebene kopieren möchten, klicken Sie auf **OK** – und nun erscheint diese ausgewählte Ebene in dem anderen Dokument. Alternativ (2) klicken Sie auf die Ebene, die Sie in ein anderes geöffnetes Dokument kopieren möchten. Dann aktivieren Sie das **Verschieben**-Werkzeug **(V)**, halten die Maustaste im Bildfenster gedrückt und ziehen mit gedrückter Maustaste auf das Dokumentregister des anderen geöffneten Dokuments (wenn Sie die Registerkarten-Funktion in den Photoshop-Voreinstellungen aktiviert haben; wenn nicht, ziehen Sie einfach direkt in das Dokumentfenster des anderen Bilds). Lassen Sie die Maustaste noch nicht los – halten Sie sie etwa eine Sekunde lang gedrückt, bis das Dokument zum aktiven Dokument wird. Halten Sie die Maustaste weiter gedrückt und bewegen Sie den Mauszeiger in dieses Dokument. Sobald sich der Mauszeiger im Bildbereich des anderen Dokuments befindet, geben Sie die Maustaste frei und Ihre Ebene erscheint. Das wird Ihnen nur am Anfang seltsam vorkommen; wenn Sie es ein- oder zweimal gemacht haben, haben Sie den Dreh raus.

Wie ... verrechne ich meine aktuelle Ebene mit anderen Ebenen?

Standardmäßig haben alle Ebenen den Ebenenmischmodus **Normal**. Das bedeutet: Alles, was in dieser Ebene farbig ist, deckt alles auf den darunterliegenden Ebenen ab. Wenn Sie nun im Popup-Menü oben im Ebenenbedienfeld einen anderen Mischmodus wählen, wird der Inhalt dieser Ebene mit den darunterliegenden Ebenen verrechnet, statt sie einfach nur abzudecken. Nehmen wir an, Sie haben auf Ihrer oberen Ebene ein großes Bild von einem Pfirsich. Dieser überdeckt so ziemlich alles auf den darunterliegenden Ebenen; wenn Sie den Mischmodus ändern, wird der Pfirsich hingegen mit den darunterliegenden Ebenen verrechnet. Wie aber genau? Na ja, das hängt von dem gewählten Mischmodus ab. Hier ein paar Mischmodi für den Anfang: **Multiplizieren** dunkelt die Ebene beim Verrechnen ab; **Negativ multiplizieren** hellt sie auf; **Weiches Licht** verstärkt den Kontrast ein wenig, **Ineinanderkopieren** verstärkt den Kontrast deutlich. Möchten Sie schnell alle Mischmodi durchprobieren und prüfen, welche für Ihre Zwecke geeignet sind, halten Sie **Umschalt++** (plus) gedrückt, um zum nächsten Mischmodus zu gelangen. Drücken Sie **Umschalt+−** (minus), um zum vorherigen Mischmodus zurückzukehren.

TIPP: Mehr Kontrolle über Überblendungen
Doppelklicken Sie im Ebenenbedienfeld direkt auf eine Ebenenminiatur, um die Mischoptionen im Dialogfeld **Ebenenstil** anzuzeigen. Im Bereich **Mischen, wenn** sehen Sie zwei Regler mit zwei dreieckigen Reglerknöpfen. Halten Sie die **Alt**-Taste gedrückt und ziehen Sie einen der Reglerknöpfe. Sie sehen, dass die Ebene nun mit den darunterliegenden Ebenen verrechnet wird. Hinweis: Der Reglerknopf wird dadurch in Hälften geteilt. Das ist gewollt, denn so erhalten Sie glattere Übergänge.

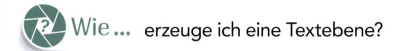

Wie ... erzeuge ich eine Textebene?

Aktivieren Sie das **Horizontaler Text**-Werkzeug **(T)** im Werkzeugbedienfeld, klicken Sie in Ihr Bild und beginnen Sie zu tippen. Zack – Sie haben eine Textebene. Wenn Sie jetzt weitertippen, verschwindet Ihr Text irgendwann am rechten Bildrand – anders als in einem echten Textdokument wird er nicht in die nächste Zeile umbrochen. (Das Tolle an Ebenen ist, dass Objekte sich über den Bildrand hinaus erstrecken können, ohne dass sie abgeschnitten werden. Zwar können Sie die Bereiche außerhalb des Bildrands nicht sehen, aber Sie können sie jederzeit wieder zurück ins Bildfenster ziehen.) Weiter im Text. Wenn Ihr Text in die nächste Zeile umbrochen werden soll, dann klicken und tippen Sie nicht einfach los. Stattdessen ziehen Sie mit gedrückter Maustaste einen Textrahmen in der gewünschten Breite der Textspalte auf. Wenn Sie jetzt mit der Texteingabe beginnen und Ihr Text am Ende des Rahmens angelangt ist, wird er ganz normal in die nächste Zeile umbrochen (siehe oben). Der Rest ist identisch: Um Änderungen an Ihrem Text vorzunehmen, markieren Sie ihn und wählen dann in der Optionsleiste am oberen Bildschirmrand eine neue Schriftart, einen Schriftstil oder eine Schriftgröße. Die meisten Einstellmöglichkeiten für Text finden Sie hier, auch Ausrichtungsoptionen (links, zentriert oder rechts), Farbe usw. Benötigen Sie jedoch weiterführende Einstellmöglichkeiten, klicken Sie auf das dritte Symbol von rechts (es sieht aus wie ein kleines Bedienfeld). Dadurch werden das **Zeichen**- und das **Absatz**-Bedienfeld geöffnet. Mit den Optionen in diesen Bedienfeldern können Sie den Zeichenabstand und das Kerning (den Abstand zwischen einzelnen Buchstaben) einstellen und auch andere coole Dinge mit Ihrem Text anstellen – etwa Grundlinienversatz, hoch- und tiefgestellt, horizontale und vertikale Skalierung oder Ligaturen. Falls Sie nun bei der einen oder anderen Option gedacht haben: »Was ist denn das? Davon habe ich noch nie etwas gehört!«, dann brauchen Sie das Symbol wahrscheinlich nicht. Bleiben Sie einfach bei den Möglichkeiten der Optionsleiste und alles ist gut.

Wie ... lösche ich Teile eines Buchstabens?

Zuerst müssen Sie die Schrift von einer bearbeitbaren Textzeile in eine aus Pixeln bestehende Ebene umwandeln. Dann können Sie sie radieren, als wäre sie mit dem Pinsel gemalt. Gehen Sie zum Ebenenbedienfeld, klicken Sie mit der rechten Maustaste auf die Ebene und wählen Sie aus dem nun angezeigten Pop-up-Menü den Befehl **Text rastern**. Das ist Adobe-Jargon für »verwandele diese Textebene in Pixel«. Fertig – Ihre Schrift wird nun wie ein Foto behandelt und Sie können sie mit dem **Radiergummi**-Werkzeug **(E)** wegradieren, Teile davon löschen usw. Die gute Nachricht ist also, dass Sie Schrift in Pixel umwandeln können. Die schlechte Nachricht ist, dass Sie den Text danach nicht mehr bearbeiten können (also keine Tippfehler mehr ausbessern, die Schriftart nicht mehr ändern können usw.). Vergewissern Sie sich also, dass Sie die gewünschte Schriftart ausgewählt haben und dass es keine Rechtschreibfehler gibt, bevor Sie Ihre bearbeitbare Schrift in Pixel konvertieren.

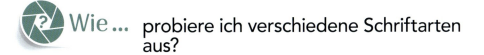

Wie ... probiere ich verschiedene Schriftarten aus?

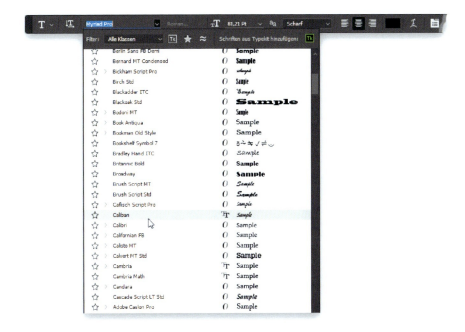

Wählen Sie Ihren Text mit dem **Horizontaler Text**-Werkzeug **(T)** aus und klicken Sie in der Optionsleiste auf den kleinen Abwärtspfeil rechts vom Namen der aktuellen Schriftart. Sie erhalten ein Pop-up-Menü mit Fonts. Bewegen Sie jetzt den Cursor über das Schriftmenü und Ihre Schrift wird im Dokumentfenster entsprechend angepasst, so dass Sie eine direkte Vorschau des Textes mit unterschiedlichen Schriftarten erhalten. Wenn Ihnen eine bestimmte Schriftart gefällt, klicken Sie sie einfach an und Ihr Text wird mit ihr formatiert.

Wie ... fülle ich eine Ebene mit einer Farbfläche?

Möchten Sie eine Ebene mit einer Flächenfarbe füllen, öffnen Sie mit einem Klick auf das Vordergrundfarbfeld am unteren Rand des Werkzeugbedienfelds den Farbwähler. Wählen Sie die Farbe, mit der Sie die Ebene füllen möchten, und klicken Sie auf **OK**. Dann drücken Sie die **Entf/Rück**-Taste, um Ihre aktuelle Ebene mit dieser Farbe zu füllen. Soll die Farbe halbtransparent sein, verringern Sie die Deckkraft der Ebene über den **Deckkraft**-Regler im oberen Bereich des Ebenenbedienfelds.

KAPITEL 5 ■ WIE SIE MIT EBENEN ARBEITEN

Wie ... mache ich Teile einer Ebene transparent?

Es gibt mehrere Möglichkeiten. Ich empfehle aber, auf das Symbol **Ebenenmaske hinzufügen** am unteren Rand des Ebenenbedienfelds zu klicken (es ist das dritte Symbol von links, oben eingekreist). Jetzt nehmen Sie das **Pinsel**-Werkzeug **(B)** und übermalen alle Bereiche der Ebene, die transparent werden sollen. Standardmäßig ist das **Pinsel**-Werkzeug auf Schwarz gesetzt; dadurch wird alles, was Sie übermalen, transparent. Anders als beim **Radiergummi**-Werkzeug (das die Ebeneninhalte tatsächlich wegradiert, sodass sie nicht zurückgeholt werden können) ist eine Ebenenmaske zerstörungsfrei: Wenn Sie versehentlich zu viel radieren, können Sie einfach die Vordergrundfarbe auf Weiß setzen (drücken Sie die **X**-Taste, um Vordergrund- und Hintergrundfarbe zu vertauschen; wenn Sie also in diesem Fall **X** drücken, wird Ihre Vordergrundfarbe weiß) und über die Bereiche malen, die Sie versehentlich gelöscht haben – sie werden wieder angezeigt. Sie haben sie nämlich nicht wirklich entfernt, sondern beim Übermalen mit Schwarz lediglich eine Maske über sie gelegt. Wenn die Ebenenbereiche nicht komplett wegradiert werden, sondern nur ein wenig durchscheinend wirken sollen, gehen Sie in die Optionsleiste und verringern Sie die Deckkrafteinstellung des Pinsels ein bisschen. Je niedriger der Deckkraftprozentwert, desto weniger löschen Sie mit einem Pinselstrich. Möchten Sie also ein wenig durch die Ebene hindurchsehen, probieren Sie es mit einer niedrigen Deckkrafteinstellung.

KAPITEL 5 ■ WIE SIE MIT EBENEN ARBEITEN

dupliziere ich eine Ebene?

Die schnellste Möglichkeit besteht im Drücken von **Strg/Befehl+J**. Zack – ein exaktes Duplikat Ihrer Ebene erscheint genau über der momentan aktiven Ebene. Wenn Sie nach Stunden bezahlt werden, können Sie stattdessen auf die Ebene klicken, die Sie duplizieren möchten, und sie auf das Symbol **Neue Ebene erstellen** am unteren Rand des Ebenenbedienfelds ziehen (links vom Papierkorbsymbol). Auch damit erzeugen Sie ein Duplikat.

Wie ... organisiere ich meine Ebenen?

Wenn Sie viele Ebenen erstellen, bekommen Sie eine lange, scrollbare Liste in Ihrem Ebenenbedienfeld und es wird schwierig, dort eine bestimmte Ebene ausfindig zu machen. Wir machen hier deshalb genau das Gleiche wie mit Dokumenten auf unserem Computer, um Ordnung zu halten – wir gruppieren die Ebenen in Ordnern. Im Ebenenbedienfeld heißen diese Ordner Ebenengruppen. Um Ebenen zu einer Ebenengruppe hinzuzufügen, halten Sie zuerst die **Strg/Befehl**-Taste gedrückt, gehen dann zum Ebenenbedienfeld und klicken auf alle Ebenen, die Sie in den Ordner verschieben möchten. Nun klicken Sie auf das Symbol **Neue Gruppe erstellen** (es sieht wie ein Ordner aus) am unteren Bedienfeldrand (siehe oben links; oder drücken Sie einfach **Strg/Befehl+G**), um alle ausgewählten Ebenen in ihren eigenen Ordner zu verschieben (eine »Ebenengruppe«, wenn Sie so möchten; siehe Bild oben Mitte). Dadurch bleibt das Ebenenbedienfeld wirklich übersichtlich (und Sie müssen nicht mehr endlos scrollen). Übrigens werden Sie feststellen, dass der Ordner zunächst eingeklappt ist, sodass Sie die darin enthaltenen Ebenen nicht sehen können. Möchten Sie diese anzeigen, klicken Sie einfach auf den kleinen Rechtspfeil links vom Namen des Ordners und dieser wird ausgeklappt (siehe oben rechts), so dass Sie nun auf alle Ebenen zugreifen können.

Wie ... füge ich einer Ebene einen Schlagschatten hinzu?

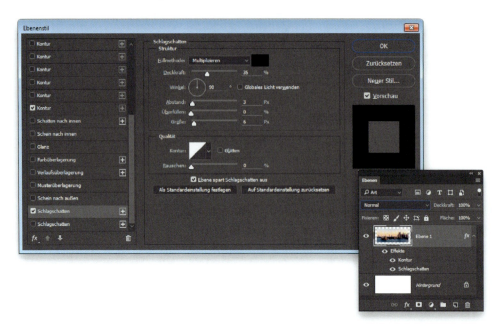

Klicken Sie auf das Symbol **Ebenenstil hinzufügen** (das **fx**-Symbol) am unteren Rand des Ebenenbedienfelds und wählen Sie aus dem nun angezeigten Pop-up-Menü **Schlagschatten**. Das Dialogfeld **Ebenenstil** wird geöffnet und alle Objekte auf Ihrer aktuellen Ebene erhalten einen Schlagschatten. Um die Weichzeichnung des Schattens zu verstärken, ziehen Sie den **Größe**-Regler nach rechts. Sie könnten auch den Winkel und den Abstand in diesem Dialogfeld ändern, aber ehrlich gesagt ist es einfacher, mit der Maus direkt auf das Bild selbst zu zeigen und den Schatten mit gedrückter Maustaste an die gewünschte Stelle zu ziehen (das ist ziemlich cool – probieren Sie es einmal aus). Sobald Sie den Schatten zugewiesen haben, erscheint das Wort »Effekte« direkt unter der Ebenenminiatur im Ebenenbedienfeld und darunter steht »Schlagschatten«. Achten Sie auf die Augensymbole links von beiden Wörtern: Wenn Sie auf das Augensymbol links vom Schlagschatten klicken, wird er ausgeblendet. Um ihn wieder sichtbar zu schalten, klicken Sie dorthin, wo zuvor das Augensymbol war. Um den Schlagschatten ganz zu löschen, ziehen Sie ihn mit gedrückter Maustaste auf das Papierkorbsymbol am unteren Rand des Ebenenbedienfelds. Okay, was bedeutet das Wort »Effekte« nun? Na ja, ein Schlagschatten ist ein Effekt (man spricht von »Ebeneneffekten«), aber es gibt noch viele weitere Effekte, die Sie einer Ebene zuweisen können, beispielsweise eine **Kontur** oder eine **Abgeflachte Kante und Relief** oder einen **Schein nach innen** oder **außen**, einen **Glanz** usw. Sie können einer einzelnen Ebene mehrere Effekte zuweisen (etwa eine **Kontur** und einen **Schlagschatten** und eine **Musterüberlagerung**). Mit einem Klick auf das Augensymbol links vom Wort »Effekte« blenden Sie alle Effekte gleichzeitig aus. Mit einem Klick auf das Augensymbol neben einem der Effekte blenden Sie nur diesen aus. Klar? Klar!

Wie ... setze ich ein Bild in einen Text?

Aktivieren Sie zuerst das **Horizontaler Text**-Werkzeug **(T)** im Werkzeugbedienfeld, klicken Sie in Ihr Dokument und erzeugen Sie einen Text (große fette Buchstaben funktionieren meist am besten). Dann öffnen Sie das Foto, das in dem Text erscheinen soll, und platzieren Sie es in demselben Dokument (kopieren Sie es oder ziehen Sie es mit dem **Verschieben**-Werkzeug aus dem anderen Dokument). Anschließend prüfen Sie im Ebenenbedienfeld, ob sich Ihre Textebene direkt unter Ihrer Fotoebene befindet. Sie müssen jetzt nur noch **Strg/Befehl+Alt+G** drücken und Photoshop erzeugt eine Schnittmaske, wodurch das Bild in den Text gesetzt wird. Anschließend können Sie es mit dem **Verschieben**-Werkzeug mit gedrückter Maustaste innerhalb des Textes verschieben. Um das Bild aus dem Text zu entfernen, verwenden Sie dieselbe Tastenkombination. Auch cool daran ist, dass Sie weiterhin Schriftart oder -größe ändern können – klicken Sie einfach im Ebenenbedienfeld auf die Textebene, markieren Sie den Text und ändern Sie die Formatierung.

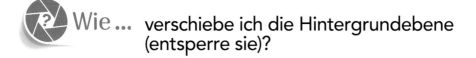# Wie ... verschiebe ich die Hintergrundebene (entsperre sie)?

Im Ebenenbedienfeld ziehen Sie das kleine Schlosssymbol (rechts vom Wort **Hintergrund**) auf das Papierkorbsymbol am unteren Bedienfeldrand (siehe oben links). Dadurch wird die Hintergrundebene entsperrt (siehe oben rechts). Nun können Sie sie wie jede andere Ebene bearbeiten (sie im Ebenenstapel nach oben oder unten ziehen).

 **Wie ...** verschiebe ich mehrere Ebenen gleichzeitig?

Halten Sie die **Strg/Befehl**-Taste gedrückt und klicken Sie im Ebenenbedienfeld direkt auf die Ebenen, die Sie verschieben möchten. Sie sind nun ausgewählt (die einzelnen Ebenen werden markiert, wenn Sie sie anklicken). Sobald Sie alle ausgewählt haben, klicken Sie in eine der ausgewählten Ebenen und ziehen Sie. Alle Ebenen werden mitsamt ihren Inhalten gemeinsam verschoben.

 **Wie ...** sperre ich eine Ebene, sodass sie nicht verschoben werden kann?

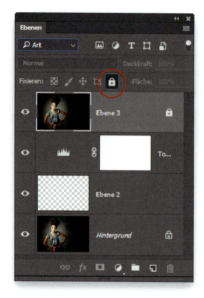

Im Ebenenbedienfeld klicken Sie auf die Ebene, die Sie sperren möchten, und dann im oberen Bedienfeldbereich auf das Symbol **Alle sperren** (das kleine Schlosssymbol) (siehe oben). Nun können Sie diese Ebene nicht mehr versehentlich verschieben oder übermalen oder sonstwie beschädigen (ein Schlosssymbol erscheint rechts vom Ebenennamen; dieses signalisiert Ihnen, dass die Ebene gesperrt ist). Um sie wieder zu entsperren, klicken Sie auf das Schlosssymbol rechts vom Ebenennamen.

KAPITEL 5 ■ WIE SIE MIT EBENEN ARBEITEN

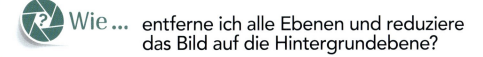# Wie ... entferne ich alle Ebenen und reduziere das Bild auf die Hintergrundebene?

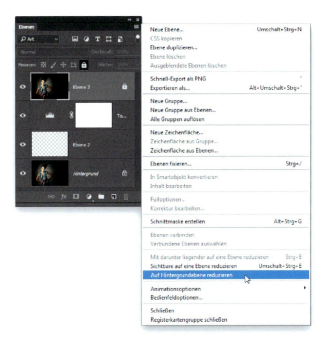

Klicken Sie in der rechten oberen Ecke des Ebenenbedienfelds auf das kleine Symbol mit den horizontalen Linien und wählen Sie aus dem nun angezeigten Flyout-Menü **Auf Hintergrundebene reduzieren**. Dadurch werden alle Ebenen mit der Hintergrundebene verrechnet und Sie können das Bild nun als JPEG, TIFF etc. speichern. Hinweis: Wenn Sie keine Ebenen ausgeblendet haben, können Sie auch **Strg/Befehl+Umschalt+E** drücken. Das ist die Tastenkombination für den Befehl **Sichtbare auf eine Ebene reduzieren**. Je nach Ebenenkonstellation werden normalerweise alle Ihre Ebenen auf die Hintergrundebene reduziert.

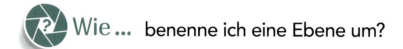

Wie... benenne ich eine Ebene um?

Doppelklicken Sie direkt auf den Namen der Ebene (etwa **Ebene 1**, **Ebene 2** usw.). Er erscheint nun farbig hinterlegt und Sie können einen neuen Namen eingeben. Anschließend drücken Sie die **Enter**-Taste, um den neuen Namen zuzuweisen.

Wie... mache ich aus zwei Ebenen eine Ebene?

Gehen Sie zum Ebenenbedienfeld und klicken Sie auf die erste Ebene, die Sie reduzieren möchten. Dann halten Sie die **Strg/Befehl**-Taste gedrückt und klicken auf die andere Ebene, die Sie reduzieren möchten. Beide sind nun ausgewählt. Jetzt drücken Sie **Strg/Befehl+E**, um die beiden Ebenen zu einer zu reduzieren. Übrigens funktioniert das nicht nur mit zwei Ebenen; Sie können vielmehr so viele Ebenen auswählen, wie Sie möchten, und sie dann mit der genannten Tastenkombination auf eine reduzieren.

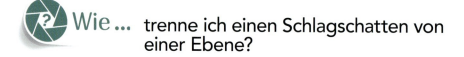

Wie ... trenne ich einen Schlagschatten von einer Ebene?

 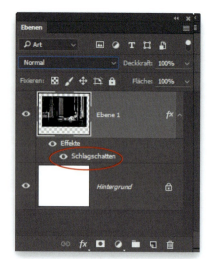

Sie können einen Schlagschatten-Ebenenstil von seiner aktuellen Ebene entfernen und ihn gleichzeitig in eine eigene Ebene umwandeln (so dass Sie diese gesondert bearbeiten können, um etwa Teile davon zu löschen usw.). Dazu klicken Sie mit der rechten Maustaste auf das Wort »Schlagschatten« im Ebenenbedienfeld und wählen aus dem nun angezeigten Kontextmenü den Befehl **Ebene erstellen**. Der Schlagschatten ist jetzt nicht mehr der Ebene zugewiesen, sondern zu einer gesonderten Ebene direkt unter der Originalebene geworden (siehe oben links). Die beiden Ebenen sind auch nicht mehr miteinander verknüpft, sodass Sie den Schlagschatten komplett separat bearbeiten können. Möchten Sie ihn temporär ausblenden, klicken Sie auf das Augensymbol links vom Wort »Schlagschatten«. Wenn Sie anschließend an die Stelle klicken, an der sich zuvor das Augensymbol befand, wird die Ebene wieder angezeigt. Möchten Sie den Schlagschatten ganz entfernen, klicken Sie auf seine Ebenenminiatur und ziehen diese auf das Papierkorbsymbol am unteren Rand des Ebenenbedienfelds.

Wie ... organisiere ich Ebenen mit Farben?

Möchten Sie Ihre Ebenen optisch durch Farben voneinander absetzen (wodurch es leichter wird, bestimmte Ebenen zu finden), klicken Sie im Ebenenbedienfeld mit der rechten Maustaste auf die Ebene, der Sie eine Farbe zuweisen möchten. Am unteren Rand des nun angezeigten Kontextmenüs sehen Sie eine Reihe von verschiedenen Farben, aus denen Sie wählen können. Klicken Sie auf die gewünschte Farbe – der Bereich mit dem Augensymbol links von der Ebene hat nun diese Farbe erhalten. Um die Farbe wieder zu entfernen, wiederholen Sie den Vorgang, wählen aber **Keine Farbe** aus dem Kontextmenü.

 **Wie ...** verringere ich die Deckkraft einer Ebene, ohne die des Schlagschattens zu ändern?

Wenn Sie die Deckkraft einer Ebene im oberen Bereich des Ebenenbedienfelds verringern, gilt diese Änderung für alle Bestandteile der ausgewählten Ebene – die darauf befindlichen Objekte und ihre Schlagschatten (oder ein beliebiger anderer Ebenenstil, den Sie über das Pop-up-Menü des Symbols **Ebenenstil hinzufügen** erstellt haben, siehe Seite 122). Soll jedoch der Schlagschatten (oder andere Effekte) weiterhin komplett bei 100% Deckkraft angezeigt werden, der Ebeneninhalt aber mit reduzierter Deckkraft, nehmen Sie statt des **Deckkraft**-Reglers den darunterliegenden Regler **Fläche**. Probieren Sie es einfach einmal aus – Sie werden sofort verstehen, was ich meine.

Wie... sortiere ich schnell meine Ebenen?

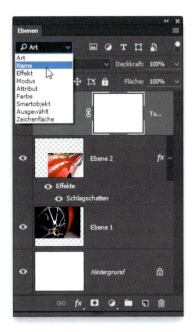

Ganz oben im Ebenenbedienfeld sehen Sie eine Reihe mit Filtern, mit denen Sie die Anzeige im Bedienfeld einschränken können. Oben links befindet sich das Pop-up-Menü **Filtertyp auswählen**, aus dem Sie die Ebenenkategorie wählen können, die Sie anzeigen möchten. Der Standard ist beispielsweise **Art**. Rechts davon finden Sie eine Reihe von Sortiersymbolen: Klicken Sie auf das erste, um nur Ihre Bildebenen anzuzeigen, auf das nächste, um nur Einstellungsebenen anzuzeigen, das dritte für Smartobjekte. Wählen Sie hingegen **Name** aus dem Pop-up-Menü, erscheint ein Feld, in das Sie den Namen einer Ebene eingeben können (wenn Sie ihn kennen). Jede Kategorie verfügt über andere Sortiersymbole und alle sollen Ihnen helfen, wenn Sie mit einem großen Ebenenstapel arbeiten.

Wie ... bearbeite ich Ebenen, ohne ins Ebenenbedienfeld zu gehen?

Verwenden Sie die folgende Abkürzung: Halten Sie die **Strg/Befehl**-Taste gedrückt und klicken Sie im Bildfenster auf ein Objekt auf der Ebene, die Sie bearbeiten möchten (siehe oben). Diese Ebene wird daraufhin aktiviert. So einfach ist das. Hinweis: Es gibt nur einen Fall, in dem das nicht funktioniert: wenn Sie die Deckkraft einer Ebene sehr niedrig eingestellt haben, beispielsweise unter 30%. Klicken Sie nun mit gedrückter **Strg/Befehl**-Taste, hat dieser Bereich so wenig Deckkraft, dass Photoshop ihn nicht als Ebene betrachtet. Wahrscheinlich kommt das kaum einmal vor – aber wenn doch, dann wissen Sie wenigstens, warum es nicht funktioniert.

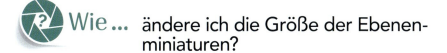

Wie... ändere ich die Größe der Ebenenminiaturen?

Im Ebenenbedienfeld klicken Sie mit der rechten Maustaste in den Bereich unter der Hintergrundebene (ziehen Sie Ihr Bedienfeld bei Bedarf am unteren Rand größer). Sie erhalten ein Pop-up-Menü, in dem Sie eine kleinere oder größere Miniatur einstellen können. Ich wähle immer **Große Miniaturen**; das liegt daran, dass ich nicht tonnenweise Ebenen benötige. Nur selten brauche ich mehr als fünf oder sechs. Deshalb stört es mich nicht, ein bisschen zu scrollen, wenn ich einmal mehr Ebenen habe.

Wie ... überblende ich zwei Ebenen ineinander?

Legen Sie zunächst jedes Bild auf seine eigene Ebene und achten Sie darauf, dass die Ebeneninhalte einander überlappen (wenn sie einander nicht berühren, gibt es nichts, was überblendet werden könnte). Klicken Sie auf die obere Bildebene, dann auf das Symbol **Ebenenmaske hinzufügen** am unteren Rand des Ebenenbedienfelds. Bisher passiert nichts (außer dass im Ebenenbedienfeld eine Maske rechts von dieser Ebene hinzugefügt wurde). Im nächsten Schritt erzeugen Sie die Überblendung. Aktivieren Sie dazu das **Verlaufs**-Werkzeug **(G)** im Werkzeugbedienfeld, wählen Sie in der Optionsleiste **Vorder- zu Hintergrundfarbe** und klicken Sie neben dem Verlaufswähler auf das Symbol **Linearer Verlauf**. Drücken Sie die **X**-Taste, um die Vordergrundfarbe auf Schwarz zu setzen. Anschließend ziehen Sie den Verlauf mit gedrückter Maustaste entweder von links nach rechts oder von unten nach oben (oder bei Bedarf auch diagonal) auf. Am Startpunkt des Ziehvorgangs erscheint das oben aufliegende Bild transparent und wird in Ziehrichtung mit dem Hintergrundbild überblendet. Wenn Ihnen die Überblendung nicht auf Anhieb gefällt, drücken Sie **Strg/Befehl+Z,** um die Aktion rückgängig zu machen, und ziehen Sie erneut. Gefallen Ihnen die Ergebnisse überhaupt nicht, gehen Sie ins Ebenenbedienfeld, klicken Sie rechts von der Ebenenminiatur auf die Miniatur der Ebenenmaske und ziehen Sie sie auf das Papierkorbsymbol am unteren Rand des Ebenenbedienfelds.

Wie ... richte ich mehrere Ebenen aus oder zentriere ich sie?

Im Ebenenbedienfeld klicken Sie auf die erste Ebene, die Sie zentrieren (oder ausrichten) möchten, halten Sie die **Strg/Befehl**-Taste gedrückt und klicken Sie dann auch auf alle anderen Ebenen, die Sie zentrieren oder ausrichten möchten. Die Ebenen sind damit ausgewählt (ich richte Objekte häufig am Dokument aus, indem ich zuerst die Hintergrundebene auswähle und dann mit gedrückter **Strg/Befehl**-Taste auf alle anderen Ebenen klicke, die ich zentrieren möchte). Drücken Sie jetzt die **V**-Taste, um das **Verschieben**-Werkzeug zu aktivieren. In der Optionsleiste sehen Sie zwei Bereiche mit Ausrichtungssymbolen (rechts von der **Transformationsstrg**.). Die Symbole bieten eine winzige Vorschau auf ihre Funktionsweise. Im ersten Bereich zentriert das zweite Symbol die ausgewählten Ebenen vertikal, das fünfte zentriert sie horizontal. Die anderen Symbole richten die Objekte links oder rechts, oben oder unten an den ausgewählten Ebenen aus. Der zweite Symbolsatz dient zum Verteilen der Elemente auf den Ebenen (mit identischen Abständen).

Wie ... versehe ich Ebeneninhalte mit einer Kontur?

Es gibt zwei Möglichkeiten: Am häufigsten gehe ich in das Ebenenbedienfeld, halte die **Strg/Befehl**-Taste gedrückt und klicke direkt auf die Ebenenminiatur. Dadurch entsteht eine Auswahl um alle Elemente auf dieser Ebene. Sobald Sie die Auswahl erstellt haben, öffnen Sie das **Bearbeiten**-Menü und wählen **Kontur füllen**. Sie erhalten das Dialogfeld **Kontur füllen** (siehe oben links), in dem Sie die Art der Kontur, ihre Farbe und Platzierung festlegen können (meist wähle ich **Mitte**, so dass sich die Kontur halb außerhalb der Auswahl und halb darin befindet). Klicken Sie auf **OK** und die Kontur wird zugewiesen. Anschließend heben Sie die Auswahl mit **Strg/Befehl+D** auf. Bei der zweiten Methode weisen Sie der gesamten Ebene einen Ebenenstil zu. Dann erhalten alle Ebeneninhalte eine bearbeitbare Kontur. Klicken Sie auf das Symbol **Ebenenstil hinzufügen** am unteren Rand des Ebenenbedienfelds und wählen Sie **Kontur**. Die Konturoptionen werden im Dialogfeld **Ebenenstil** angezeigt. Hier können Sie festlegen, wie die Kontur aussehen soll. Sie wird nun ganz ähnlich behandelt wie ein Schlagschatten-Ebenenstil, den Sie auf die gleiche Weise hinzugefügt haben: Sie können sie entfernen, ausblenden usw. (siehe Seite 122).

 **Wie ...** erzeuge ich aus meiner RAW-Datei eine bearbeitbare Ebene?

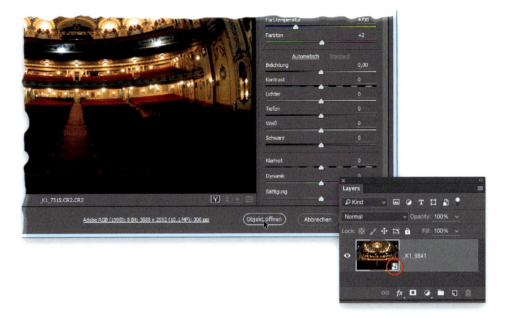

Wenn Sie in Camera Raw die **Umschalt**-Taste gedrückt halten, wird die Schaltfläche **Bild öffnen** zur Schaltfläche **Objekt öffnen**. Klicken Sie diese an, um das Bild als Smartobjekt zu öffnen (Sie erkennen dies am kleinen Seitensymbol in der rechten unteren Ecke Ihrer Ebenenminiatur; oben eingekreist). Dadurch bleibt Ihr RAW-Bild jederzeit bearbeitbar – Sie müssen dazu einfach direkt auf die Ebenenminiatur doppelklicken. Das Originalbild wird dann wieder in Camera Raw geöffnet, wo Sie es anpassen und ändern können. Wenn Sie schließlich auf **OK** klicken, wird die Ebene aktualisiert.

Kapitel 6
Wie Sie Ihr Bild optimieren
Bilder verbessern

Was ist schon wichtiger als das Aussehen Ihres Bilds? Gut, da wäre noch der Weltfrieden und so, aber außer dem Weltfrieden und einer sicheren, respektvollen und wertschätzenden Umgebung für unsere Familien ist die Optik eines Bilds doch eindeutig das Wichtigste. OK, eine für jedermann bezahlbare weltumspannende Gesundheitsfürsorge habe ich vielleicht noch vergessen. Das ist sicher auch wichtig, aber davon abgesehen – und auch ohne die umfassenden Vorbereitungen für ein Überleben in der bevorstehenden Zombie-Apokalypse zu berücksichtigen – scheint mir das Aussehen Ihres Bilds doch enorm wichtig zu sein (solange wir nicht weiter über den Zugang zu Trinkwasser, freiheitliche Grundrechte, uneingeschränktes High-Speed-Internet und Netzneutralität und die Tatsache, dass jeder Mensch von seiner Regierung entweder ein Netflix- oder ein Hulu-Abo bezahlt bekommen sollte, nachdenken). Nicht zu vergessen natürlich eine kleine Sprechrolle in Ihrer Lieblings-Comedyserie im Fernsehen. Das sollte schon ein unabdingbares Recht sein, wobei ich nicht sicher bin, was dabei herauskäme. Schließlich können in jeder einzelnen »Wasweißich«-Folge ja immer nur eine begrenzte Anzahl von Leuten mitspielen. Kommen wir also wieder auf das Bild zurück, weil das für mich und viele Fotografen sowieso das Wichtigste ist, lässt man die Rechte auf Aussageverweigerung und einen Anwalt einmal außer Betracht. Die sind nämlich auch ziemlich wichtig, da die Chancen Ihrer Festname bei Verwendung eines Stativs statistisch deutlich erhöht sind. Das gilt selbst gegenüber jenem Anteil der Restbevölkerung, der eine unregistrierte und durch Herausfeilen der Seriennummer nicht mehr rückverfolgbare Feuerwaffe besitzt. Wir alle wissen ja schließlich, dass die größte Gefahr für unsere rational denkende, demokratische Gesellschaft von einem Fotografen ausgeht, der durch irgendwelche Umstände bei schwachem Umgebungslicht ein unverwackeltes Bild aufnehmen kann. Sollte es dazu kommen, wird die Gesellschaft so, wie wir sie kennen, zusammenbrechen, die Straßen werden in Chaos versinken und Wahlbetrug wird die Folge sein, der bekanntermaßen sexuelle Freizügigkeit im Schlepptau hat, wegen der wir ja schließlich den Krieg verloren haben.

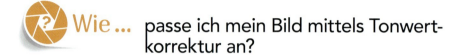

Wie... passe ich mein Bild mittels Tonwertkorrektur an?

Gehen Sie ins **Bild**-Menü unter **Anpassungen** und wählen Sie **Tonwertkorrektur** (oder verwenden Sie das Tastenkürzel **Strg/Befehl+L**). Im Dialogfenster **Tonwertkorrektur** vergrößern wir normalerweise zuerst den Tonwertbereich des Bilds, indem wir die hellsten Bildbereiche so hell wie möglich machen, ohne dass die Lichter ausfressen. Dasselbe tun Sie analog auch für die Schatten. So geht es: Halten Sie die **Alt**-Taste und dann die Maustaste auf dem **Lichter**-Regler (dem weißen Regler unter dem Histogramm) gedrückt. Das Bild wird daraufhin schwarz. Ziehen Sie den Regler nach links, bis die ersten weißen Bereiche auftauchen (siehe oben rechts). Die weißen Bereiche warnen vor ausgefressenen Bildbereichen, die also bereits zu hell geworden sind. Nehmen Sie den Regler daher wieder etwas zurück, bis sie verschwinden. Dasselbe machen Sie jetzt mit dem **Tiefen**-Regler (dem dunkelgrauen Regler unter dem Histogramm). Das Bild wird dabei nicht schwarz, sondern weiß. Ziehen Sie nach rechts, bis die ersten schwarzen Bereiche erscheinen. Hier beginnen die Schatten zuzulaufen, also nehmen Sie den Regler etwas zurück. Schließlich können Sie mit dem **Mittelton**-Regler (dem hellgrauen Regler unter dem Histogramm) auch noch die allgemeine Bildhelligkeit steuern. Nachdem ich das jetzt erklärt habe, möchte ich sagen, dass ich selbst die Tonwertkorrektur nicht mehr so oft in meinem Workflow verwende. Sie ist eine etwas »altmodische« Bildbearbeitungsmethode (genau wie die Gradationskurven auf der nächsten Seite). Heutzutage nutzen Sie Camera Raw entweder vor dem Bildimport in Photoshop oder als Filter auf das bereits in Photoshop geöffnete Bild (mehr dazu in Kapitel 3).

Wie ... erhöhe ich den Kontrast mit Kurven?

Gehen Sie ins **Bild**-Menü unter **Anpassungen** und wählen Sie **Gradationskurven** (oder verwenden Sie das Tastenkürzel **Strg/Befehl+M**). Sie können mit den Gradationskurven zwar auch global Lichter, Mitteltöne und Tiefen im Bild anpassen (so wie wir es auf der letzten Seite mit der Tonwertkorrektur getan haben). Jedoch nutzen wir sie heutzutage hauptsächlich, um den Kontrast zu erhöhen (wenn Sie mehr Kontrast möchten, als der Kontrastregler in Camera Raw hergibt). Im neu geöffneten Dialogfenster **Gradationskurven** sehen Sie in der Mitte ein Schaubild und eine diagonale Linie – diese Linie werden wir ändern, um damit Kontrast zu erzeugen. Am oberen Rand des Dialogfensters finden Sie ein Pop-up-Menü mit Vorgaben, die den Kontrast erhöhen (oder verringern). Wählen Sie zunächst einmal **Mittlerer Kontrast** (siehe oben). Wie Sie sehen, wird aus der diagonalen Linie eine leichte S-Kurve. Je steiler diese S-Kurve verläuft, desto kontrastreicher wirkt Ihr Bild. Wählen Sie nun **Starker Kontrast** und achten Sie auf die S-Kurve – sie ist nun viel steiler und Ihr Bild hat viel mehr Kontrast. Sie können die Kurve von Hand verändern, indem Sie die auf der Kurve sichtbaren Ankerpunkte anklicken und verschieben. Durch Klicken auf die Kurve können Sie auch eigene Punkte hinzufügen. Um einen Punkt zu löschen, klicken Sie ihn an und ziehen ihn rasch von der Kurve. Wie ich bereits auf der letzten Seite geschrieben habe, ist das für Fotografen eine recht »altmodische« Technik zur Bildbearbeitung – der moderne Workflow läuft über Camera Raw, entweder bevor Sie das Bild in Photoshop laden oder direkt aus Photoshop heraus als Filter auf ein bereits geöffnetes Bild (siehe Kapitel 3).

Wie... entferne ich Farbstiche?

Dafür gibt es mehrere Möglichkeiten, wie etwa die Gradationskurven oder die Tonwertkorrektur (unsere Methode hier funktioniert ebenfalls auf diese Weise). Drücken Sie also **Strg/Befehl+M**, um das Dialogfenster **Gradationskurven** zu öffnen, dann klicken Sie auf die mittlere Pipette unter dem Histogramm (die halb mit Hellgrau gefüllte). Klicken Sie jetzt auf einen Bildbereich, der Hellgrau sein sollte, und schon verschwindet der Farbstich. Wenn die Farben im Bild nach dem ersten Klick noch nicht gut aussehen sollten, klicken Sie versuchsweise in einen anderen Bildbereich. Ich nutze allerdings am liebsten das **Weißabgleich**-Werkzeug in Camera Raw: Öffnen Sie das **Filter**-Menü und wählen Sie **Camera-Raw-Filter**. Wenn das **Camera-Raw**-Fenster erscheint, aktivieren Sie das **Weißabgleich**-Werkzeug **(I)** in der Werkzeugleiste am oberen Rand und klicken Sie auf einen Bildbereich, der hellgrau sein sollte. Auch hier gilt: Wenn die Farben nach dem ersten Klick noch nicht gut aussehen, klicken Sie auf andere Bildbereiche, bis Sie zufrieden sind.

# Wie... versehe ich ein Bild mit einer Tonung oder einem Farblook?

Dies ist meine Vorgehensweise: Klicken Sie unten im Ebenenbedienfeld auf das Symbol **Neue Misch- oder Einstellungsebene erstellen** (es ist das vierte von links und sieht aus wie ein Kreis mit einer schwarzen und einer weißen Hälfte) und wählen Sie **Color Lookup** aus dem Pop-up-Menü. Wenn die **Color-Lookup**-Optionen im Eigenschaftenbedienfeld angezeigt werden, klicken Sie auf das Pop-up-Menü **3DLUT-Datei**. Hier finden Sie eine Liste mit Tonungen und Colorgrading-Looks, die Sie durch Auswahl aus diesem Menü anwenden können (siehe oben links). Die Veränderungen erscheinen als separate Ebenen im Ebenenbedienfeld, Sie können die Intensität des Effekts also einfach durch Verringern der Deckkraft (im oberen Bedienfeldbereich) dieser Color-Lookup-Ebene reduzieren. Wenn Sie eher das gesamte Bild in einer Farbe tonen möchten, verwerfen Sie zunächst die soeben erstellte **Color-Lookup**-Einstellungsebene (ziehen Sie sie mit gedrückter Maustaste auf das Papierkorbsymbol am unteren Bedienfeldrand) und probieren Sie Folgendes: Wählen Sie aus dem Pop-up-Menü **Neue Misch- oder Einstellungsebene** den Eintrag **Farbfläche**. Daraufhin wird der Farbwähler eingeblendet, mit dem Sie die gewünschte Tonungsfarbe auswählen können. Wählen Sie also eine Farbe und klicken Sie dann auf **OK**. Damit legen Sie eine Flächenfarbe über Ihr Bild (nicht ganz das, was Sie wollten, oder?), also ändern Sie im oberen Bedienfeldbereich den Mischmodus der Ebene von **Normal** in **Farbton**. Dadurch erscheint die gewählte Farbe nun als Tonung und wird in ihr Bild gemischt, statt es komplett abzudecken. Sie können die Intensität Ihrer Farbtonung verringern, indem Sie die Deckkraft der Farbfüllungsebene reduzieren (siehe oben rechts).

 **Wie ...** gehe ich vor, wenn ich die Sättigung einer bestimmten Bildfarbe verringern will?

Wenn eine Farbe in Ihrem Foto zu intensiv ist (zum Beispiel könnten die Rottöne zu rot sein, wie es bei manchen Kameras immer wieder vorkommt), probieren Sie Folgendes: Klicken Sie unten im Ebenenbedienfeld auf das Symbol **Neue Misch- oder Einstellungsebene erstellen** (es ist das vierte von links und sieht aus wie ein Kreis mit einer schwarzen und einer weißen Hälfte) und wählen Sie **Farbton/Sättigung** aus dem Pop-up-Menü. Wenn das Eigenschaftenbedienfeld erscheint, klicken Sie auf das kleine Handsymbol links vom Pop-up-Menü, das auf Standard steht (im oberen Bedienfeldbereich). Klicken Sie dann auf einen Bildbereich, der die abzuschwächende Farbe enthält, und ziehen Sie nach links. Damit reduzieren Sie die Sättigung dieser Farbe (und umgekehrt erhöhen Sie sie, wenn Sie die Maus nach rechts ziehen).

 **Wie ...** passe ich die Farben eines Fotos an die eines anderen Fotos an?

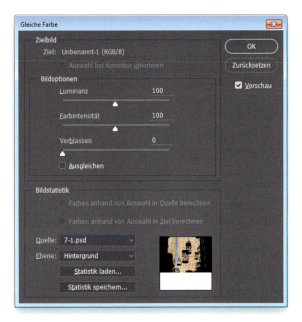

Öffnen Sie das Bild, dessen Farbstimmung Ihnen gefällt (wir nennen es das »Quellbild«), und anschließend das Bild, dessen Farben Sie an das Quellbild anpassen möchten (Sie haben dann also beide Fotos offen). Achten Sie darauf, dass das Fenster des Bilds mit den zu ändernden Farben aktiviert ist, dann gehen Sie im **Bild**-Menü auf **Korrekturen** und wählen **Gleiche Farbe**, um das Dialogfenster **Gleiche Farbe** zu öffnen. Wählen Sie unten im Bereich **Bildstatistik** das Quellbild (das Foto mit dem korrekten Farbton) im Pop-up-Menü **Quelle** aus und Photoshop passt sofort die Farbtöne Ihres aktiven Bilds an die des Quellbilds an. Das funktioniert meist ziemlich gut, aber natürlich hängt es auch immer vom Bild ab (wenn Sie zum Beispiel die Farben einer Nachtaufnahme einer Stadt an die einer Waldaufnahme in der Mittagssonne anpassen möchten, dann wirkt das wahrscheinlich nicht ganz so gut). Es geht hier eher darum, in ähnlicher Umgebung aufgenommene Bilder einander anzugleichen, damit sie alle ziemlich gleich aussehen, und in diesen Fällen funktioniert diese Technik in der Regel bestens.

 **Wie ...** wende ich Camera Raw auf mein bereits in Photoshop geöffnetes Bild an?

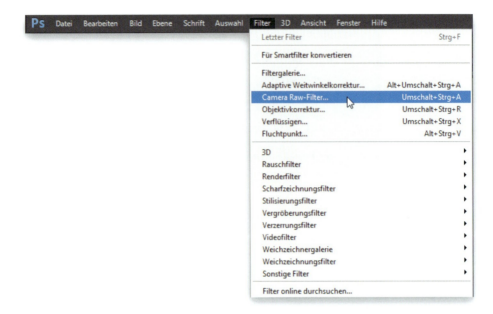

Sie können Camera Raw als Filter auf Ihr bereits geöffnetes Bild anwenden. Gehen Sie dazu ins **Filter**-Menü und wählen Sie **Camera-Raw-Filter**. Jetzt können Sie Camera Raw wie gewohnt einsetzen. Lediglich das eingebaute **Freistellungs**-Werkzeug steht in Camera Raw beim Einsatz als Filter nicht zur Verfügung. Sie müssen das Bild von Hand in Photoshop freistellen. Deshalb habe ich das Freistellen auch sowohl im Camera-Raw-Kapitel (Kapitel 3) als auch in Kapitel 2 behandelt. Anschließend klicken Sie auf **OK** und die Änderungen werden auf Ihr Bild angewendet.

 **Wie...** lasse ich Photoshop mein Bild automatisch korrigieren?

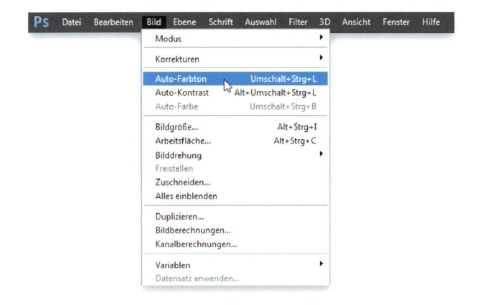

Photoshop kann einige automatische Bildkorrekturen durchführen; und jede davon erzeugt einen anderen Look, sodass Sie eventuell mehrere ausprobieren müssen, um zu sehen, welche für Ihr spezielles Foto am besten aussieht. Zuerst würde ich **Auto-Farbton** probieren: Gehen Sie ins **Bild**-Menü, wählen Sie den relativ weit oben stehenden Eintrag **Auto-Farbton** und schauen Sie sich das Ergebnis an. Wenn es nicht gut aussieht, drücken Sie **Strg/Befehl+Z**, um die automatische Korrektur zurückzunehmen, und probieren Sie anschließend **Auto-Kontrast** aus demselben Menü (diese Funktion konzentriert sich stärker auf die Kontrasterhöhung und vielleicht braucht Ihr Bild ja genau das). Wenn das nicht gut genug aussieht, machen Sie die Funktion rückgängig und probieren Sie die nächste aus – **Auto-Farbe**. Wenn Sie keine der Funktionen zufriedenstellt, öffnen Sie das **Filter**-Menü und wählen Sie **Camera-Raw-Filter**. Klicken Sie dann im Dialogfenster **Camera Raw** auf die Schaltfläche **Automatisch** (sie befindet sich direkt unter dem Regler **Farbton** und sieht eher wie ein Link als eine Schaltfläche aus). Wenn Ihr Bild jetzt zu hell wirkt (das kann bei dieser automatischen Korrektur in Camera Raw öfter mal vorkommen), dann nehmen Sie einfach den Belichtungsregler etwas zurück, bis Sie mit dem Bild zufrieden sind.

 **Wie ...** sorge ich dafür, dass ich meine Bildkorrekturen jederzeit rückgängig machen kann?

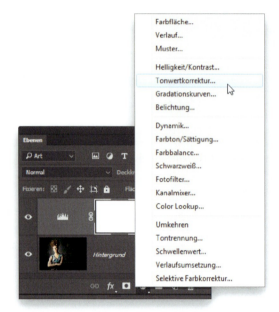

Statt eine Korrektur direkt auf Ihr Bild anzuwenden (durch Auswahl der Option im Untermenü **Korrekturen** des Bildmenüs, also zum Beispiel die Funktion **Gradationskurven** oder **Color Lookup** oder **Farbton/Sättigung** usw.), wählen Sie eine dieser Korrekturen aus dem Pop-up-Menü **Neue Misch- oder Einstellungsebene erstellen** am unteren Rand des Ebenenbedienfelds (es ist das vierte Symbol von links und sieht aus wie ein Kreis, der halb schwarz und halb weiß ist). Damit wird die Anpassung als eigene Ebene über die aktuelle Bildebene gelegt und Sie können sie jederzeit verändern (klicken Sie einfach auf die Anpassungsebene und die Kontrollregler erscheinen wieder im Eigenschaftenbedienfeld) oder dauerhaft löschen, indem Sie die Anpassungsebene auf das Papierkorbsymbol am unteren Rand des Ebenenbedienfelds ziehen. Warum ist das so ein großer Vorteil? Normalerweise können Sie in Photoshop die letzten 20 Arbeitsschritte rückgängig machen. Danach ist Schluss. Wenn Sie diese Bildkorrekturen aber als Anpassungsebenen anwenden, statt sie aus dem Menü **Bild** unter **Korrekturen** auszuwählen, und Sie die Datei als Photoshop-Datei mit intakten Ebenen abspeichern, dann können Sie diese ebenenbasierte Datei später wieder öffnen und eine dieser Anpassungen bearbeiten oder entfernen – das funktioniert auch noch nach einer Woche, einem Jahr oder gar nach zehn Jahren. Es ist also wie eine unendlich lang haltbare Rückgängig-Funktion. Wenn Sie die Ebenen zusammenführen, gehen sie natürlich alle verloren. Um die »ewige Bearbeitbarkeit« zu erhalten, müssen Sie die Datei also unbedingt komplett mit allen Ebenen speichern. Verwenden Sie zum Speichern das Photoshop (PSD)-Format – damit bleiben die Ebenen intakt. Beim Speichern im JPEG-Format werden die Ebenen dagegen zusammengeführt.

Wie ... wandle ich ein Bild in Schwarzweiß um?

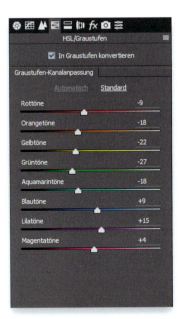

Klicken Sie auf das Symbol **Neue Misch- oder Einstellungsebene erstellen** am unteren Rand des Ebenenbedienfelds (es ist das vierte von links und sieht aus wie ein Kreis, der halb schwarz und halb weiß ist) und wählen Sie **Schwarzweiß** aus dem Pop-up-Menü. Wenn das Eigenschaftenbedienfeld erscheint (siehe oben links), dann wurde Ihr Bild bereits in Schwarzweiß umgewandelt. Sie können die Umwandlung aber mit den Farbreglern des Bedienfelds noch verfeinern. Dabei lässt sich direkt auf dem Bildschirm verfolgen, wie sich Ihre Farbeinstellungen auf die Schwarzweißumwandlung auswirken. Oben im Bedienfeld finden Sie ein Pop-up-Menü mit einigen Vorgaben, die Sie ausprobieren können. Einige sind ganz ordentlich, aber es kommt natürlich auch auf Ihr Bild an, nicht wahr? Darunter befindet sich eine Auto-Schaltfläche für eine automatische Schwarzweißumwandlung. Es lohnt sich, einmal darauf zu klicken – wenn Ihnen das Ergebnis nicht zusagt, drücken Sie einfach **Strg/Befehl+Z**, um die Operation wieder rückgängig zu machen. Falls Sie lieber von Camera Raw aus arbeiten, finden Sie dort eine ähnliche Funktion zur Schwarzweißumwandlung: Öffnen Sie ein Farbbild, dann gehen Sie ins **Filter**-Menü und wählen dort **Camera-Raw-Filter**. Im Fenster von Camera Raw klicken Sie auf das vierte Symbol von links, unter dem Histogramm, um das Bedienfeld **HSL/Graustufen** zu öffnen (oben rechts dargestellt). Aktivieren Sie nun das Kontrollfeld **In Graustufen konvertieren** im oberen Bedienfeldbereich, um Ihr Bild in Schwarzweiß umzuwandeln. Mit den Reglern darunter können Sie das Bild genau wie in Photoshop weiter beeinflussen.

Kapitel 7
Wie Sie Probleme beheben

Und es wird Probleme geben. Mit Ihren Bildern. Nicht mit Photoshop. Hoffentlich.

Das menschliche Auge ist wirklich erstaunlich – es kann einen unglaublichen Dynamikumfang wahrnehmen, außer natürlich, Ihnen gerät eine winzige Wimper ins Auge. In diesem Fall fixiert sich nicht nur Ihr Auge, sondern gleich Ihr ganzes Wesen darauf, diese winzige Wimper herauszubekommen. Und Sie sind währenddessen praktisch wie gelähmt und können nichts anderes tun, obwohl Ihr anderes Auge ohne Wimper ja noch einwandfrei funktioniert. Man sollte kaum annehmen, dass etwas so Dünnes wie ein Haar ein 1,80 Meter großes, sich bewegendes und atmendes Wunder der Wissenschaft aufhalten könnte, aber tatsächlich genügt bereits eine winzige Wimper und schon ist das Spiel im Prinzip aus. Vergleichen wir das einmal mit dem Sensor in Ihrer Kamera, der längst keinen so großen Dynamikumfang wie Ihr Auge verarbeiten kann. Nehmen Sie eine Wimper, ach was, nehmen Sie zehn Wimpern und streuen Sie sie auf Ihr Objektiv und sehen Sie, was passiert. Das kümmert niemanden. Sie pinsel sie einfach weg und fotografieren weiter. Deshalb werden so viele Probleme durch unsere Objektive oder unsere Augen oder ein, zwei vagabundierende Wimpern ausgelöst. Es ist vergleichbar mit dem Todesstern – eine gigantische Raumstation bzw. Waffe, die aber auch einen kleinen verwundbaren Punkt hat: Schon ein Treffer mit Softairmunition würde dort ausreichen, um das ganze Gebilde zu zerstören. Das ist die Version des Galaktischen Imperiums einer Wimper im Auge (und wir wissen, welche Ereignisspirale die dann auslöst). Wie auch immer, wegen dieser Diskrepanz zwischen der Wahrnehmung Ihres Auges und der Ihres Sensors müssen Sie hin und wieder mit Problemen umgehen und Photoshop ist genau das richtige Werkzeug, um diese zu beheben. Es wäre sogar ziemlich hilfreich gewesen, um einen kleinen Lüftungsschacht zu kaschieren, der später von drei Einmannjägern der Rebellen ins Visier genommen wird und, tja, sagen wir einfach, das hätte sich alles mit dem Kopierstempel-Werkzeug vermeiden lassen. Ich mein' ja bloß.

 **Wie ...** fülle ich Lücken in meinem Bild realistisch auf?

Wählen Sie zunächst den Bereich, den Sie füllen möchten (zum Beispiel die Lücken, die beim Erzeugen des obigen Panoramas entstanden sind. Ich habe sie einfach mit dem **Schnellauswahl**-Werkzeug **(W)** angeklickt und konnte sie problemlos auswählen). Dann öffnen Sie das **Bearbeiten**-Menü und wählen Sie **Fläche füllen**. Falls im Pop-up-Menü **Inhalt** des nun angezeigten Dialogfelds **Fläche füllen** die Option **Inhaltsbasiert** noch nicht ausgewählt ist, klicken Sie diese an. Sobald Sie mit **OK** bestätigen, analysiert Photoshop die Umgebung Ihrer Auswahl und füllt diese nicht einfach schwarz oder weiß, sondern intelligent und auf Grundlage der umliegenden Pixel. Meistens funktioniert das wirklich hervorragend (siehe kleines Bild oben). Wenn nicht, dann liegt das Ergebnis jedoch gleich kilometerweit daneben und das Ergebnis sieht schaurig aus. Falls Ihnen das also einmal passieren sollte, machen Sie die Aktion rückgängig **(Strg/Befehl+Z)** und überlegen Sie sich eine andere Möglichkeit, die Lücken manuell zu füllen, normalerweise mit dem **Kopierstempel**-Werkzeug (siehe Seite 165).

KAPITEL 7 ■ WIE SIE PROBLEME BEHEBEN

 Wie ... verbessere ich Fotos von Gebäuden (Objektivprobleme)?

Objektivfehler kommen ziemlich häufig vor, am stärksten fallen sie jedoch bei Fotos von Gebäuden auf (besonders wenn diese mit einem Weitwinkelobjektiv aufgenommen wurden). Das Gebäude wirkt dann so, als würde es nach vorne oder hinten kippen. Meist können Sie das jedoch mit nur zwei Klicks beheben: (1) Öffnen Sie das **Filter**-Menü und wählen Sie **Objektivkorrektur**. (2) Im Register **Auto-Korrektur** achten Sie darauf, dass das Kontrollfeld **Geometrische Verzerrung** aktiviert ist (siehe oben links) – dann durchforstet Photoshop seine eingebaute Datenbank mit Objektivkorrekturprofilen und wenn es einen passenden Treffer findet (die Chancen stehen gut), wird die Objektivverzerrung behoben. Wenn im Bereich **Suchkriterien** ein Profil für Ihre Kamera-Objektiv-Kombination gefunden wurde, stehen dort das Kamerafabrikat und der Objektivname. Wenn Sie die Option **Kameramarke auswählen** sehen, konnte Photoshop kein Profil finden. Die gute Nachricht ist jedoch, dass Sie meist nur Ihr Kamerafabrikat wählen müssen und plötzlich auch das Objektiv gefunden wird. Wenn Sie danach noch manuelle Anpassungen vornehmen müssen, klicken Sie auf das Register **Benutzerdefiniert**, in dem Sie die verschiedensten Objektivfehler – von tonnen- und kissenförmiger Verzerrung (**Verzerrung entfernen**) über Drehung bis hin zu stürzender Perspektive (**Vertikale Perspektive**) – korrigieren können. Das klingt fast zu einfach, aber es funktioniert tatsächlich – ziehen Sie die Regler ganz nach links, dann ganz nach rechts und Sie sehen schnell, was sie bewirken und wie sie Ihr Bild verändern. Trotzdem ist der **Objektivkorrektur**-Filter nicht meine erste Wahl, um solche Objektivprobleme zu lösen. Dieses Bild würde ich mit dem **Transformieren**-Werkzeug von Camera Raw bearbeiten (siehe Kapitel 3), weil es dort die automatischen **Upright**-Funktionen gibt, mit denen Sie solche Bildmängel automatisch beheben können. Möchten Sie jedoch nicht in Camera Raw arbeiten, ist der hier gezeigte Filter die zweitbeste Option.

Wie ... entferne ich violette oder grüne Farbsäume?

Öffnen Sie das **Filter**-Menü und wählen Sie **Objektivkorrektur**. Zoomen Sie dann ganz dicht an einen Bereich mit Farbsäumen heran (es handelt sich dabei um eine sogenannte chromatische Aberration). Klicken Sie jetzt auf das Register **Benutzerdefiniert** und ziehen Sie unter **Chromatische Aberration** den Regler, der Ihren Farbsäumen entspricht, bis diese verschwunden sind (eventuell müssen Sie mehr als einen Regler ziehen). Ich bevorzuge übrigens die **Objektivkorrekturen** von Camera Raw, um chromatische Aberration zu entfernen, weil Sie hier eine automatische Funktion einschalten und damit das Problem oft schon beheben können (mehr darüber in Kapitel 3). Öffnen Sie Ihr Bild in Camera Raw. Klicken Sie dann auf das Symbol **Objektivkorrekturen** (es ist das fünfte von rechts unter dem Histogramm). Im **Objektivkorrekturen**-Bedienfeld aktivieren Sie im Unterregister **Profil** das Kontrollfeld **Chromatische Aberration entfernen**. Falls das nicht ausreicht, aktivieren Sie das Unterregister **Manuell** und ziehen die Regler **Lila Intensität** oder **Grün Intensität** gerade so weit nach rechts, bis die Farbsäume verschwinden. (Denken Sie daran, dicht an die Farbsäume heranzuzoomen, sodass Sie das Problem deutlich erkennen können, bevor Sie die Regler anpassen. So vermeiden Sie eine Überbearbeitung.) Noch etwas: Die **Farbton**-Regler unter den **Intensität**-Reglern helfen Ihnen, den exakten Lila- oder Grünton zu finden, der das Problem verursacht. Wenn also das Erhöhen der Intensität das Problem nicht beheben kann, müssen Sie eventuell einen der **Farbton**-Regler verändern, bis Camera Raw den richtigen Lila- oder Grünton trifft.

 **Wie ...** verbreitere ich mein Bild, ohne dass das Motiv verzerrt wird?

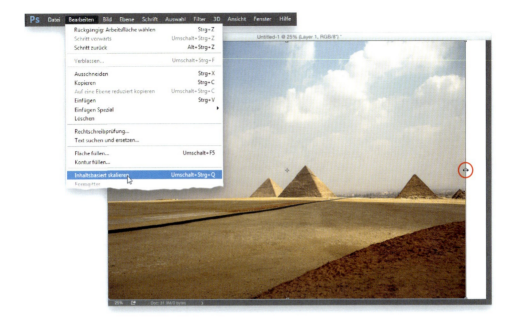

Möchten Sie Ihr Bild in der Breite (oder Höhe) ausdehnen, damit es zum Beispiel auf eine Fläche mit einer bestimmten Größe passt, können Sie einen wahren Photoshop-Zaubertrick nutzen. Dabei werden irrelevante Bildbereiche ausgedehnt (oder geschrumpft), ohne dass bildwichtige Teile ebenfalls verändert werden. So funktioniert es: Klicken Sie auf die entsprechende Ebene, dann gehen Sie ins **Bearbeiten**-Menü und wählen Sie **Inhaltsbasiert skalieren**. Ziehen Sie jetzt einfach einen der Seiten- oder Eckpunkte in die gewünschte Richtung (siehe oben). Photoshop analysiert, was im Bild wichtig ist, und versucht, diesen Teil unverändert zu lassen – wenn Sie also ein Landschaftsfoto anpassen, würde nur der Himmel verbreitert, ohne dass auch die Berge auseinandergezogen würden. Das funktioniert wirklich erstaunlich gut und es ist unglaublich, wie stark Sie Ihr Bild häufig strecken können, ohne es zu verhunzen. Wenn Sie fertig sind, drücken Sie einfach die **Enter**-Taste, um die inhaltsbasierte Skalierung zuzuweisen. Noch etwas: Wenn Personen auf Ihrem Bild zu sehen sind, klicken Sie in der Optionsleiste auf das Symbol **Hauttöne bewahren** (das kleine Männchen), bevor Sie das Bild in die gewünschte Form ziehen. Dann weiß Photoshop, dass es nach Personen Ausschau halten und diese nicht skalieren soll.

Wie ... optimiere ich Gruppenaufnahmen?

Wenn auf einem Gruppenbild nicht alle Teilnehmer in die Kamera sehen (wie auf dem kleinen Bild oben rechts) oder wenn jemand geschlossene Augen bzw. einen ungünstigen Gesichtsausdruck hat, entnehmen wir einfach die Augen (oder den ganzen Gesichtsausdruck) aus einer anderen Gruppenaufnahme (Sie haben ja bestimmt mehr als eine gemacht? Nehmen Sie aus diesem Grund immer drei oder vier Bilder auf) und setzen Sie sie in die andere Aufnahme ein. Das geht einfacher, als Sie denken: Öffnen Sie das Bild mit den gut getroffenen Augen und legen Sie mit dem **Lasso**-Werkzeug **(L)** eine grobe Auswahl um den gesamten Bereich (mit Augenhöhlen, Augenbrauen usw.). Um dann die Kanten der Auswahl zu glätten (sodass das Endergebnis glaubhaft wirkt), öffnen Sie das **Auswahl**-Menü und wählen Sie **Auswahl verändern** und **Weiche Kante**. Es hängt von der Bildauflösung ab, aber normalerweise verwende ich einen Radius von 5 bis 10 Pixel (je höher die Bildauflösung, desto höher sollte der Wert liegen; hat Ihre Kamera 50 oder mehr Megapixel, brauchen Sie möglicherweise 20 Pixel). Klicken Sie auf **OK**. Drücken Sie jetzt **Strg/Befehl+C,** um die Augen in die Zwischenablage zu kopieren (wenn es sich um den gesamten Gesichtsausdruck handelt, gehen Sie genauso vor – kopieren Sie einfach das ganze Gesicht, aber nicht die Haare). Jetzt aktivieren Sie die Gruppenaufnahme, auf der die übrigen Personen gut getroffen sind, und drücken Sie **Strg/Befehl+V,** um die Augen (oder das Gesicht) in das Foto einzufügen. Sie erscheinen auf einer neuen Ebene. Deshalb können Sie die Originalaugen mit den einkopierten Augen mit dem **Verschieben**-Werkzeug **(V)** überdecken. Der Schlüssel zur perfekten Anordnung der Augen (oder des Gesichts): Verringern Sie die Deckkraft der einkopierten Ebene, sodass Sie die Originalaugen oder -augenhöhlen auf der darunterliegenden Ebene sehen können. Dadurch können Sie alles perfekt ausrichten (wie oben gezeigt). Denken Sie daran, die Deckkraft wieder auf 100% zu erhöhen, wenn Sie fertig sind.

Wie ... verbessere ich einen ausgefressenen Himmel?

Sie können das in Photoshop direkt erledigen; die besten Ergebnisse erzielen Sie aber über die **HSL**-Regler von Camera Raw (ich weiß, ich klinge wie eine kaputte Schallplatte). Wählen Sie aus dem **Filter**-Menü den Befehl **Camera-Raw-Filter** (oder idealerweise bearbeiten Sie gleich in Camera Raw Ihr RAW-Bild, bevor Sie es als 8- oder 16-Bit-Bild in Photoshop öffnen). Dann klicken Sie auf das Symbol **HSL/Graustufen** (das vierte von links) unter dem Histogramm. Klicken Sie auf das Register **Luminanz** (dafür steht das »L« in HSL) und ziehen Sie einfach den **Blautöne**-Regler nach links – Ihr trostloser Himmel wird blauer. Wenn Ihnen das noch nicht blau genug ist (oder Ihnen einfach der Blauton nicht gefällt), doppelklicken Sie auf den Regler, um ihn auf null zurückzusetzen. Dann klicken Sie auf das Symbol **Grundeinstellungen** (das erste Symbol von links unter dem Histogramm). Ziehen Sie den **Klarheit**-Regler nach rechts, um alle Blautöne des Himmels sehr viel leuchtender zu machen. Okay, falls es überhaupt kein Blau in Ihrem Himmel gibt, probieren Sie Folgendes: Klicken Sie auf den Korrekturpinsel (**K**; das sechste Symbol von rechts) in der Werkzeugleiste. Im rechten Bedienfeld scrollen Sie nach unten zum Regler **Farbe** und klicken einmal auf das weiße Feld rechts davon (es ist durchkreuzt, woran Sie sehen, dass noch keine Farbe gewählt wurde). Wenn Sie darauf klicken, erhalten Sie den Farbwähler. Wählen Sie den gewünschten Blauton (nehmen Sie sogar ein etwas dunkleres Blau, weil Sie nur einen Hauch davon benötigen), dann klicken Sie auf **OK**. Malen Sie jetzt über den Himmel (wie oben gezeigt). Wenn Sie fertig sind, klicken Sie auf das blaue Farbfeld. Um den Farbwähler wieder anzuzeigen, verringern Sie die Sättigung auf **0** (damit wird die Farbe auf »Keine« zurückgesetzt) und klicken Sie auf **OK**. Sonst würde das Blau die ganze Zeit bestehen bleiben.

Wie... entferne ich rote Augen?

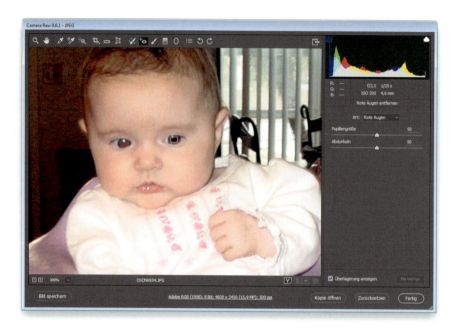

Es gibt in Photoshop zwar ein **Rote-Augen**-Werkzeug, aber auch hier bevorzuge ich die Arbeit in Camera Raw. Öffnen Sie also das **Filter**-Menü und wählen Sie **Camera-Raw-Filter**, dann aktivieren Sie in der Werkzeugleiste am oberen Rand das Werkzeug **Rote-Augen-Korrektur** (**E**; das vierte Werkzeug von rechts – es sieht aus wie ein gespenstisches Auge). Jetzt klicken und ziehen Sie mit diesem Werkzeug direkt über das ganze korrekturbedürftige Auge. Dadurch erstellen Sie eine Auswahl über dem roten Bereich. Im rechten Bedienfeld gibt es zwei Regler: Mit dem einen wählen Sie die Pupillengröße (falls Sie sie vergrößern müssen), mit dem anderen dunkeln Sie die Pupille ab, wenn sie durch die Standardeinstellung nicht dunkel genug wird. Möchten Sie außerdem das Quadrat verschieben oder seine Größe über einem der Augen verändern, ziehen Sie es mit gedrückter Maustaste bzw. ziehen Sie eine Seite oder Ecke, um die Größe des Quadrats anzupassen. Alles andere wird automatisch erledigt. Müssen Sie Tieraugen anpassen (diesen unheimlichen Blick, den besessene Tiere manchmal haben), wählen Sie stattdessen **Pet Eye** aus dem Pop-up-Menü **Art** im oberen Bedienfeldbereich.

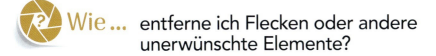

Wie ... entferne ich Flecken oder andere unerwünschte Elemente?

Wenn es sich nur um einen Fleck oder einen ähnlich kleinen Bereich handelt, aktivieren Sie im Werkzeugbedienfeld das **Bereichsreparatur-Pinsel**-Werkzeug (**J**; es sieht aus wie ein Heftpflaster mit einem Halbkreis). Stellen Sie den Pinsel gerade ein bisschen größer ein als den Fleck oder das Objekt, das Sie entfernen möchten (ändern Sie die Pinselgröße mit den Tasten **ö** und **#**). Dann klicken Sie einmal auf den Fleck und er verschwindet (siehe oben). Normalerweise müssen Sie keinen Pinselstrich malen – klicken Sie einfach. Wenn das Objekt länglich ist (etwa ein Riss in einer Mauer), können Sie natürlich auch einen Strich malen. Möchten Sie ein geradliniges Objekt entfernen, etwa eine Stromleitung, klicken Sie auf das eine Ende der Stromleitung, halten die **Umschalt**-Taste gedrückt, klicken dann auf das andere Ende und Photoshop zieht einen schnurgeraden Strich zwischen den beiden Punkten und entfernt die Leitung. Hinweis: Es gibt zwei Reparaturpinsel-Werkzeuge – den **Bereichsreparatur-Pinsel** und den **Reparaturpinsel**. Wechseln Sie zum **Reparaturpinsel (Shift-J)**, wenn Sie den Eindruck haben, dass Sie die Stelle (den Quellbereich) auswählen müssen, die Photoshop für die Reparatur des Problembereichs verwenden soll. Bei der Gesichtsretusche kann es beispielsweise passieren, dass der **Bereichsreparatur-Pinsel** einen ungeeigneten Bereich als Quelle verwendet, weil Gesichtshaut in unterschiedlichen Richtungen verläuft, was das Werkzeug aber nicht erkennen kann. Deshalb erhalten Sie bei der Gesichtsretusche manchmal ein seltsames Ergebnis. Wechseln Sie einfach zum normalen Reparaturpinsel (er sieht wie ein einfaches Heftpflaster ohne Kreis aus) und klicken Sie mit gedrückter **Alt**-Taste auf einen sauberen, nahegelegenen Bereich der Haut, der sich gut als Quelle eignet.

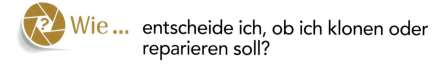

Wie... entscheide ich, ob ich klonen oder reparieren soll?

Die Reparaturpinsel funktionieren am besten, wenn das störende Objekt mit einer Insel vergleichbar ist, also keine anderen Bildkonturen berührt. Wo der Reparaturpinsel eine Kontur berührt, neigt er zum Verschmieren (aus diesem Grund eignet er sich so gut für Hautunreinheiten und Flecken – diese sind wie Inseln). Nehmen wir beispielsweise an, Sie möchten eine Stromleitung wegretuschieren. Wenn Sie mit dem Werkzeug an einen Strommast kommen, wird es dort ganz sicher einen Schmiereffekt geben. Aus diesem Grund wechsle ich dann zum **Kopierstempel**-Werkzeug **(S)** und klone manuell ein Stück Stromleitung (halten Sie die **Alt**-Taste gedrückt, klicken Sie einmal auf den Himmel neben der Stromleitung und malen Sie dann direkt darüber). Daraufhin wird dieses Stück Himmel über die Leitung geklont und diese unterbrochen. Verfahren Sie analog mit dem anderen Ende – unterbrechen Sie die Leitung dort, sodass sich nun an jedem Ende eine Lücke befindet und die Leitung nichts mehr berührt. Jetzt können Sie die Stromleitung mit dem **Reparaturpinsel**-Werkzeug wegretuschieren, ohne Schmiereffekte befürchten zu müssen. Eine anderer typischer Fall für das **Kopierstempel**-Werkzeug: Sie möchten ein Objekt überdecken, indem Sie ein anderes Element wiederholen. Möchten Sie beispielsweise die Mauer eines Bürogebäudes retuschieren und diesen Bereich mit einem Fenster überdecken, klicken Sie mit gedrückter **Alt**-Taste auf das Fenster, um dieses aufzunehmen, bewegen den Mauszeiger an die Stelle, an der ein Klon des Fensters erscheinen soll, malen einfach darüber – und Photoshop malt ein Fenster an diese Stelle. Das **Kopierstempel**-Werkzeug ist also bestens für sich wiederholende Muster geeignet oder um Objekte zu duplizieren, etwa schönes grünes Gras über einen braunen Fleck Erde oder mehr Haare auf eine kahle Stelle (natürlich würde ich so etwas niemals tun, auf keinen Fall, ich nicht). Die Reparaturpinsel sind hingegen dazu gedacht, Objekte wegzuretuschieren.

Wie ... reduziere ich Bildrauschen?

Wenn Sie in RAW fotografieren, erhalten Sie die absolut besten Ergebnisse, wenn Sie das Rauschen gleich in Camera Raw entfernen (solange Ihr Foto noch ein richtiges RAW-Bild ist), statt später auf das 8- oder 16-Bit-Bild in Photoshop den Camera-Raw-Filter anzuwenden. Klicken Sie also auf das Symbol **Details** (es ist das dritte von links) unter dem Histogramm. Mit den Reglern im Bereich **Rauschreduzierung** können Sie die beiden Rauscharten entfernen: Luminanzrauschen (die Punkte und Flecken selbst) und Farbrauschen (die roten, grünen und blauen Flecken). Das Ziel besteht darin, so wenig Rauschreduzierung wie möglich anzuwenden, da das Rauschen stets durch eine mehr oder weniger starke Weichzeichnung maskiert wird. Zoomen Sie also etwas ein, damit Sie das Rauschen sehen können. Anschließend ziehen Sie den **Luminanz**- oder **Farbe**-Regler nach rechts, bis das Rauschen auf ein Maß reduziert ist, das Sie nachts gut schlafen lässt (in dem Bewusstsein, dass die einzigen Menschen auf der Welt, denen Bildrauschen überhaupt etwas ausmacht, andere Fotografen sind). Wenn Sie den **Luminanz**- oder **Farbe**-Regler nach rechts ziehen und feststellen, dass das Bild an Details oder Kontrast verliert, können Sie dies mit den Detail- oder Kontrastreglern wieder zurückholen. Allerdings sollten Sie wissen: Wenn Sie den Detail- oder Kontrastregler brauchen, haben Sie wahrscheinlich Luminanz oder Farbe zu weit gezogen – ich will es nur gesagt haben. Wenn sich das Rauschen nur an einer Stelle befindet, sollten Sie außerdem einmal Folgendes ausprobieren: Aktivieren Sie den **Korrekturpinsel (K)**, klicken Sie zweimal auf das Pluszeichen rechts vom **Rauschreduzierung**-Regler (um ihn auf +50 und alle anderen Regler auf 0 zu setzen) und malen Sie nur über den verrauschten Bereich. So wird die leichte Weichzeichnung nicht auf Ihr ganzes Bild angewandt, wenn Sie nur ein Problem an einer bestimmten Stelle beheben möchten (mehr darüber erfahren Sie in Kapitel 4).

Wie ... entferne ich größere Objekte?

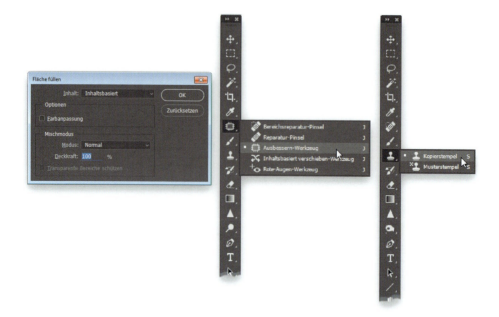

Auch für das Entfernen größerer Objekte aus Ihrem Bild, zum Beispiel ein Verkehrszeichen, bietet Photoshop ein oder zwei Werkzeuge. Probieren Sie es zuerst mit der **Inhaltsbasierten Füllung**: Aktivieren Sie das **Lasso**-Werkzeug **(L)** und erstellen Sie eine Auswahl um das störende Objekt (die Auswahl sollte etwas größer sein als das Objekt und sie muss grob sein, darf sich also nicht zu dicht an den Objektkanten befinden). Dann öffnen Sie das **Bearbeiten**-Menü und wählen Sie **Fläche füllen**. Im Dialogfeld **Fläche füllen** (siehe oben links), wählen Sie **Inhaltsbasiert** aus dem Pop-up-Menü **Inhalt**. Klicken Sie auf **OK**. Wenn das Ergebnis nicht gut aussieht, widerrufen Sie es mit **Strg/Befehl+Z** und probieren Sie Folgendes: Aktivieren Sie das **Ausbessern**-Werkzeug im Werkzeugbedienfeld (drücken Sie **Shift-J**, bis das Werkzeug aktiviert ist; es teilt sich seinen Platz mit den Reparaturpinseln [siehe oben Mitte] und sieht aus wie ein Flicken). Es funktioniert ähnlich wie das **Lasso**-Werkzeug: Ziehen Sie wie mit diesem Werkzeug eine Auswahl um das störende Objekt. Dann klicken Sie mit dem **Ausbessern**-Werkzeug in die gerade erstellte Auswahl und ziehen auf eine benachbarte, unbeschädigte Bildstelle. Geben Sie die Maustaste frei und das Objekt verschwindet (normalerweise funktioniert das ziemlich gut, wie ich hinzufügen darf). Der Erfolg dieses Werkzeugs basiert darauf, wohin Sie die Auswahl gezogen haben, im Idealfall ein geeigneter, sauberer, nahegelegener Bereich mit ähnlicher Textur. Finden Sie keinen unbeschädigten Bereich in der entsprechenden Größe, könnte es ... hm ... ein Fiasko geben. In diesem Fall müssen Sie das gute alte **Kopierstempel**-Werkzeug aktivieren (**S**; siehe oben rechts) und manuell nahegelegene Bereiche klonen. (Klicken Sie mit gedrückter **Alt**-Taste auf eine solche Stelle und malen Sie über das Objekt, das Sie entfernen möchten.) Das dauert länger und erfordert mehr Sorgfalt, aber mit Geduld und einer kleinen Pinselspitze gibt es sozusagen nichts, was Sie nicht entfernen können – Sie brauchen nur Zeit.

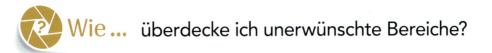

Wie... überdecke ich unerwünschte Bereiche?

Es gibt hier verschiedene Möglichkeiten, wobei Ihre Wahl natürlich davon abhängt, was Sie überdecken möchten. Eine Option ist das **Kopierstempel**-Werkzeug **(S)**, mit dem Sie einen nahegelegenen Bereich direkt über das störende Objekt klonen. Klicken Sie mit gedrückter **Alt**-Taste an eine entsprechende Stelle, um diese als Quelle festzulegen, und fahren Sie mit gedrückter Maustaste über das störende Objekt. Der Quellbereich wird darübergemalt. Eine andere Möglichkeit besteht darin, dass Sie einen Teil des Bilds auswählen und die unerwünschte Bildstelle damit abdecken. Möchten Sie beispielsweise – wie oben gezeigt – einen Wandleuchter entfernen, können Sie mit dem **Lasso** oder **Rechteckauswahl**-Werkzeug ein nahegelegenes Stück Wand auswählen, das ein bisschen größer ist als der Leuchter. (Wenn ich »benachbart« sage, meine ich damit immer einen Bereich mit ähnlicher Beleuchtung und Struktur.) Dann öffnen Sie das **Auswahl**-Menü und wählen Sie **Auswahl verändern** und **Weiche Kante**. Geben Sie **10 Pixel** ein, um die Konturen der Auswahl weichzuzeichnen, damit sich diese besser anpasst. Drücken Sie **Strg/Befehl+J,** um eine Kopie des ausgewählten Bereichs auf ihrer eigenen Ebene über die aktuelle Ebene zu legen. Jetzt aktivieren Sie das **Verschieben**-Werkzeug **(V)** und richten die Ebenenkopie über dem Leuchter aus, sodass dieser mit dem Wandstück überdeckt wird (siehe kleines Bild oben). Die Weichzeichnung sollte zu einer besseren Anpassung verhelfen, wenn aber immer noch die Kante der Kopie sichtbar ist, dann probieren Sie es so: Klicken Sie am unteren Rand des Ebenenbedienfelds auf das Symbol **Ebenenmaske hinzufügen**, aktivieren Sie das **Pinsel**-Werkzeug **(B)** und wählen Sie einen Pinsel mit weicher Kante aus der Optionsleiste. Dann malen Sie mit Schwarz über die Kontur, bis sie verschwunden ist und mit dem Rest des Bilds verschmilzt.

Kapitel 8

Wie Sie schöne Drucke bekommen

So geht es

Wann wird ein Bild real? Die Frage ist tiefsinniger, als sie klingt. Denken Sie einmal darüber nach: Unsere Bilder sind hinter einer Glasscheibe gefangen. Wir können sie nicht berühren. Wir können sie nicht in die Hand nehmen. Wir können sie uns nur auf unserem Computer und hinter dieser Glasscheibe ansehen. Wir wissen zwar, dass sie existieren, aber sie scheinen nicht real zu sein. Das liegt daran, dass sie nicht real sind. Noch nicht. Um Ihr Bild zum Leben zu erwecken, müssen Sie es drucken. Sobald Sie das getan haben, können Sie es berühren, es spüren. Es ist nun real; und sobald etwas real geworden ist, beginnt es, Dinge zu fordern, etwa ein Taschengeld oder bis spätabends aufzubleiben oder nach 22 Uhr Torte zu essen (was in unserem Haushalt streng verboten ist, obwohl ich das immer für eine grausame und willkürliche Regel gehalten habe). Wie auch immer, sobald Sie einen Abzug ins »Leben« rufen, werden sie unweigerlich einen Dr.-Frankenstein-Komplex bekommen und schon bald werden die Dorfbewohner vor Ihrem Fotostudio mit Fackeln und Mistgabeln auftauchen. Ehrlich gesagt, so läuft es meistens und es gibt nichts, was Sie oder ich oder der Geist von Mary Shelley dagegen tun könnten. Geben Sie den Dorfbewohnern lieber gleich, was sie wollen, und zwar uneingeschränkten Zugriff auf Netflix und ein paar Beutel Capri Sonne. Fertig. Geben Sie ihnen das und sie machen sich auf den Weg zum nächsten Studio. Wie auch immer – in diesem Kapitel geht es darum, wie Sie schöne Abzüge bekommen (das haben Sie wahrscheinlich schon der Überschrift »Wie Sie schöne Drucke bekommen« entnommen; aber ich finde, ich kann das ruhig wiederholen, weil noch etwas Platz bis zum Ende der Seite ist. Wir sind fast dort angekommen, deshalb werde ich das jetzt noch strecken und ein bisschen weiterschreiben ... geschafft. Ich hab's.

Wie ... stelle ich die Papiergröße ein?

Drücken Sie **Strg/Befehl+P**, um das Dialogfeld **Photoshop-Druckeinstellungen** zu öffnen. Im Bereich **Drucker einrichten** im rechten oberen Bereich finden Sie das Pop-up-Menü, in dem Sie den gewünschten Drucker auswählen können. Direkt darunter (rechts von dem Feld, in das Sie die gewünschten Druckexemplare eingeben) klicken Sie auf die Schaltfläche **Druckeinstellungen**. Sie erhalten den Druckdialog Ihres Betriebssystems (siehe rechtes Bild), in dem Sie die Papiergröße auswählen können. (Hinweis: Hier verwende ich einen Canon-Drucker unter Windows; wenn Sie aber ein anderes Fabrikat haben oder am Mac arbeiten, wird Ihr Dialogfeld die gleichen Grundfunktionen bieten, aber etwas anders aussehen oder etwas anders heißen.) Sie wählen hier nur die reine Papiergröße, nicht das Hoch- oder Querformat. Klicken Sie anschließend auf **Sichern** (Mac) bzw. **OK** (Windows). Damit kehren Sie wieder zum Dialogfeld **Photoshop-Druckeinstellungen** zurück. Jetzt können Sie die Ausrichtung (Hoch- oder Querformat) wählen, indem Sie neben **Layout** auf die kleinen Symbole mit dem vor einer Hoch- oder Querformatseite posierenden Männchen klicken. Nachdem Sie das gewünschte Symbol angeklickt haben, wird die gewählte Seitengröße an die entsprechende Ausrichtung angepasst. (Sie sehen, dass sich die Druckvorschau auf der linken Seite des Dialogfelds dabei aktualisiert, sodass Sie prüfen können, ob Ihnen die Einstellungen zusagen.)

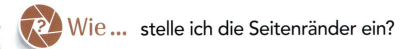

Wie... stelle ich die Seitenränder ein?

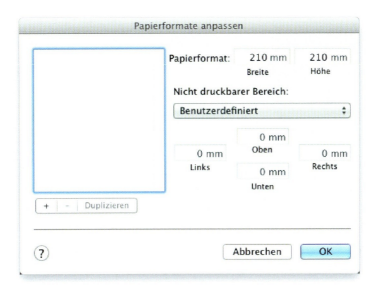

Um den Druckbereich festzulegen, öffnen Sie mit **Strg/Befehl+P** das Dialogfeld **Photoshop-Druckeinstellungen.** Klicken Sie dann auf die Schaltfläche **Druckeinstellungen** im Bereich **Drucker einrichten**, um den Druckdialog Ihres Betriebssystems zu öffnen. Aus dem Pop-up-Menü zum Einstellen der Seitengröße wählen Sie am Mac **Eigene Papierformate,** am PC **Benutzerdefinierte Seitengröße.** Im folgenden Dialogfeld können Sie die Seitenränder und sogar eine benutzerdefinierte Seitengröße einstellen. Bevor Sie hier jedoch irgendwelche Änderungen vornehmen, klicken Sie auf die kleine Plus-Schaltfläche (+) in der unteren linken Ecke, sodass die anschließend vorgenommenen Änderungen gespeichert werden (das ist wichtig, weil Sie gleich Ihre eigene Papiergröße und Ihr eigenes Layout erstellen). Die Grundlage ist die zuletzt gewählte Seitengröße. Wenn Sie also das normale DIN-A4-Format gewählt hatten, dann erscheint es jetzt in diesem Dialogfeld. Natürlich können Sie es ändern, indem Sie andere Abmessungen in die **Papierformat**-Felder im oberen Bereich eingeben. Sobald die Papiergröße korrekt ist (und wie gesagt, ist das vielleicht bereits der Fall), geben Sie einfach die Ränder ein, die Sie für Ihre benutzerdefinierte Seite möchten. Klicken Sie aber noch nicht auf **OK**, sondern gehen Sie zuerst zu der Liste der benutzerdefinierten Seiten auf der linken Seite des Dialogfelds, doppelklicken Sie direkt auf die letzte (oder die einzige) Option in der Liste und überschreiben Sie den Namen »Unbenannt« mit etwas Aussagekräftigerem (etwa »DIN-A4 mit 5 mm Rand«). Dann klicken Sie auf **OK**. Dies wird jetzt als benutzerdefinierte Vorgabe gespeichert, die Sie jederzeit aus dem Menü **Papierformat** wählen können. Ziemlich praktisch, nicht?

Wie ... zeichne ich mein Bild für den Druck scharf?

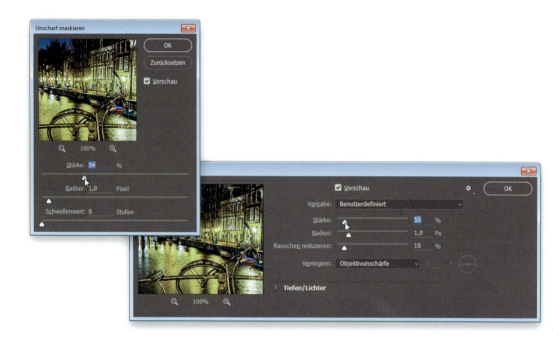

Das echte Geheimnis beim Scharfzeichnen für den Druck besteht darin, dass Sie das Bild entweder über den Filter **Unscharf maskieren** oder über den Filter **Selektiver Scharfzeichner** überschärfen (der Scharfzeichnungsalgorithmus des **Selektiven Scharfzeichners** ist eigentlich besser, aber aus irgendeinem Grund arbeiten alle lieber mit dem alten **Unscharf-maskieren**-Filter, den es in Photoshop schon seit Version 1.0 gibt. Nur wenige Leute verwenden den **Selektiven Scharfzeichner**, obwohl die meisten Photoshop-Nutzer wissen, dass er besser ist). Wie auch immer, wenn Sie Ihr Bild so scharfzeichnen, dass es am Bildschirm gerade richtig aussieht, reicht das nur für diesen Zweck – für den Druck nicht. Wenn Ihr Bild mit Druckfarbe auf saugfähiges Papier übertragen wird, verliert es viel Schärfe. Deshalb müssen Sie es überschärfen, damit es wie gewünscht aussieht. So geht es: Wenn ich den Filter **Unscharf maskieren** oder den **Selektiven Scharfzeichner** verwende (beide finden Sie im **Filter**-Menü unter **Scharfzeichnungsfilter**), ziehe ich den Regler **Stärke** nach rechts, bis ich merke, dass ich ein bisschen zu weit gegangen bin und das Bild ein wenig körnig aussieht. Ich nehme den Regler aber nicht zurück, sondern höre genau an dem Punkt auf, an dem das Bild für den Bildschirm zu scharf und für den Druck wahrscheinlich genau richtig ist. Sobald Sie das ein paar Mal gemacht haben, wissen Sie genau, wie weit Sie den **Stärke**-Regler ziehen können, um in Ihren Drucken eine wirklich hervorragende Schärfe zu erhalten. Bevor Sie diese Schärfung für den Druck vornehmen, sollten Sie das Bild duplizieren (öffnen Sie dazu das **Bild**-Menü und wählen Sie **Duplizieren**). Dann nehmen Sie die Scharfzeichnung vor und speichern das Bild mit dem Wort »Druck« am Ende des Dateinamens. Auf diese Weise wissen Sie, dass die Kopie das für den Druck überschärfte Bild ist, und behalten das für den Bildschirm geschärfte Originalfoto bei.

Wie ... erhalte ich die bestmöglichen Druckergebnisse?

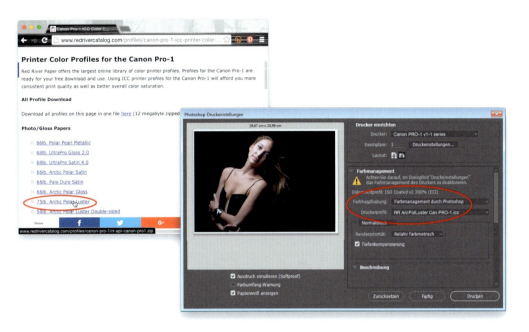

Für optimale Druckergebnisse benötigen Sie ein ICC-Druckerfarbprofil exakt für Ihren Drucker (Fabrikat und Modell) und genau das Papier, auf dem Sie drucken möchten. Zum Glück stellen die Papierhersteller diese Farbprofile kostenlos zur Verfügung. Sie müssen also nur deren Website besuchen, das Profil herunterladen, es in Photoshop installieren (das geht einfach) und dann beim Drucken das Profil auswählen. So erhalten Sie viel bessere Ergebnisse, weil nun alles auf Ihre exakte Drucker-Papier-Kombination abgestimmt ist. So geht es: Besuchen Sie die Website des Papierherstellers, suchen Sie nach »Farbprofile« oder »color profiles«. Sie gelangen zur Download-Seite mit den Farbprofilen. Hier klickte ich auf der Red-River-Site auf das Papier »75lb. Arctic Polar Luster« und das Profil wurde nebst der Installationsanweisungen sofort in einen Ordner heruntergeladen. Weiterhin erhielt ich einen Link, wie man das Profil unter Mac OS X oder Windows installiert, sowie ein Video, das genau zeigt, wie es geht. Die Installation dieser Profile ist total selbsterklärend. Sie müssen nur wissen, wo sie genau hinkopiert werden müssen; deshalb gibt es die Videos. Nach der Installation wählen Sie das ICC-Farbprofil im Dialogfeld **Photoshop-Druckeinstellungen** aus (drücken Sie **Strg/Befehl+P**): Im Pop-up-Menü unter **Farbmanagement** wählen Sie **Farbmanagement durch Photoshop** und anschließend das Profil aus dem Pop-up-Menü **Druckerprofil** – und das war's schon.

 schaffe ich es, dass Bilder im Ausdruck so hell wirken wie auf dem Bildschirm?

Ihr Computermonitor ist von hinten beleuchtet, Papier hingegen nicht. Deshalb sehen Ihre Bilder auf Papier fast immer dunkler aus als am Bildschirm – aber natürlich haben wir hart daran gearbeitet, dass sie auch auf dem Bildschirm gut wirken. Passen Sie die Helligkeit für den Druck deshalb folgendermaßen an: Drücken Sie **Strg/Befehl+J**, um die Hintergrundebene zu duplizieren, ändern Sie den Mischmodus der neuen Ebene im oberen Bereich des Ebenenbedienfelds von **Normal** in **Negativ multiplizieren**, wodurch das ganze Bild sehr viel heller wird (genauer gesagt zu hell). Nun verringern Sie die Deckkraft der oberen Ebene auf 20% und machen einen Probedruck. Wenn das Bild immer noch zu dunkel ist, setzen Sie die Deckkraft auf 25% und testen Sie erneut. Vielleicht brauchen Sie für die perfekte Abstimmung der Deckkraft ein paar Versuche, aber das lohnt sich für künftige Fälle, weil Sie dann exakt wissen, wie hell Ihr Bild am Bildschirm und auf dem Papier aussieht.

TIPP: Kalibrieren Sie Ihren Monitor, wenn die Farben nicht stimmen
Die Bildhelligkeit lässt sich ziemlich leicht anpassen (wie Sie gerade gelesen haben). Um die Farben exakt abzustimmen, benötigen Sie hingegen ein Hardware-Bildschirmkalibrierungsgerät, das Ihre Bildschirminformationen ausliest und ein benutzerdefiniertes Profil entsprechend Ihrem Drucker erzeugt. Wenn die Farben bei Ihnen ganz falsch angezeigt werden, liegt das vermutlich an einem falschen Profil. Die einzige Möglichkeit, das zu beheben, ist ein Kalibriergerät. Sie müssen dafür auch nicht viel Geld in die Hand nehmen (ich empfehle Ihnen den Datacolor Spyder5EXPress oder den X-Rite ColorMunki Smile).

Wie ... zeige ich vor dem Druck einen Proof an?

Mit einem Softproof erhalten Sie eine ganz gute Bildschirmvorschau, wie Ihr Bild mit einem bestimmten Farbprofil im Druck aussehen wird, so dass Sie nicht so viel Druckfarbe und Papier verschwenden. Möchten Sie einen Softproof erzeugen, gehen Sie in das **Ansicht**-Menü, wählen Sie **Proof einrichten** und dann **Benutzerdefiniert**. Sie erhalten das Dialogfeld **Proof-Bedingung anpassen**, in dem Sie das zu simulierende Gerät auswählen. (Sie sollten hier Ihren eigenen Drucker mit dem ICC-Farbprofil Ihres Herstellers verwenden [siehe Abbildung oben] – auf Seite 171 in diesem Kapitel haben Sie erfahren, wie Sie ein Profil finden und installieren.) Jetzt wählen Sie die Renderpriorität (ich nehme immer **Relativ Farbmetrisch**, weil das offenbar die besten Ergebnisse bringt). Lassen Sie das Kontrollfeld **Tiefenkompensierung** eingeschaltet (es sollte standardmäßig aktiviert sein) und deaktivieren Sie das Kontrollfeld **Papierfarbe simulieren**. Klicken Sie auf **OK** und Sie sehen eine fiese graustichige Vorschau. Sähe das Druckergebnis tatsächlich so aus, würde niemand jemals irgendetwas ausdrucken. Glücklicherweise ist der Softproof jedoch überkompensiert und Ihr Druck wird nicht annähernd so grausig aussehen. Was Sie also sehen, ist sozusagen nur in gewisser Weise für manche Leute irgendwann ein wenig hilfreich. Ich selbst finde den Softproof einfach nutzlos und würde ihn niemals verwenden (hey, wollen Sie die Wahrheit hören oder soll ich so tun, als würde ich das gut finden?). Es gibt jedoch einige Leute, die auf Softproofs schwören, aber ich möchte ihre Bilder nicht sehen. (Ich mache nur Spaß. Es war ein Witz. Usw.) Wie auch immer, zumindest wissen Sie nun, wie Sie einen Softproof erzeugen, und ich hoffe, er bringt Ihnen mehr als mir.

Wie ... skaliere ich mein Bild auf der Seite?

Sie können Ihr Bild direkt im Dialogfeld **Photoshop-Druckeinstellungen** skalieren, indem Sie einen Anfasser im Vorschaufenster nach innen oder außen ziehen, bis Sie die gewünschte Größe erhalten. Ich empfehle diese Methode jedoch nur zur Bildverkleinerung, da dann die Bildauflösung erhöht wird, was perfekt ist. Stark vergrößern würde ich ein Bild damit niemals, da es dann unscharf, verschwommen und pixelig wird. Stattdessen sollten Sie Ihr Bild vergrößern, bevor Sie dieses Dialogfeld öffnen. Ich empfehle folgende Vorgehensweise: Öffnen Sie das **Bild**-Menü und wählen Sie **Bildgröße**. Das folgende Dialogfeld ziehen Sie an seiner rechten unteren Ecke größer, so dass Sie das Ergebnis im linken Vorschaubereich klar und deutlich sehen. Jetzt schalten Sie das Kontrollfeld **Neu berechnen** ein (falls es noch nicht aktiviert ist) und wählen **Details erhalten (Vergrößerung)** aus dem Pop-up-Menü zur Rechten. Diese Option nutzt den neuesten Algorithmus zur Vergrößerung des Bilds, ohne dass es so unscharf oder pixelig wird wie beim Größerziehen. Geben Sie jetzt in die Felder **Breite** und **Höhe** entweder die größeren Abmessungen ein oder – so gehe ich meist vor – wählen Sie aus den Pop-up-Menüs zur Rechten die Einheit **Prozent**. Sie können einen Prozentsatz für die Vergrößerung eingeben, etwa 150 oder 200. Ich gehe jedoch niemals höher als 300% (für Vergrößerungen über 300% brauchen Sie spezielle Software, wenn Sie eine gute Qualität wahren möchten). So erhalten Sie bei der Bildvergrößerung für den Druck bessere Ergebnisse.

Wie... versehe ich mein Bild mit einer Kontur?

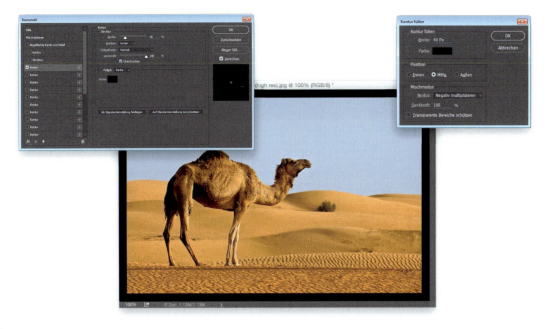

Für diese Aufgabe verwenden Sie nicht das Dialogfeld **Photoshop-Druckeinstellungen**. Falls Sie es also geöffnet haben, klicken Sie auf die Schaltfläche **Abbrechen**. Jetzt haben Sie mehrere Möglichkeiten: Wenn sich das Bild auf seiner eigenen Ebene befindet, klicken Sie auf das Symbol **Ebenenstil hinzufügen** am unteren Rand des Ebenenbedienfelds und wählen Sie **Kontur**. Im Dialogfeld **Ebenenstil** (siehe oben links) legen Sie Größe und Farbe Ihrer Kontur fest. Ich empfehle, die Position nach innen zu setzen, damit die Kontur schön scharf dargestellt wird. Klicken Sie auf **OK**, um auf dieser Ebene eine Kontur um das Bild zu erzeugen. Liegt das Bild auf seiner eigenen Ebene, können Sie auch die **Strg/Befehl**-Taste gedrückt halten und im Ebenenbedienfeld direkt auf die Ebenenminiatur klicken, um eine Auswahl um das Bild zu legen. Öffnen Sie dann das **Bearbeiten**-Menü und wählen Sie **Kontur füllen**. Im gleichnamigen Dialogfeld (siehe oben rechts) stellen Sie ein, wie dick die Kontur sein und welche Farbe sie haben soll. Ich empfehle, die Position der Kontur auf **Mitte** einzustellen. Klicken Sie dann auf **OK**, um die Bildkontur der aktuellen Ebene zuzuweisen. Anschließend heben Sie die Auswahl mit **Strg/Befehl+D** auf. Liegt Ihr Bild nicht auf einer Ebene (sondern auf der Hintergrundebene), aktivieren Sie das **Auswahlrechteck**-Werkzeug **(M)** im Werkzeugbedienfeld und ziehen Sie eine Auswahl um das Bild auf. Anschließend verwenden Sie die zweite Methode.

Wie ... erzeuge ich einen Rahmen wie bei einem Kunstdruck?

Der Trick besteht einfach darin, dass Sie Ihr Bild mit viel Leerraum darunter auf der Seite positionieren. So gehe ich dabei vor: Erzeugen Sie zuerst ein leeres Dokument in der gewünschten Größe und Auflösung. Für dieses Beispiel wählen wir das Hochformat. Drücken Sie also **Strg/Befehl+N** und erzeugen Sie ein neues Dokument in der gewünschten Größe. Für den Druck verwende ich eine Auflösung von 240 Pixel pro Zoll. Öffnen Sie jetzt das gewünschte Bild, wählen Sie es mit **Strg/Befehl+A** aus und kopieren Sie es mit **Strg/Befehl+C**. Gehen Sie wieder zum neuen Dokument und drücken Sie **Strg/Befehl+V**, um das Bild einzufügen. Es erscheint auf seiner eigenen Ebene über der Hintergrundebene. Jetzt aktivieren Sie das **Verschieben**-Werkzeug **(V)** und positionieren das Bild so, dass oben, links und rechts ein Rand bleibt. Für die gewünschte Größe aktivieren Sie mit **Strg/Befehl+T** das **Frei-transformieren**-Werkzeug, halten die **Umschalt**-Taste gedrückt, um die Bildproportionen zu wahren, klicken auf einen der Eckpunkte und ziehen nach innen, um das Bild zu verkleinern, bis sich auf jeder Bildseite gleichmäßig viel Leerraum befindet, unten hingegen deutlich mehr. Eventuell müssen Sie das Bild um 20 oder 30 Prozent verkleinern, damit unten dieser Leerraum entsteht. Häufig sieht man, dass der Look noch betont wird, indem ein horizontales Bild in das obere Drittel einer hochformatigen Seite gesetzt wird (so habe ich selbst es auch schon oft gemacht). Dann bleibt viel Raum, wenn Sie Text unter Ihrem Bild einfügen möchten, und Sie haben immer noch genug Leerraum für den luftigen Galerie-Look (mehr darüber erfahren Sie auf der nächsten Seite).

Wie ... füge ich dem Drucklayout mein Logo hinzu?

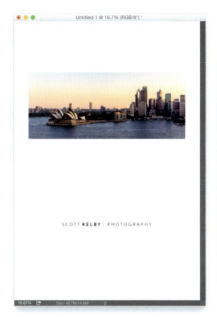

Es ist ganz einfach, Ihrem Druck ein Logo hinzuzufügen: Öffnen Sie das Logo, drücken Sie **Strg/Befehl+A,** um alles auszuwählen, und kopieren Sie es in das gewünschte Bild. Das Logo erscheint dort auf seiner eigenen Ebene. Sie können es mit dem **Verschieben**-Werkzeug **(V)** auf der Seite verschieben und mit dem **Frei-transformieren**-Werkzeug (**Strg/Befehl+T**) skalieren. Stellen Sie lediglich sicher, dass Sie beim Skalieren die **Umschalt**-Taste gedrückt halten, damit die Proportionen erhalten bleiben.

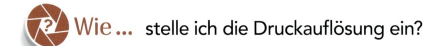
Wie ... stelle ich die Druckauflösung ein?

Drücken Sie **Strg/Befehl+Umschalt+I** und wählen Sie im Feld **Auflösung** des Dialogfelds **Bildgröße** die gewünschte Auflösung. Wenn Sie Ihr Bild mit einer modernen Digitalkamera oder auch mit einem neueren Smartphone aufgenommen haben, verfügen Sie wahrscheinlich über mehr als genug Auflösung, um problemlos und ohne irgendwelche Änderungen ein ziemlich großes Bild zu drucken. (Sie können wahrscheinlich mindestens 40 x 50 cm drucken. Wahnsinn – ich kann aus meinem iPhone sogar noch größere Bilder drucken.) Normalerweise fotografieren wir für einen typischen Tintenstrahldrucker mit einer Zielauflösung von 240 Pixel pro Zoll. Wenn Sie jetzt das Dialogfeld **Bildgröße** öffnen, steht im Feld **Auflösung** wahrscheinlich 72 Pixel pro Zoll. Sie könnten nun annehmen, dass das nicht annähernd für einen Druck in guter Größe ausreicht. Möchten Sie aber tatsächlich prüfen, wie groß Ihr Druck werden kann, schalten Sie das Kontrollfeld **Neu berechnen** im unteren Bereich des Dialogfelds ab und geben Sie in das Feld **Auflösung 240** ein. Sehen Sie sich die Breite und Höhe an – Sie erkennen nun, wie groß Sie Ihr Bild bei einer Auflösung von 240 Pixel pro Zoll maximal drucken können (übrigens beeinträchtigen die gerade vorgenommenen Änderungen die Bildqualität überhaupt nicht). Mit dem Bildgrößetrick von Seite 174 können Sie sogar noch viel größere Bilder drucken; mit den hier gezeigten Schritten erhalten Sie jedoch eine Vorstellung davon, welche native Mindestgröße Sie drucken können, ohne irgendwelche Kopfstände in Photoshop zu unternehmen.

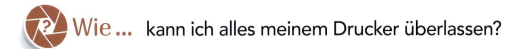

Wie ... kann ich alles meinem Drucker überlassen?

Wenn Sie sich überhaupt nicht mit dem Farbmanagement für Ihren Ausdruck befassen möchten, müssen Sie das auch nicht – Photoshop kann das gesamte Farbmanagement beim Drucken selbst übernehmen. Bis auf die Wahl von Papiergröße und -ausrichtung müssen Sie sich dann nicht mit Farbprofilen oder Papierprofilen oder anderen Dingen abplagen. Drücken Sie einfach **Strg/Befehl+P**, um das Dialogfeld **Photoshop-Druckeinstellungen** anzuzeigen, und wählen Sie aus dem Pop-up-Menü **Farbhandhabung** im Bereich **Farbmanagement** die Option **Farbmanagement durch Drucker** – das war es schon. (Hinweis: Sobald Sie diese Option ausgewählt haben, müssen Sie eventuell auf die Schaltfläche **Druckeinstellungen** im Bereich **Drucker einrichten** klicken und sicherstellen, dass das Farbmanagement Ihres Druckers eingeschaltet ist.) Ich möchte noch hinzufügen: Vor ein paar Jahren hätte ich Ihnen niemals geraten, das Farbmanagement dem Drucker zu überlassen – niemals –, aber die heutigen Drucker sind so unglaublich ausgereift, dass sie ihre Sache tatsächlich nicht schlecht machen, wenn Sie **Farbmanagement durch Drucker** wählen. Ich kenne sogar eine Anzahl Profis, die mittlerweile diesen Weg wählen und mit den Ergebnissen völlig zufrieden sind. Daran können Sie sehen, wie weit die Drucktechnologie in den letzten Jahren tatsächlich fortgeschritten ist.

Kapitel 9
Wie Sie Videos bearbeiten
Das geht besser, als Sie denken

Vielleicht sagen Sie jetzt: »Was?! Photoshop kann Videos bearbeiten?!« Nun, es kann nicht nur Videos bearbeiten, sondern es schlägt sich in diesem Bereich sogar ganz anständig. Aus der Sicht eines Fotografen tut es genau das, was es tun soll: Es setzt Videoclips und Standbilder auf einer Zeitleiste zusammen, wir können Hintergrundmusik und auf Wunsch sogar einen Begleitkommentar darüberlegen, wir können einfache Übergänge erstellen und es ist ein großartiges Werkzeug etwa für kurze Hochzeitsvideos, einen schnellen Werbefilm für Ihr Studio oder sogar einen 30- bis 60-sekündigen Werbespot für einen Kunden. Nicht geeignet ist es für einen großen Spielfilm und auch wenn es stimmt, dass der Hollywood-Hit des Jahres 2015, »Bridge of Spies – Der Unterhändler« mit Courteney Cox und Carrot Top komplett mit anderer, viel kostspieligerer Software bearbeitet wurde, hätten man sicherlich auch Photoshop für den Schnitt verwenden können. Allerdings wäre der Streifen dann natürlich nicht für einen Oscar für den besten Film nominiert worden, weil er immer noch nicht herausgekommen wäre – Photoshop eignet sich zwar gut für die Bearbeitung kurzer Videos, würden Sie aber versuchen, einen großen Spielfilm damit zu schneiden (oder sogar »Hot Tub Time Machine 2«), würden Sie gleich während der Eröffnungssequenz suizidal werden, weil … hm … es einfach nicht für solche Dinge gedacht ist. Ich vermute, Sie könnten theoretisch eine Reihe von Minifilmen erstellen, alle als separate Dokumente speichern und dann irgendwie versuchen, sie zusammenzufügen. Der Regisseur von »Bridge of Spies« ist jedoch Steven Spielberg und ich habe so das Gefühl, dass er nicht nur Sie feuern würde, nachdem er Sie beim Herumfummeln in Photoshop und Ihrem verzweifelten Versuch, alles doch noch irgendwie hinzubekommen, beobachtet hat, sondern gleich veranlassen würde, dass auch Ihre ganze Familie ihre jeweiligen Jobs verliert. Und dann würden Sie sich wieder mit kurzen Hochzeitsvideos beschäftigen und versuchen, damit Ihre Familie über Wasser zu halten – warum sparen Sie sich also nicht den Ärger und überlassen Mr. Spielberg die Wahl des Videoschnittprogramms? War das jetzt so schwierig?

Wie... öffne ich einen Videoclip in Photoshop?

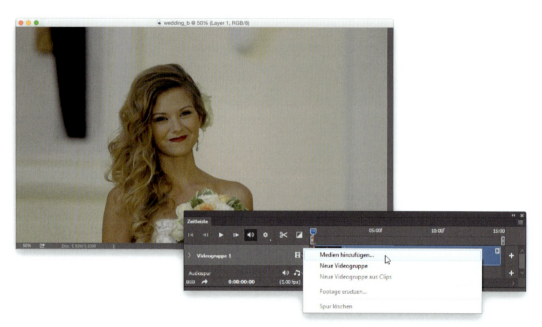

Ihren ersten Videoclip öffnen Sie mit einer ganz bestimmten Methode; um dann weitere Clips hinzuzufügen, benötigen Sie wieder eine andere Technik. Den ersten Videoclip öffnen Sie wie jede andere Datei: Wählen Sie **Öffnen** aus dem Menü **Datei**, dann suchen Sie den Videoclip heraus und klicken auf **Öffnen**. Er wird direkt in Photoshop geöffnet. Außerdem erscheint am unteren Bildschirmrand automatisch das Zeitleistenbedienfeld. Dieses ist sozusagen die Befehlszentrale für die Videobearbeitung in Photoshop. Sie sehen Ihren Clip im rechten Bedienfeldbereich (Filme werden von links nach rechts zusammengestellt; deshalb wird das am weitesten links angezeigte Video zuerst abgespielt; wenn Sie dann rechts einen Clip hinzufügen, wird er als Nächstes abgespielt usw.). Um dem aktuellen Film weitere Clips hinzuzufügen, halten Sie die Maustaste auf dem kleinen Filmstreifensymbol gedrückt, das links von Ihrem ersten Videoclip im Bedienfeld erscheint, und klicken Sie im daraufhin angezeigten Pop-up-Menü auf die Option **Medien hinzufügen**. Wählen Sie den Videoclip, der als Nächstes in Ihren Film eingefügt werden soll, und klicken Sie auf die Schaltfläche **Öffnen**. Der gewählte Clip wird in der Zeitleiste direkt rechts vom ersten angezeigt. Um Ihren – sehr kurzen – Film zu betrachten, drücken Sie die **Leertaste** auf Ihrer Tastatur und die Wiedergabe beginnt. Sie sehen, wie sich der kleine Abspielknopf und die senkrechte rote Linie nach rechts bewegen und damit anzeigen, welche Stelle im Video gerade abgespielt wird. Zuerst wird der erste Clip abgespielt, anschließend der zweite usw. (Hinweis: Wenn Sie die **Leertaste** drücken und der Film nicht abgespielt wird, klicken Sie auf das kleine Liniensymbol rechts oben im Zeitleistenbedienfeld und wählen Sie aus dem Flyout-Menü den Befehl **Zeitleistentastaturbefehle aktivieren,** um die Tastenkürzel für das Bedienfeld einzuschalten.)

Wie... navigiere ich in meinem Video?

In der linken oberen Ecke des Zeitleistenbedienfelds finden Sie die Standardsymbole für die Navigation in Ihrem Film (**Zum ersten Frame, Zum vorherigen Frame, Abspielen** und **Zum nächsten Frame)**. Rechts von diesen Steuerelementen befindet sich ein kleines Lautsprechersymbol, mit dem Sie die Audiospur ein- oder ausschalten können (ich weiß schon, das gewinnt den »Ach-nee!«-Preis der Woche). Wenn Sie weitere Clips hinzufügen, reihen sich diese nacheinander in die Zeitleiste ein. Recht schnell kann Ihre Zeitleiste über den rechten Rand hinauswachsen, sodass Sie dann ein bisschen nach rechts und wieder zurückscrollen müssen. Sie können die Größe Ihrer Zeitleiste über den kleinen Regler rechts unter dem ersten Clip (oben eingekreist) festlegen. Links von ihm sehen Sie ein Symbol mit kleinen Bergen und rechts eines mit größeren Bergen. Wenn Sie diesen Regler vor- und zurückziehen, erkennen Sie sofort, wofür er gut ist. Wenn Sie jetzt auf **Abspielen** klicken, sehen Sie, wie der Abspielknopf und die senkrechte rote Linie (ebenfalls eingekreist) gemeinsam nach rechts die Zeitleiste entlangwandern. An der Position des Abspielknopfs können Sie stets ablesen, wo sich Ihr Film gerade befindet. Praktisch ist, dass Sie den Abspielknopf auch manuell an die gewünschte Stelle in Ihrem Film ziehen können (und Sie werden diese Funktion häufig brauchen). Möchten Sie also einen bestimmten Clip in Ihrem Film betrachten, ziehen Sie den Abspielknopf auf den gewünschten Clip und klicken dann entweder auf **Abspielen**, um den Film von dieser Stelle an zu starten, oder Sie »scrubben« den Film einfach manuell, indem Sie den Abspielknopf in der gewünschten Geschwindigkeit ziehen.

Wie ... spiele ich einen Clip in Zeitlupe ab?

Auf der rechten Seite jedes Clips sehen Sie in der Zeitleiste ein kleines, nach rechts weisendes Dreieck. Klicken Sie einmal darauf, um einen Dialog mit Einstellungen zu öffnen. Hier können Sie eine Geschwindigkeit für diesen Clip eingeben. Mit einem Wert unter 100% erhalten Sie einen Zeitlupeneffekt, ein Wert über 100% erhöht die Geschwindigkeit des Clips (ideal, wenn Sie durch einen Clip sausen möchten, in dem sich Menschen von einer Stelle zur anderen bewegen).

 **Wie ...** schneide ich den Anfang oder das Ende eines Clips zu?

Zeigen Sie mit der Maus in der Zeitleiste auf die linke oder rechte Kante eines Clips. Der Mauszeiger bekommt nun eine Form, die sich am besten als »großes E mit Doppelpfeil in der Mitte« beschreiben lässt. Sobald Sie dieses Symbol sehen, ziehen Sie in die Richtung, in der Sie den Clip zuschneiden möchten. Das Schöne daran ist: Sobald Sie mit dem Ziehen beginnen, erscheint ein kleines Vorschaufenster, in dem Sie sehen, was Sie wegschneiden. Wenn also der Anfang Ihres Clips im Video nicht sichtbar sein soll (vielleicht laufen Sie zurück, nachdem Sie die Videokamera auf Ihr Stativ gesetzt haben), klicken Sie einfach auf die linke Kante des Clips und ziehen nach rechts, bis Sie über diesen Punkt hinaus sind. Sobald Sie die Maustaste loslassen, wird dieser Teil ausgeblendet. Hinweis: Wenn Sie den weggeschnittenen Bereich aus irgendeinem Grund wieder sehen möchten, klicken Sie einfach wieder auf die entsprechende Kante, ziehen erneut nach links und der Clip erscheint wieder. Dasselbe gilt, wenn Sie das Ende eines Clips wegschneiden wollen: Klicken Sie auf die rechte Clipkante, ziehen Sie nach links und während des Ziehens erscheint ein Vorschaufenster. Wenn das unerwünschte Filmmaterial nicht mehr sichtbar ist, hören Sie einfach auf zu ziehen. Das war's schon.

Wie ... ändere ich die Reihenfolge meiner Clips?

Einfach per Drag-and-drop: Sie können auf einen beliebigen Clip in der Zeitleiste klicken und ihn vor oder hinter einen beliebigen anderen Clip ziehen (wie Sie oben sehen); aber manchmal ist das etwas schwierig – besonders wenn die Clips, die Sie verschieben möchten, kurz sind. Aus diesem Grund empfehle ich, diese Drag-and-drop-Aktion in Photoshops gutem altem Ebenenbedienfeld vorzunehmen (wie Sie im unteren Bild sehen). Richtig – die Clips befinden sich nämlich alle im Ebenenbedienfeld, genau wie in einem Dokument mit mehreren Ebenen. Die Reihenfolge ist dieselbe wie bei normalen Bildern – am unteren Ende des Ebenenstapels befindet sich der erste Clip in Ihrem Film, eins darüber der nächste usw. – und es ist sehr viel einfacher, die Reihenfolge hier zu ändern. Natürlich können Sie die von Ihnen bevorzugte Methode verwenden; beide funktionieren hervorragend. Aber ich dachte, Sie sollten beide kennen, damit Sie entscheiden können, welche Ihnen mehr zusagt. Außerdem wollte ich Ihnen zeigen, dass Ihre Videoclips im Ebenenbedienfeld gestapelt sind, weil das weiter hinten in diesem Kapitel in anderem Zusammenhang noch eine Rolle spielen wird – deshalb ist es gut, das bereits jetzt zu wissen.

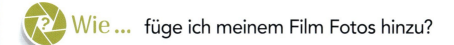

Wie ... füge ich meinem Film Fotos hinzu?

Fotos fügen Sie auf dieselbe Weise hinzu wie einen weiteren Videoclip: Halten Sie die Maustaste auf dem kleinen Filmstreifensymbol links vom ersten Clip in der Zeitleiste gedrückt und wählen Sie aus dem angezeigten Pop-up-Menü den Befehl **Medien hinzufügen**. Jetzt wählen Sie ein Foto aus, klicken auf **Öffnen** und das Bild wird am Ende der Zeitleiste eingefügt. Sie können es dann an die gewünschte Stelle in der Zeitleiste ziehen. Wenn Sie es sich einfach machen möchten, verwenden Sie das Ebenenbedienfeld. In Ihrem Film taucht das Bild standardmäßig nur ganz kurz auf. Sie können die Zeitspanne jedoch beliebig ausdehnen, indem Sie auf die rechte Kante des violetten Clipsymbols klicken. (Videoclips erscheinen in der Zeitleiste in Blau, Fotos in Violett. Dadurch behalten Sie leichter den Überblick darüber, was was ist.) Ziehen Sie nun die rechte Kante des Clips so lange hinaus, wie das Bild angezeigt werden soll (ein Pop-up-Fenster zeigt Ihnen während des Ziehvorgangs die momentane Dauer an, wie Sie im oberen Bild sehen).

Wie... füge ich Übergänge zwischen Clips hinzu?

Direkt über dem Filmstreifensymbol im Zeitleistenbedienfeld (links von Ihrem ersten Clip) sehen Sie das Übergangssymbol (oben eingekreist; es sieht aus wie ein Quadrat mit einer diagonalen Linie). Ein Klick darauf öffnet einen Pop-up-Dialog, aus dem Sie den gewünschten Übergang wählen können. Ziehen Sie diesen einfach zwischen zwei Clips (versuchen Sie es einmal mit Überblenden, dies entspricht dem Übergang, der normalerweise zwischen zwei Standbildern in einer Diashow verwendet wird). Testen Sie das Ergebnis, indem Sie den Abspielknopf auf den ersten der beiden Clips ziehen und auf **Abspielen** klicken. Statt des harten Schnitts zwischen den beiden Clips sehen Sie jetzt einen weichen Übergang. Wenn Sie sich den zweiten Clip in der Zeitleiste ansehen, erkennen Sie zudem ein Kästchen mit einem X. Dieses symbolisiert den Übergang. Soll dieser länger werden, klicken Sie auf das X (es wird hervorgehoben), dann ziehen Sie die rechte Kante des Übergangs nach rechts. Nun dauert der Übergang zwischen den beiden Clips länger. Möchten Sie ihn ganz löschen, wählen Sie das X mit einem Klick aus und drücken die **Delete/Rück**-Taste. Hinweis: In diesem Pop-up-Dialog können Sie auch die Dauer des Übergangs einstellen, bevor Sie ihn in die Zeitleiste ziehen. Am unteren Dialogrand ist dafür ein **Dauer**-Feld vorgesehen. Legen Sie hier in Sekunden fest, wie lang der spezielle Übergang zwischen den beiden Clips dauern soll.

# Wie... füge ich Hintergrundmusik hinzu?

Im Zeitleistenbedienfeld sehen Sie direkt unter Ihren Clips eine leere Spur – das ist die Audiospur. Gleich unter dem kleinen Filmstreifensymbol (mit dem Sie weitere Videoclips und Fotos laden können) sehen Sie eine kleine Musiknote (oben eingekreist). Klicken Sie auf dieses Symbol, dann im Pop-up-Menü auf **Audio hinzufügen**. Anschließend wählen Sie die Audiodatei, die Sie als Hintergrundmusik verwenden möchten (Photoshop unterstützt die meisten gängigen Audiodateiformate von AAC bis hin zu MP3). Klicken Sie auf **Öffnen** und die Datei wird als grüne Audiospur hinzugefügt. Wenn diese Spur 6 Minuten und 23 Sekunden lang ist, wird der Sound auch so lange abgespielt. Planen Sie also lediglich ein 2 Minuten langes Video, müssen Sie die Audiospur zuschneiden: Scrollen Sie in der Zeitleiste ganz nach rechts, bis Sie das Ende der Audiospur erreichen. Dann klicken Sie auf die rechte Kante des Clips und ziehen nach links bis zum Videoende (bei Ihrem 2-Minuten-Video ziehen Sie also zurück auf die 2-Minuten-Marke). Damit verhindern Sie, dass Ihr Film nach 2 Minuten endet, die Musik aber vor einem schwarzen Bildschirm noch vier Minuten und 23 Sekunden weiterspielen würde, bis der Song schließlich zu Ende wäre. (Das wäre brutal. Oder es wäre »Kunst«. Ich bin nicht ganz sicher.) Wenn Sie übrigens noch eine Audiospur mit einer Erzählstimme hinzufügen möchten, klicken Sie auf das Musiknotensymbol, wählen Sie **Neue Audiospur** und anschließend die entsprechende Audiodatei. Anderenfalls würde die neue Audiospur einfach Ihre Hintergrundmusik ersetzen. Um schließlich die Lautstärke der Audiospur anzupassen, klicken Sie mit der rechten Maustaste direkt auf den grünen Clip und ziehen Sie den Lautstärkeregler im nun angezeigten Pop-up-Dialog (siehe oben).

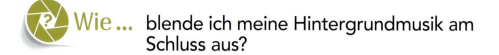

Wie ... blende ich meine Hintergrundmusik am Schluss aus?

Klicken Sie mit der rechten Maustaste direkt auf die grüne Audiospur in der Zeitleiste, um einen Pop-up-Dialog anzuzeigen. Hier sehen Sie zwei Einstellungen: Eine blendet Ihre Musik bei Bedarf ein, die andere blendet sie aus, was Sie wahrscheinlich häufiger benötigen werden – außer Sie nehmen zufällig eine Hintergrundmusik, die exakt die perfekte Länge für Ihr Video hat (hey, sowas könnte vorkommen). Etwas gewöhnungsbedürftig ist es, wie Sie festlegen, wie viele Sekunden vor dem Ende der Hintergrundmusik die Ausblendung beginnen soll. Sollen beispielsweise die letzten fünf Minuten ausgeblendet werden, müssen Sie den Regler **Ausblenden** auf 5,00 s ziehen. Je länger die eingestellte Zeitspanne ist, desto länger dauert die Ausblendung.

Wie ... füge ich meinen Filmen Titel hinzu?

Sie haben zwei Möglichkeiten: (1) Erzeugen Sie ein Bild mit dem gewünschten Text darauf, speichern Sie es und fügen Sie es in Ihr Video ein. So geht es: Drücken Sie **Strg/Befehl+N** und erzeugen Sie ein neues Dokument in derselben Größe wie Ihr Video (wählen Sie dazu im Dialogfeld **Neu** aus dem Pop-up-Menü **Dokumenttyp** Ihre Videodatei, um automatisch deren Größe in die Felder **Breite** und **Höhe** einzufügen). Füllen Sie es schwarz oder weiß (Sie können auch ein Bild öffnen und es als Hintergrund in das neue Dokument einfügen) und fügen Sie Ihren Text hinzu. Aus dem Bedienfeldmenü des Ebenenbedienfelds wählen Sie **Auf Hintergrundebene reduzieren,** speichern Sie das Bild als JPEG-Datei und öffnen Sie es in Ihrem Video (genau wie jedes andere Foto – ziehen Sie es per Drag-and-drop an der gewünschten Stelle in die Zeitleiste). Soll Ihr Text über den bewegten Bildern erscheinen, dabei aber bearbeitbar bleiben, dann (2) geben Sie ihn direkt in das Videodokument ein. Dazu verwenden Sie das **Horizontaler Text**-Werkzeug **(T)**. Wenn Sie mit diesem Werkzeug klicken und mit der Eingabe beginnen, wird der Text jedoch am Ende Ihres Videos hinzugefügt, statt über den Clips zu schweben. Damit der Text über einem bestimmten Clip eingefügt wird, müssen Sie zum Ebenenbedienfeld gehen und die Textebene aus der Videogruppe herausziehen (sie wurde in einen Ordner namens »Videogruppe 1« eingefügt). Klicken Sie auf diese Textebene und ziehen Sie sie aus der Gruppe. Jetzt erscheint sie für sich alleine und schwebt über der Videospur. Sie sehen auch, dass dadurch über der vorhandenen eine neue Videospur erzeugt wurde. Sie können diesen Textclip nun über ein beliebiges Video in Ihrer Zeitleiste ziehen. Der Text über dem Video hat dann einen transparenten Hintergrund. Sie können die Schrift beliebig bearbeiten, genau wie ganz normalen Photoshop-Text – Farbe, Größe, Schriftart usw. lassen sich ganz nach Belieben ändern.

Wie ... füge ich meinem Film Filtereffekte hinzu?

Sie können jedem Videoclip normale Photoshop-Filter wie den Gaußschen Weichzeichner oder eine Unscharfmaskierung hinzufügen. Damit das geht, müssen Sie nur eine einfache Vorbereitung treffen, sonst würden Sie den Filter nur einem einzelnen Frame des Videoclips statt dem ganzen Clip zuweisen. Mit dem folgenden kleinen Schritt weisen Sie den Filter dem gesamten Clip zu: Gehen Sie ins Ebenenbedienfeld und klicken Sie auf die Videoclipebene, der Sie den Filter zuweisen möchten. Dann öffnen Sie das **Filter**-Menü und wählen **Für Smartfilter konvertieren**. Wenn Sie jetzt einen Filter zuweisen, wird er dem gesamten im Ebenenbedienfeld ausgewählten Videoclip zugewiesen. (In der obigen Abbildung sehen Sie den Smartfilter **Unscharf maskieren** am unteren Rand des Ebenenbedienfelds.) Auch eine Einstellungsebene können Sie einem Clip hinzufügen (etwa eine **Tonwertkorrektur**, **Gradationskurve** oder **Farbton/Sättigung**), allerdings funktioniert das ein bisschen anders (aber ebenso einfach). Im Ebenenbedienfeld klicken Sie auf die Ebene des Clips, dem Sie eine Einstellungsebene hinzufügen möchten. Dann klicken Sie auf das Symbol **Neue Misch- oder Einstellungsebene erstellen** am unteren Bedienfeldrand (das vierte Symbol von links; es sieht aus wie ein schwarzweißer Kreis) und wählen Sie aus dem Pop-up-Menü **Tonwertkorrektur** (oder **Gradationskurven** oder **Farbton/Sättigung** oder was immer Sie wollen). Nun können Sie im angezeigten Eigenschaftenbedienfeld Ihre Anpassungen vornehmen, etwa die Gradationskurven oder die Tonwertkorrektur anpassen. Diese Änderung wird sofort zugewiesen, und zwar nur diesem Videoclip (oben habe ich eine **Tonwertkorrektur**-Einstellungsebene hinzugefügt). Sie können auch demselben Clip mehrere Einstellungsebenen hinzufügen – wählen Sie einfach eine andere aus dem Pop-up-Menü des Symbols **Neue Misch- oder Einstellungsebene erstellen** und sie wird direkt darüber angeordnet.

Wie... konvertiere ich einen Clip in Schwarzweiß?

Klicken Sie im Ebenenbedienfeld auf die Ebene des Clips, der schwarzweiß erscheinen soll. Dann klicken Sie auf das Symbol **Neue Misch- oder Einstellungsebene erstellen** am unteren Bedienfeldrand (das vierte Symbol von links; es sieht aus wie ein schwarzweißer Kreis). Wählen Sie **Schwarzweiß**. Jetzt ist Ihr Clip schwarzweiß – so einfach ist das. Sie können diese Schwarzweißkonvertierung über die Regler im Eigenschaftenbedienfeld noch anpassen.

Wie ... überblende ich in oder von Schwarz?

Möchten Sie Ihren Film von Schwarz überblenden, klicken Sie auf das Übergangssymbol (rechts vom Scherensymbol im linken oberen Bereich des Zeitleistenbedienfelds; oben rot eingekreist) und dann im nun angezeigten Dialogfeld auf **Schwarz überblenden**. Am unteren Rand dieses Dialogfelds sehen Sie das Feld **Dauer**. Geben Sie an, wie lange die Überblendung dauern soll, dann ziehen Sie den Übergang **Schwarz überblenden** auf den ersten Clip in der Zeitleiste. Wenn Sie nun auf **Abspielen** klicken, wird Ihr Film von Schwarz eingeblendet. Auf ganz ähnliche Weise lassen Sie Ihren Film am Ende in Schwarz ausblenden – scrollen Sie zum letzten Clip, klicken Sie auf das Übergangssymbol, klicken Sie auf **Schwarz überblenden**, geben Sie im **Dauer**-Feld an, wie lange der Übergang dauern soll, und ziehen Sie anschließend den Übergang **Schwarz überblenden** auf das Ende des letzten Clips in Ihrem Film (wie oben gezeigt, wo ein Dreieck dem rechten Ende Ihres Films hinzugefügt wurde). Nun wird Ihr Film am Schluss ausgeblendet.

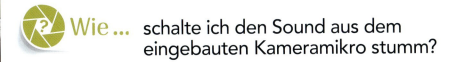

Wie... schalte ich den Sound aus dem eingebauten Kameramikro stumm?

Im Zeitleistenbedienfeld klicken Sie mit der rechten Maustaste auf den Clip mit der Audiospur vom integrierten Mikro Ihrer Kamera, den Sie stummschalten möchten. Das folgende Dialogfeld hat oben zwei Symbole: ein Filmstreifen- und ein Musiknotensymbol. Klicken Sie auf die Musiknoten und am unteren Rand des Dialogs aktivieren Sie das Kontrollfeld **Stummschalten**. Fertig.

Wie... teile ich einen Clip in zwei Teile?

Um einen Clip in zwei aufzuteilen, klicken Sie ihn zuerst in der Zeitleiste an. Dann ziehen Sie den Abspielknopf exakt an die Stelle, wo Sie den Film teilen möchten. Oben im Zeitleistenbedienfeld klicken Sie auf das Symbol **Am Abspielknopf teilen** (in der Abbildung eingekreist; es sieht aus wie eine Schere), um den Clip zu teilen. Wenn Sie jetzt den Abspielknopf ziehen, wird Ihr Clip sofort in zwei Clips zerteilt. Sie können diese beiden Clips nun unabhängig voneinander an die gewünschte Stelle verschieben.

 **Wie ...** füge ich meinem ganzen Film einen Effekt hinzu?

Weiter vorne haben Sie gesehen, wie Sie einem einzelnen Clip einen Effekt hinzufügen können. Was aber, wenn sich dieser Effekt auf den ganzen Film erstrecken soll? Vielleicht möchten Sie den Film komplett in Schwarzweiß oder er soll kontrastreicher wirken oder einen leichten warmen Ton erhalten? Dann gehen Sie folgendermaßen vor: Klicken Sie im Ebenenbedienfeld auf den Clip am unteren Rand des Ebenenstapels (das ist der erste Clip in Ihrem Film). Jetzt klicken Sie am unteren Bedienfeldrand auf das Symbol **Neue Misch- oder Einstellungsebene erstellen** (es ist das vierte von links und sieht aus wie ein schwarzweißer Kreis). Wählen Sie aus dem Pop-up-Menü die Option **Schwarzweiß**. Dadurch wird nur der markierte Clip schwarzweiß, aber das werden Sie gleich ändern. Im Ebenenbedienfeld klicken Sie auf die **Schwarzweiß**-Einstellungsebene (sie befindet sich direkt über Ihrer ersten Ebene) und ziehen Sie sie an die oberste Stelle des Ebenenstapels – über und außerhalb den Gruppenordner (genau wie vorhin beim Hinzufügen von Text). Dadurch wird der Schwarzweiß-Effekt allen Ihren Clips gleichzeitig zugewiesen.

Wie ... setze ich meine Standbilder in Bewegung?

Um einen »Ken-Burns«-Effekt hinzuzufügen, bei dem sich die Fotos in Ihrem Video langsam durchs Bild bewegen, klicken Sie mit der rechten Maustaste auf das gewünschte Foto. Das Pop-up-Menü im nun angezeigten Dialogfeld **Bewegung** enthält eine Liste mit Bewegungseffekten wie **Schwenken und Zoomen**, **Schwenken**, **Zoom**, **Drehen** usw. Wählen Sie das Gewünschte aus und klicken Sie dann an eine beliebige Stelle in Ihrem Clip, um den Dialog zu schließen.

Wie ... exportiere ich mein Video?

In der linken unteren Ecke des Zeitleistenbedienfelds klicken Sie auf das Symbol **Video rendern** (es sieht aus wie ein nach rechts weisender gebogener Pfeil). Dadurch wird das Dialogfeld **Video rendern** geöffnet (siehe oben). Hier können Sie das fertige Video rendern. Je nachdem, wo Sie es teilen möchten, können Sie es anschließend im passenden Format speichern. Im oberen Bereich geben Sie Ihrem Film einen Namen und entscheiden Sie, ob Sie ihn auf Ihrem Computer speichern möchten. Im Bereich **Adobe Media Encoder** finden Sie rechts vom Pop-up-Menü **Format** das Pop-up-Menü **Vorgabe**, das eine Reihe von Vorgaben für gängige Exporttypen enthält, beispielsweise YouTube oder Vimeo oder iPhones und Android-Geräte usw. Die übrigen Einstellungen sind eher für den fortgeschrittenen Videoexport. Wenn Sie beim Rest dieser Optionen also »Wie bitte?« fragen, brauchen Sie sich zumindest nicht zu schämen. Okay – sobald Sie eine Vorgabe gewählt haben, klicken Sie oben rechts auf die Schaltfläche **Rendern** und der Render- und Exportvorgang Ihres Videos beginnt. Wundern Sie sich nicht, wenn das eine Weile dauert (wundern Sie sich auch nicht, wenn es fünf oder zehn Minuten dauert) – je länger das Video, desto länger dauert natürlich auch der Export. Sobald dieser abgeschlossen ist, ist Ihr Film fertig und nun wird es Zeit, ihn mit der Welt zu teilen und sich zurückzulehnen, während Horden zorniger, verbitterter, mies gelaunter Internettrolle Ihnen mitteilen, dass Ihr Video kompletter Müll ist. Andererseits passiert natürlich eventuell auch das Gegenteil und Hollywood kontaktiert Sie sofort, damit Sie bei der nächsten Folge von »Krieg der Sterne« Regie führen können. Ein Zwischending gibt es nicht – eins von beidem wird auf jeden Fall passieren. Ich denke, das sollte Ihnen vorab klar sein.

Kapitel 10
Wie Sie die beliebtesten Spezialeffekte erzeugen
Damit alles richtig cool aussieht

Wenn Photoshop für etwas berühmt ist, dann für seine Spezialeffekte. Okay, dafür und für die Bearbeitung von Bildern, die Sie mit Ihrer Kamera aufgenommen haben, und für das Erzeugen von Grafiken und Illustrationen und für Webgrafiken und das Gestalten von Plakaten und Broschüren und solche Dinge. Aber eben auch für Spezialeffekte. Lassen wir es dabei bewenden. Okay, die Sache ist die: Viele Programme (etwa Lightroom) können grundlegende, sogar einige anspruchsvollere Bildbearbeitungsaufgaben erledigen, aber der Obermacker der Spezialeffekte ist ganz klar Photoshop. Sie wollen brennenden Text? Ganz klar, das ist ein P-Ding. Erkennen Sie, was ich getan habe? Gerade eben? Genau, ich habe einen coolen neuen Begriff geprägt: »P-Ding« (Jargon für »Photoshop-Ding«). Sie brauchen ihn jetzt nur noch ein paarmal auf Snapchat oder Wishbone oder in einer anderen App verwenden, die die Teenager der Nullbockgeneration verwenden, und schon wird er »viral«. Jeder wird ihn benutzen und sobald Beyoncé ihn in den Mund nimmt, wird er offiziell. Vielleicht sieht sie auf Instagram ein Foto, möglicherweise von einer oder zwei der Kardashians, und teilt das Bild dann mit der gehässigen Bildunterschrift: »Das ist ein P-Ding«, womit sie impliziert, dass das Bild stark in Photoshop retuschiert wurde. Das ist nämlich genau die Art, wie so etwas viral wird. So langsam kriegen Sie den richtigen Durchblick. Das Thema meines nächsten Buchs wird sein (ist es ja jetzt schon), wie Sie sich Ihre eigenen Slang-Wörter ausdenken und diese dann viral werden lassen. Kapitel 1 wird heißen: »Bringen Sie Beyoncé dazu, es zu sagen.« Kapitel 2: »Bringen Sie Taylor Swift dazu, es in einem Liedtext zu verarbeiten.« Kapitel 3 heißt vielleicht: »Sichergehen, dass es nicht schon mit einer erschreckend unanständigen Bedeutung – oder Schlimmerem – im Urban Dictionary vorkommt, wofür die Chance bei 73% liegt.«

Wie ... erzeuge ich einen Blendenfleck?

Fügen Sie eine neue leere Ebene hinzu, indem Sie am unteren Rand des Ebenenbedienfelds auf das Symbol **Neue Ebene erstellen** klicken. Drücken Sie **D**, um Ihre Vordergrundfarbe auf Schwarz zu setzen, dann drücken Sie die **Entf/Rück**-Taste, um die Ebene schwarz zu füllen. Nun öffnen Sie das **Filter**-Menü, wählen **Renderfilter** und dann **Blendenflecke**. Im Dialogfeld (siehe oben links) können Sie nach Wunsch mit den Einstellungen herumprobieren, wobei die Standardeinstellungen wahrscheinlich am besten geeignet sind. Klicken Sie also einfach auf **OK** und Sie erhalten einen Blendenfleck auf der schwarzen Ebene. Damit dieser nun mit Ihrem Bild verrechnet wird, ändern Sie im oberen Bereich des Ebenenbedienfelds den Mischmodus der oberen Ebene von **Normal** in **Negativ multiplizieren** und der Blendenfleck fügt sich in Ihr Bild ein. Sie können den Blendenfleck mit dem **Verschieben**-Werkzeug **(V)** neu positionieren, aber dann sehen Sie – je nachdem, wohin Sie ihn verschieben – eventuell eine harte Kante an einer oder mehreren Seiten. In diesem Fall klicken Sie auf das Symbol **Ebenenmaske hinzufügen** am unteren Rand des Ebenenbedienfelds (das dritte von links), aktivieren das **Pinsel**-Werkzeug **(B)**, wählen einen großen weichen Pinsel aus der **Auswahl für Pinselvorgaben** in der Optionsleiste und malen in Schwarz über die harte Kante.

Wie ... erzeuge ich einen Scheinwerfereffekt?

Es gibt hier zwei Möglichkeiten. Am häufigsten verwende ich die folgende (die wir uns bereits in Kapitel 4 angesehen haben): Öffnen Sie das **Filter**-Menü und wählen Sie **Camera-Raw-Filter**. Klicken Sie auf das letzte Werkzeug in der Werkzeugleiste am oberen Rand – den **Radialfilter (J)**. Im **Radial-Filter**-Bedienfeld am rechten Fensterrand klicken Sie viermal auf das Minus-Symbol (-) links vom **Belichtung**-Regler. Damit setzen Sie alle anderen Regler auf null, verringern aber die Belichtung auf –2,00. Achten Sie darauf, dass am unteren Bedienfeldrand das Optionsfeld **Außen** aktiviert ist. Ziehen Sie den Radialfilter über den Bildbereich, dem Sie den Scheinwerfereffekt hinzufügen möchten. Beim Ziehen wird eine elliptische Form erzeugt und weil Sie **Außen** gewählt haben, wird alles außerhalb der Ellipse um zwei Belichtungsstufen (–2,00) abgedunkelt, sodass ein Scheinwerfereffekt entsteht. Zum Skalieren der Ellipse ziehen Sie die kleinen Anfasser oben, unter oder seitlich an der Ellipse. Um sie zu drehen, zeigen Sie auf einen Bereich außerhalb der Ellipse – der Mauszeiger wird zu einem Doppelpfeil. Ziehen Sie jetzt nach oben oder unten, um die Ellipse zu drehen. Bei der anderen Methode, einen Scheinwerfereffekt zu erzeugen, öffnen Sie ein Bild, dann das **Filter**-Menü und wählen **Renderfilter** und **Beleuchtungseffekte**. Dadurch erstellen Sie einen Scheinwerfereffekt, der in der Grundeinstellung aber ziemlich schlecht ist. Ich würde empfehlen, das Pop-up-Menü **Vorgaben** im linken Bereich der Optionsleiste zu öffnen und **Punkt** zu wählen. Sobald der Effekt in Ihrem Bild erscheint, können Sie den Scheinwerfer mit gedrückter Maustaste an die gewünschte Stelle ziehen. Um die Größe zu ändern, ziehen Sie den äußeren Kreis, um die Helligkeit (Intensität) zu ändern, ziehen Sie den weißen inneren Kreis.

Wie... erzeuge ich einen weichgezeichneten Look für den Hintergrund?

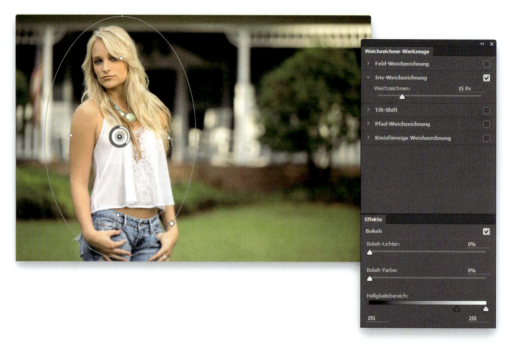

Öffnen Sie das **Filter**-Menü, wählen Sie **Weichzeichnergalerie** und **Iris-Weichzeichnung**. Dadurch entsteht in der Mitte Ihres Bilds eine große Ellipse mit einer leichten Weichzeichnung außerhalb der Ellipse. Um die Größe der Ellipse zu ändern, ziehen Sie ihre Kante. Um sie zu verschieben, klicken Sie auf den Pin in der Mitte und ziehen ihn an die gewünschte Stelle. Zum Drehen zeigen Sie mit dem Mauszeiger in die Nähe der Kontrollpunkte auf der Ellipse, sodass er zu einem Doppelpfeil wird. Jetzt können Sie nach oben und unten ziehen, um die Ellipse zu drehen. Die Stärke der Weichzeichnung erhöhen Sie, indem Sie im Bedienfeld **Weichzeichner-Werkzeuge** am rechten Bildschirmrand den Regler **Weichzeichnen** nach rechts ziehen (oder einfach auf den weißen Teil des Rings um den Pin klicken und ziehen). Damit soll sozusagen die Weichzeichnung und die geringe Schärfentiefe beim Fotografieren mit einem Teleobjektiv mit großer Blendenöffnung nachgeahmt werden (wodurch in hellen Hintergrundbereichen ein Bokeh-Effekt entsteht). Aus diesem Grund können Sie im **Effekte**-Bedienfeld (das ebenfalls rechts angezeigt wird) die hellsten unscharfen Bereiche einstellen sowie die Farbe des Bokeh und den Helligkeitsbereich, innerhalb dessen dieses ins Bild gerechnet wird. Ziehen Sie den Bokeh-Lichter-Regler ein wenig nach rechts, sehen Sie sofort, wie sich die hellen Bereiche im verschwommenen Hintergrundbereich verändern. Ich arbeite normalerweise nicht mit diesem Regler, aber es ist schön zu wissen, dass er da ist ... Sie wissen schon ... man weiß nie.

Wie ... erzeuge ich einen Tilt-Shift- (»Spielzeug«-)Effekt?

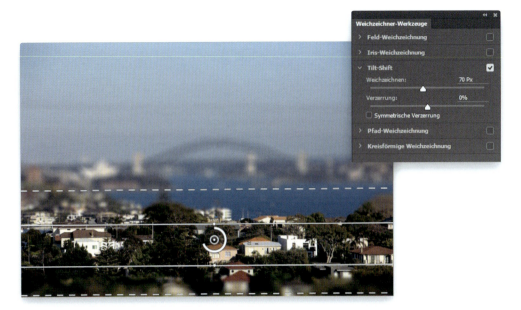

Öffnen Sie das **Filter**-Menü, wählen Sie **Weichzeichner-Galerie** und dann **Tilt-Shift**. Im rechten Bereich des Bildschirms wird das Bedienfeld **Weichzeichner-Werkzeuge** geöffnet und in Ihrem Bild sehen Sie vier horizontale Linien. Der Bereich innerhalb der beiden durchgezogenen Linien in der Mitte ist scharf; die beiden gepunkteten Linien sind Übergangszonen von scharf zu sehr unscharf und alles außerhalb dieser gepunkteten Linien ist sehr unscharf. Im Bereich innerhalb der Linien ist der Effekt am deutlichsten; aber er hängt, ehrlich gesagt, stark von der Art des Bilds ab. Am besten funktionieren offensichtlich Bilder, die von einem hohen Standpunkt aufgenommen wurden, wenn Sie etwa auf eine Stadt oder eine andere Szene herabfotografieren (und solche Szenen wirken dann am ehesten wie Spielzeugmodelle). Bei diesem Bildtyp sieht der Effekt normalerweise wirklich gut aus. Sie können die Intensität des Effekts verstärken, indem Sie im Bedienfeld **Weichzeichner-Werkzeuge** den Regler **Weichzeichnen** nach rechts ziehen (oder indem Sie den weißen Teil des Rings um den Pin in der Mitte ziehen). Sie können die Linien drehen, indem Sie mit der Maus in die Nähe eines Kontrollpunkts einer der durchgezogenen Linien zeigen. Ihr Mauszeiger ändert sich zu einem Doppelpfeil. Für die Drehung klicken und ziehen Sie jetzt einfach. Um die Linien zu verschieben, klicken Sie auf den Pin und ziehen an die gewünschte Stelle. Um den Übergangsbereich von scharf nach unscharf zu erweitern, klicken Sie direkt auf die Linien und ziehen nach innen oder außen.

Wie ... erhalte ich einen verträumten Look?

Es gibt hier verschiedene Möglichkeiten, ich gehe auf die folgende Weise vor: Duplizieren Sie im Ebenenbedienfeld die Hintergrundebene, indem Sie sie auf das Symbol **Neue Ebene erstellen** am unteren Bedienfeldrand (das zweite von rechts) ziehen. Nun öffnen Sie das **Filter**-Menü, wählen **Weichzeichnungsfilter** und dann **Gaußscher Weichzeichner**. Im Filterdialog geben Sie **20 Pixel** ein und klicken auf **OK**. Jetzt gehen Sie wieder ins Ebenenbedienfeld und verringern im rechten oberen Bereich die Deckkraft auf 20%. Damit erhalten Sie den erwünschten weichgezeichneten Effekt, ohne dass Ihr Bild zu verschwommen wirkt.

Wie ... erzeuge ich einen Look mit entsättigter Haut?

Auch hier haben Sie mehrere Möglichkeiten. Eine davon sieht vor, zuerst die Hintergrundebene zu duplizieren, indem Sie sie auf das Symbol **Neue Ebene erstellen** am unteren Rand des Ebenenbedienfelds ziehen (das zweite von rechts). Dann öffnen Sie das **Filter**-Menü und wählen **Camera-Raw-Filter**. Im **Grundeinstellungen**-Bedienfeld ziehen Sie jetzt den **Klarheit**-Regler nach links, bis die Haut entsättigt wirkt. Allerdings wird dabei die gesamte Ebene entsättigt. Aus diesem Grund haben Sie das Ebenenduplikat erzeugt, bevor Sie den Camera-Raw-Filter zugewiesen haben: Klicken Sie auf **OK** und jetzt können Sie dieser Ebene eine Ebenenmaske hinzufügen und den entsättigten Look einfach über die Haut malen. Klicken Sie also auf das Symbol **Ebenenmaske hinzufügen** am unteren Rand des Ebenenbedienfelds (das dritte von links) und drücken Sie **Strg/Befehl+I**, um die Maske zu invertieren und schwarz zu füllen. Ihre entsättigte Ebene wird dadurch hinter einer schwarzen Maske verborgen. Drücken Sie **X**, um die Vordergrundfarbe auf Weiß zu setzen. Aktivieren Sie das **Pinsel**-Werkzeug **(B)** und wählen Sie einen weichen Pinsel aus der Auswahl für Pinselvorgaben in der Optionsleiste. Malen Sie anschließend über die Haut und schon haben Sie Ihren entsättigten Look. Eine andere Möglichkeit für diesen Effekt finden Sie auf der nächsten Seite, auf der wir uns mit einem hochkontrastigen Look für Ihr Bild beschäftigen.

Wie... erzeuge ich einen hochkontrastigen Porträtlook?

Erzeugen Sie Duplikate der Hintergrundebene, indem Sie zweimal **Strg/Befehl+J** drücken. Sie haben jetzt drei Ebenen im Ebenenbedienfeld, die alle identisch aussehen. Klicken Sie auf die mittlere Ebene und drücken Sie **Strg/Befehl+Umschalt–U,** um diese Ebene komplett zu entsättigen und sie schwarzweiß darzustellen. Natürlich können Sie die Schwarzweißversion nur an der Ebenenminiatur erkennen, weil die Ebene von der darüberliegenden Ebene überdeckt wird. Jetzt klicken Sie auf die obere Ebene im Ebenenstapel und ändern oben links im Ebenenbedienfeld den Mischmodus der Ebene von **Normal** in **Weiches Licht,** um den Effekt fertigzustellen. Wenn er nur auf die Haut angewandt werden soll, um eine Variante des Effekts auf der vorigen Seite zu erzeugen, dann drücken Sie zuerst **Strg/Befehl+E,** um die beiden Ebenenduplikate auf eine einzige Ebene zu reduzieren. Halten Sie die **Alt**-Taste gedrückt und klicken Sie auf das Symbol **Ebenenmaske hinzufügen** am unteren Rand des Ebenenbedienfelds (das dritte Symbol von links). Jetzt verschwindet der Effekt hinter einer schwarzen Maske. Aktivieren Sie das **Pinsel**-Werkzeug **(B)**, wählen Sie einen weichen Pinsel aus der Auswahl für Pinselvorgaben in der Optionsleiste und malen Sie in Weiß über die Hautbereiche, um diesen den entsättigten Look zuzuweisen.

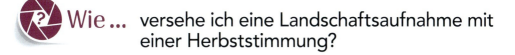

Wie ... versehe ich eine Landschaftsaufnahme mit einer Herbststimmung?

Zuerst öffnen Sie das **Bild**-Menü und wählen **Modus** und **LAB-Farbe**. Dann öffnen Sie das **Bild**-Menü erneut und wählen **Bildberechnungen**. Im nun angezeigten Dialogfeld wählen Sie **b** aus dem **Kanäle**-Pop-up-Menü, dann **Ineinanderkopieren** aus dem Pop-up-Menü **Mischmodus** – dadurch erzeugen Sie den Herbsteffekt. Sie sind aber noch nicht fertig. Sie müssen das Bild wieder in RGB konvertieren. Gehen Sie also ins **Bild**-Menü, wählen Sie **Modus** und **RGB-Farbe**. Okay, das war's.

Wie ... nehme ich eine HDR-Tonung vor?

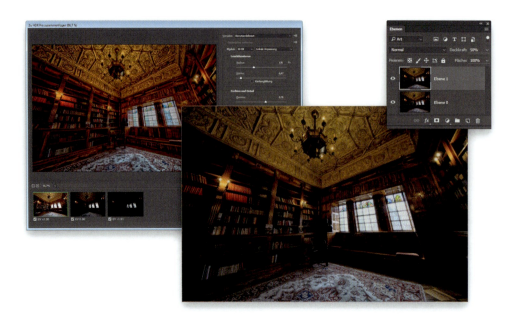

Öffnen Sie das **Datei**-Menü, wählen Sie **Automatisieren** und dann **Zu HDR Pro zusammenfügen**. Klicken Sie auf die Schaltfläche **Durchsuchen** und suchen Sie die Belichtungsreihe, die Sie zu einem einzelnen HDR-Bild zusammenfügen möchten. Klicken Sie auf **Öffnen** und dann auf **OK**. Sie erhalten das Dialogfeld **Zu HDR Pro zusammenfügen** (siehe oben links). Aus dem Pop-up-Menü in der rechten oberen Ecke wählen Sie **Scott5** (das ist eine von mir erzeugte Vorgabe, die Adobe in die Funktion **Zu HDR Pro zusammenfügen** aufnahm; ja, ich war total aufgekratzt, dass sie mich danach fragten). Damit weisen Sie Ihrem Bild einen HDR-Grunge-Effekt zu, der aber noch etwas hart wirkt. Um das auszugleichen, schalten Sie das Kontrollfeld **Kantenglättung** ein. Anschließend klicken Sie auf **OK** und Ihr HDR-Bild wird berechnet. Da dies für die meisten Leute etwas zu viel des Guten ist, werden wir die Intensität ein wenig verringern. Öffnen Sie das Originalbild mit der normalen Belichtung aus Ihrer Belichtungsreihe, drücken Sie **Strg/Befehl+A,** um das gesamte Bild auszuwählen, kopieren Sie es und fügen Sie die normale Belichtung oben in Ihr HDR-Bild ein (es wird auf einer separaten Ebene angezeigt). Klicken Sie ein paar Mal auf das Augensymbol links von der oberen Ebenenminiatur, um diese aus- bzw. einzublenden und um sicherzustellen, dass sie perfekt mit der darunterliegenden Ebene ausgerichtet ist. Wenn die Ausrichtung überhaupt nicht hinkommt, klicken Sie mit gedrückter **Strg/Befehl**-Taste auf die Hintergrundebene, um beide Ebenen auszuwählen, dann öffnen Sie das **Bearbeiten**-Menü und wählen **Ebenen automatisch ausrichten**. Im folgenden Dialogfeld prüfen Sie, ob das Optionsfeld **Auto** aktiviert ist, und klicken Sie auf **OK**, damit Photoshop die Ebenen automatisch ausrichtet. (Noch einmal: Das ist nur notwendig, wenn die Ebenen nicht gleich auf Anhieb perfekt übereinanderliegen.) Der letzte Schritt besteht im Verringern der Deckkraft der oberen Ebene (normalerweise auf etwa 50%), um dem HDR-Grunge-Effekt ein wenig vom ursprünglichen realistischen Look zurückzugeben und ihn dadurch abzurunden.

Wie ... wird mein Foto schwarzweiß?

Wie bei vielen anderen Effekten in diesem Kapitel gibt es auch hier zahlreiche Möglichkeiten, Schwarzweißkonvertierungen vorzunehmen (eine weitere Methode haben wir in Kapitel 6 besprochen). Ich zeige Ihnen also, wie ich vorgehe: Öffnen Sie das **Filter**-Menü und wählen Sie **Camera-Raw-Filter**. Klicken Sie auf das **HSL/Graustufen**-Symbol (das vierte von links) unter dem Histogramm und aktivieren Sie das Kontrollfeld **In Graustufen konvertieren**. Jetzt klicken Sie wieder auf das Symbol **Grundeinstellungen** (das erste von links) unter dem Histogramm – im **Grundeinstellungen**-Bedienfeld erwecken Sie Ihre Schwarzweißkonvertierung erst richtig zum Leben! Für mich hat ein tolles Schwarzweißbild viel Tiefe und viel Kontrast. Ich ziehe also den **Kontrast**-Regler deutlich nach rechts, bevor ich auch den **Klarheit**-Regler etwas nach rechts ziehe, um die Bildstruktur zu verbessern. Natürlich hängt etwa die Anpassung von Belichtung, Weiß und Schwarz ganz vom Bild ab, aber da ich einen sehr hochkontrastigen Look anstrebe, weiß ich, dass ich die meiste Zeit vor allem mit den Reglern **Kontrast** und **Klarheit** beschäftigt bin. Ich achte aber auch auf tiefe und satte Schwarztöne, indem ich den **Schwarz**-Regler entsprechend weit nach links ziehe.

Wie ... erzeuge ich Reflexionen?

Ich zeige diese Reflexion an einem Landschafts- oder Stadtfoto; Sie können sie aber für alles Mögliche von Menschen bis hin zu Produktfotos nutzen. Bei einem Landschaftsfoto würde ich so vorgehen: Aktivieren Sie das **Auswahlrechteck**-Werkzeug **(M)** im Werkzeugbedienfeld und erzeugen Sie eine Auswahl von der Horizontlinie bis zum oberen Bildrand. Drücken Sie jetzt **Strg/Befehl+J**, um den ausgewählten Bereich in eine eigene Ebene zu kopieren. Anschließend aktivieren Sie mit **Strg/Befehl+T** das **Frei-transformieren**-Werkzeug, dann klicken Sie mit der rechten Maustaste an beliebiger Stelle innerhalb des Transformationsrahmens. Aus dem angezeigten Kontextmenü wählen Sie **Vertikal spiegeln,** um das Bild auf dieser Ebene zu spiegeln. Drücken Sie die **Enter**-Taste, um die Änderung zuzuweisen. Wechseln Sie jetzt zum **Verschieben**-Werkzeug **(V),** halten Sie die **Umschalt**-Taste, damit Sie exakt vertikal ziehen können. Ziehen Sie nun die gespiegelte Ebene nach unten, bis ihre Oberkante die Horizontlinie in Ihrem Originalbild berührt und so die Spiegelung erzeugt wird. Das war es schon.

Wie ... erzeuge ich einen Maleffekt?

Es gibt dafür tatsächlich einen Befehl im **Filter**-Menü: Wählen Sie **Stilisierungsfilter** und dann **Ölfarbe**. Sie erhalten das Dialogfeld **Ölfarbe**, aber bevor Sie die Regler ziehen, sollten Sie in Ihr Bild einzoomen, damit Sie den Effekt während der Anpassungen deutlich sehen können. Stellen Sie außerdem sicher, dass Sie im rechten oberen Bereich des Dialogfelds **Ölfarbe** das Kontrollfeld **Vorschau** aktiviert haben. Der Rest ist Kunst! (Hinweis: Wenn der Ölfarbenfilter bei Ihnen ausgegraut ist, öffnen Sie das Menü **Photoshop** (Mac) bzw. **Bearbeiten** (Windows) und wählen Sie **Leistung**. Im Bereich **Grafikprozessor-Einstellungen** klicken Sie auf die Schaltfläche **Erweiterte Einstellungen**. Im angezeigten Dialogfeld aktivieren Sie das Kontrollfeld **OpenCL verwenden**. Wenn diese Option ausgegraut ist, unterstützt Ihre Version von OpenCL diesen Filter nicht.)

Wie ... erstelle ich ein Panorama?

Öffnen Sie das **Datei**-Menü und wählen Sie unter **Automatisieren** den Befehl **Photomerge**. Im nun angezeigten Dialogfeld (siehe oben rechts) klicken Sie auf die Schaltfläche **Durchsuchen** und suchen die Bilder heraus, die Sie zu einem Panorama zusammenfügen möchten. Klicken Sie auf **Öffnen**. Solange die Einzelbilder einander um 20% überlappen, kombiniert Photoshop sie zu einem nahtlosen Panorama. Es ist nun sehr gut möglich, dass auf einer oder mehreren Seiten Ihres Bilds Lücken entstanden sind. Der nächste Schritt besteht also darin, die Lücken mit dem **Freistellungs**-Werkzeug **(C)** wegzuschneiden. Befinden sich diese größtenteils in Bereichen wie dem Himmel oder im Gras am unteren Bildschirmrand, können Sie seit Photoshop CC 2015.5 in der Optionsleiste des **Freistellungs**-Werkzeugs das Kontrollfeld **Inhaltsbasiert** aktivieren. Photoshop füllt die Lücken dann mit Bildmaterial. In vielen Fällen funktioniert das erstaunlich gut. Alternativ schneiden Sie das Bild nicht zu, sondern probieren Folgendes: Aktivieren Sie das Zauberstab-Werkzeug (drücken Sie **Umschalt+W**) und klicken Sie auf eine der Lücken, um diesen Bereich auszuwählen. Jetzt halten Sie die **Umschalt**-Taste gedrückt und klicken in die übrigen Lückenbereiche, bis alle ausgewählt sind (mit gedrückter **Umschalt**-Taste fügen Sie Ihrer Auswahl weitere Auswahlbereiche hinzu). Nun öffnen Sie das **Auswahl**-Menü, wählen **Auswahl verändern** und dann **Erweitern**. Geben Sie 4 Pixel ein und klicken Sie auf **OK** (dadurch funktioniert der nächste Schritt besser). Jetzt öffnen Sie das **Bearbeiten**-Menü und wählen **Fläche füllen**. Im nun angezeigten Dialogfeld wählen Sie aus dem Pop-up-Menü **Inhalt** die Option **Inhaltsbasiert**, klicken Sie auf **OK** und entweder hat der Befehl Wunder gewirkt – die Lücken werden unglaublich realistisch mit Material aus den umliegenden Bereichen gefüllt – oder er erleidet totalen Schiffbruch. Sie müssen ihn dann rückgängig machen, indem Sie **Strg/Befehl+Z** drücken und dann zur zuerst erläuterten Methode zurückkehren. Es lohnt sich auf jeden Fall, es auszuprobieren, denn Sie werden überrascht sein, wie gut dies meist funktioniert. Es hängt jedoch natürlich vom Bild ab.

Wie ... lasse ich Räder aussehen, als würden sie sich drehen?

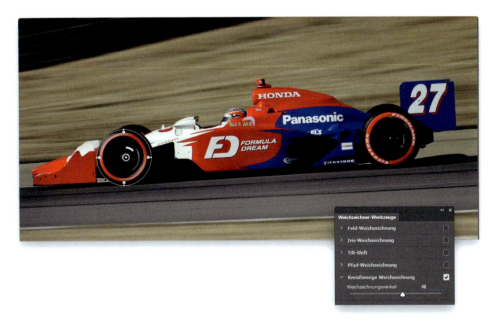

Es gibt dafür einen speziellen Filter. Öffnen Sie das **Filter**-Menü, wählen Sie **Weichzeichner**-Galerie und dann **Kreisförmige Weichzeichnung**. Sie erhalten in der Bildmitte eine Kreisform mit nur einem Anfasser. Mit dem können Sie aber wirklich einiges anfangen. Zuerst stellen Sie sicher, dass die Kreisgröße dem Objekt entspricht, das sich drehen soll, etwa dem Rad eines Rennwagens oder Motorrads. Klicken Sie also auf den Pin in der Mitte des Kreises, um ihn über das Objekt zu ziehen. Anschließend können Sie auf die Kante des Kreises klicken und mit gedrückter Maustaste ziehen, um ihn zu skalieren. Wenn Sie mit der Maus in die Nähe der Anfasser um den Kreis zeigen, wird der Mauszeiger zu einem Doppelpfeil und Sie können ziehen, um den Kreis zu drehen. Sobald Sie damit fertig sind, müssen Sie nur noch den **Weichzeichnungswinkel**-Regler im **Weichzeichner-Werkzeuge**-Bedienfeld auf der rechten Seite des Bildschirms verwenden (alternativ klicken Sie einfach auf den weißen Teil des Rings um den Pin und ziehen), bis das Rad aussieht, als würde es sich in die gewünschte Richtung drehen. Übrigens funktioniert dies besser, als meine Beschreibung vielleicht vermuten lässt.

Wie ... füge ich einen Schlagschatten hinzu?

Soll ein Objekt auf einer Ebene (oder ein Text) einen Schlagschatten werfen, als würde es von der Abendsonne beleuchtet, probieren Sie Folgendes: Nachdem Sie einen **Schlagschatten**-Ebenenstil erzeugt haben (wie es geht, haben Sie auf Seite 122 im Ebenen-Kapitel erfahren), klicken Sie im Dialogfeld **Ebenenstil** auf **OK**, öffnen anschließend das **Ebenen**-Menü, wählen **Ebenenstil** und dann **Ebene erstellen**. Dadurch wird der Schlagschatten von der Ebene gelöst und auf eine eigene Ebene gelegt, so dass Sie ihn separat bearbeiten können. Im Ebenenbedienfeld klicken Sie auf die separate Schlagschatten-Ebene, dann drücken Sie **Strg/Befehl+T**, um das **Frei-transformieren**-Werkzeug zu öffnen. Halten Sie die **Strg/Befehl**-Taste gedrückt und ziehen Sie den mittleren oberen Punkt des Transformationsrahmens nach rechts oder links, je nachdem, wohin der Schatten fallen soll. Um ihn zu verschieben, zeigen Sie mit der Maus in den Rahmen und ziehen ihn an die gewünschte Stelle. Anschließend drücken Sie die **Enter**-Taste, um die Änderung zuzuweisen. Um den oben gezeigten Schlagschatten fertigzustellen, habe ich auf das Symbol **Ebenenstil hinzufügen** am unteren Rand des Ebenenbedienfelds geklickt (das zweite von links), **Mischoptionen** gewählt und die Flächendeckkraft etwa auf 30% verringert.

Wie ... erzeuge ich einen Crossentwicklungseffekt?

Diesen Look, den Sie heute überall bei Modefotos sehen, können Sie ganz einfach mit dem Camera-Raw-Filter nachbauen (Sie brauchen dazu keine Plug-ins). So geht es: Öffnen Sie das gewünschte Bild, dann das **Filter**-Menü. Wählen Sie **Camera-Raw-Filter**. Im folgenden Fenster klicken Sie auf das Symbol **Teiltonung** (das fünfte von links) unter dem Histogramm. Im jetzt angezeigten **Teiltonung**-Bedienfeld wählen Sie als **Lichter**-Farbton 70, als **Lichter-Sättigung** 25, als **Schatten-Farbton** 200 und als **Schatten-Sättigung** 25. Schon fertig! Okay, es gibt eine ganze Reihe Crossentwicklungslooks und dies ist nur einer davon, aber eben der beliebteste. Probieren Sie andere Looks, indem Sie einfach die **Farbton**-Werte für Lichter und Schatten ändern (die **Sättigung**-Werte bleiben unverändert). Hier noch ein paar zum Ausprobieren: Wählen Sie als **Lichter-Farbton** 55, als **Schatten-Farbton** 165. Alternativ setzen Sie den **Lichter-Farbton** auf 70 und den **Schatten-Farbton** auf 220. Noch einer: Setzen Sie den **Lichter-Farbton** auf 80, den **Schatten-Farbton** auf 235, die **Sättigung**-Werte auf 35.

Wie ... versehe ich mein Bild mit einer Struktur?

Zuerst öffnen Sie das Bild, dem Sie den Struktureffekt zuweisen möchten, dann ein Bild mit der gewünschten Struktur. (Ich verwende meist sehr preiswerte Stockfotos von zerknittertem Papier, altem Pergament, rissigem Beton – Sie finden sie tonnenweise zu günstigen Preisen. Die meisten habe ich für einen Dollar pro Stück gekauft. Sie können auch kostenlose Bilder verwenden, die Sie per Online-Suche nach »Creative Commons License + Paper Textures« finden.) Sobald Sie das Gewünschte gefunden haben, drücken Sie **Strg/Befehl+A,** um das ganze Bild auszuwählen, dann kopieren Sie es in Ihr Originalbild (die Struktur wird auf einer Ebene direkt über Ihrem Bild angezeigt). Als letzten Schritt, um diese Struktur perfekt in Ihr Bild zu überblenden, probieren Sie die Ebenen-Mischmodi durch, um herauszufinden, welcher am besten wirkt. Der Trick besteht darin, dass Sie wiederholt **Umschalt++** (Pluszeichen) drücken – jedes Mal wird ein anderer Mischmodus angewandt. In wenigen Sekunden finden Sie normalerweise den perfekten Modus (ich schätze, dass es entweder **Multiplizieren** [siehe oben], **Weiches Licht** oder **Ineinanderkopieren** sein dürfte, aber natürlich nicht immer – es hängt ganz vom Bild ab). Wenn Sie einen Mischmodus gefunden haben, der gut aussieht, die Struktur aber zu intensiv ist, verringern Sie einfach die Deckkraft dieser Ebene (im rechten oberen Bereich des Ebenenbedienfelds), bis Ihnen der Effekt gefällt.

Wie... erzeuge ich einen Zweiton-Look?

Öffnen Sie das Bild, dem Sie den Effekt zuweisen möchten. Dann öffnen Sie das **Filter**-Menü und wählen Sie **Camera-Raw-Filter**. Im nun angezeigten Fenster klicken Sie unter dem Histogramm auf das Symbol **HSL/Graustufen** (das vierte von links) und aktivieren das Kontrollfeld **In Graustufen konvertieren**, um Ihr Bild in Schwarzweiß anzuzeigen. Jetzt klicken Sie unter dem Histogramm auf das Symbol **Teiltonung** (das fünfte von links). Sie müssen hier ein paar Zahlenwerte eingeben, aber nur im **Tiefen**-Bereich am unteren Bedienfeldrand (nicht im oberen **Lichter**-Bereich; den **Abgleich**-Regler brauchen Sie auch nicht – lassen Sie ihn auf null stehen). Ziehen Sie den **Sättigung**-Regler unter **Tiefen** auf 20; Sie sehen, wie Ihr Bild eingefärbt wird. Dann ziehen Sie den **Farbton**-Regler unter **Tiefen** auf die gewünschte Farbe (ich wähle normalerweise einen Wert zwischen 35 und 42, um einen warmen, bräunlichen Ton zu erzielen). Das war es schon! Die größte Hürde ist psychologischer Art – Sie brauchen Disziplin, um die Regler im Bereich **Lichter** und den **Abgleich**-Regler nicht anzurühren. Ziehen Sie einfach die beiden **Tiefen**-Regler und entfernen Sie sich langsam.

Kapitel 11
Wie Sie Ihre Bilder schärfen
Wenn sie nicht scharf sind, sind sie unscharf

Finden Sie nicht auch, dass der Untertitel total bekloppt klingt? »Wenn sie nicht scharf sind, sind sie unscharf« Das scheint selbstverständlich, der Satz ist aber tiefsinniger, als er klingt – denn viele Menschen posten verschwommene Bilder und denken gar nicht daran, sie zu schärfen. Der Grund ist, dass sie nicht wissen, wie das geht, was ein klares Versagen des Schulsystems ist – das aus irgendeinem Grund Akademiker und die universelle Facebook-Abneigung von Kindern einem Schulspeisungssystem unterwirft, das nicht nur korrupt ist, sondern auch die graue Linie zwischen richtig und falsch verwischt, zwischen Abwedeln und Nachbelichten, Simon & Garfunkel und allem, was uns lieb und teuer ist, von der Verwendung stimmloser Konsonanten bis hin zur Angelscheinpflicht. Das Schärfen ist der Mittelpunkt dieses ganzen Konglomerats, ohne den die Welt wie durch eine fremde Brille betrachtet aussieht. Jemand setzt sie auf und sagt im ersten Moment: »Mann, Sie sind ja blind!« Natürlich fühlen Sie sich in der Defensive und sagen: »Ich bin nicht blind. Das ist nur nicht die richtige Stärke für Ihre Augen.« Aber er immer noch: »Ich weiß nicht, Mann. Ich glaube, Sie sollten lieber zum Arzt gehen. Es könnte etwas Venerisches sein.« Und Sie so: »Venerisch?! Sind Sie von Sinnen?« Und er: »Hören Sie zu, ich will mir kein Urteil erlauben, aber wenn jemand ein so schlechtes Sehvermögen hat, kommt das normalerweise von einem unbehandelten ...« Und Sie schneiden ihm das Wort mit diesem Blick ab, der bedeutet: »Das werden wir gleich mit den Fäusten austragen«, und natürlich möchte er auf keinen Fall kämpfen, weil er ganz klar selbst eine Brille braucht und vielleicht Probleme mit der Tiefenwahrnehmung hat. Deshalb sollte es für Sie kein Problem sein, ihm eins auf die Mutze zu geben, und er würde es bis zuletzt nicht kommen sehen und dann wäre es zu spät. Und dann würden Sie beide merken, dass es einfach ein »P-Ding« ist, und würden sich wieder abregen. *Anmerkung:* Warum klingt »P-Ding« hier eigentlich viel unanständiger als im vorigen Kapitel?

Wie ... nehme ich eine Grundschärfung vor?

Für das normale, alltägliche Scharfzeichnen können Sie den Filter **Unscharf maskieren** nehmen. Es gibt natürlich andere und bessere Möglichkeiten, Ihre Bilder zu schärfen, aber aus irgendeinem Grund ist er für viele Profis immer noch die gängige Technik. Gehen Sie ins **Filter**-Menü, wählen Sie **Scharfzeichnungsfilter** und dann **Unscharf maskieren**. Im folgenden Dialogfeld sehen Sie drei Regler: **Stärke** bestimmt die Stärke der Scharfzeichnung, die Ihrem Bild zugewiesen wird. (Entschuldigung, dass ich das erklären musste, aber würde ich es nicht tun, bekäme ich solche E-Mails: »Was macht der **Stärke**-Regler im Filter **Unscharf maskieren**?« Ich flunkere nicht!) Der **Radius**-Regler legt fest, auf wie viele Pixel außerhalb der Kontur die Scharfzeichnung wirken soll, und der Regler **Schwellenwert** bestimmt, wie stark sich ein Pixel von seiner Umgebung unterscheiden muss, damit es als Kantenpixel betrachtet wird. (Hinweis: Je niedriger der Schwellenwert, desto stärker wird die Scharfzeichnung.) Okay, nachdem Sie das nun wissen – wie schärfe ich meine eigenen Bilder? Meine üblichen Scharfzeichnungseinstellungen für die durchschnittlichen Alltagsbilder aus meiner Spiegelreflexkamera sind: Stärke – 120%, Radius – 1,0, Schwellenwert – 3. Ich hoffe, damit können Sie etwas anfangen.

Wie ... nehme ich eine anspruchsvolle Scharfzeichnung vor?

Öffnen Sie das **Filter**-Menü, wählen Sie **Scharfzeichnungsfilter** und **Selektiver Scharfzeichner**. Das ist eine intelligentere Art, Ihr Bild zu schärfen (mit Algorithmen, die viel moderner sind als die des Filters **Unscharf maskieren**; ob Sie es glauben oder nicht – den gab es nämlich schon in der Photoshop-Version 1.0). Mit dem **Selektiven Scharfzeichner** können Sie stärker scharfzeichnen, ohne dass die üblichen Nachteile (wie verstärktes Rauschen, Halos um die Objektkanten oder kleine Flecken oder Artefakte) im fertigen Bild sichtbar werden. Adobe empfiehlt, diesen Filter folgendermaßen anzuwenden: Sehen Sie zuerst nach, ob im Pop-up-Menü **Verringern** die Option **Objektivunschärfe** ausgewählt ist (nur dann wird der neueste Algorithmus angewandt). Anschließend ziehen Sie den Regler **Stärke** auf mindestens 300% und den **Radius**-Regler nach rechts, bis Sie Halos um die Objektkonturen sehen. Sobald das passiert, nehmen Sie den Regler ein klein wenig zurück (bis die Halos verschwinden) – fertig.

Wie ... schärfe ich Bilddetails, etwa Augen?

Aktivieren Sie im Werkzeugbedienfeld das **Scharfzeichner**-Werkzeug (es teilt sich seinen Platz mit dem **Weichzeichner**-Werkzeug). In der Optionsleiste sehen Sie nach, ob das Kontrollfeld **Details beibehalten** eingeschaltet ist (dann wird der neue Algorithmus verwendet – und dieser ist übrigens der beste Scharfzeichnungsalgorithmus in Photoshop überhaupt). Jetzt malen Sie einfach über die Bereiche, die Sie schärfen möchten. Bei Porträts wende ich dieses Werkzeug auf die Iris der Augen an – es wirkt Wunder. Möchten Sie dabei einen Vorher-Nachher-Vergleich sehen, können Sie **Strg/Befehl+J** drücken, um zuerst die Hintergrundebene zu duplizieren, und dann mit dem **Scharfzeichner**-Werkzeug arbeiten. Klicken Sie anschließend auf das Augensymbol links neben der duplizierten Ebene, um sie unsichtbar zu schalten. Jetzt können Sie Ihre Arbeit mit dem Original vergleichen. So vermeiden Sie eine Überschärfung des Bilds.

Wie ... führe ich eine (starke) Hochpass-Schärfung durch?

Möchten Sie ein »megascharfes« Bild, zeige ich Ihnen hier den optimalen Weg – er betont alle Konturen im Bild, wodurch der Eindruck eines wirklich raspelscharfen Bilds entsteht. Duplizieren Sie zunächst mit **Strg/Befehl + J** die Hintergrundebene, dann gehen Sie ins **Filter**-Menü, wählen **Sonstige** und **Hochpass**. Ziehen Sie den **Radius**-Regler ganz nach links (die Ebene wird komplett grau), dann nach rechts, bis langsam die Objektkonturen erscheinen. Je weiter Sie ziehen, desto intensiver wird die Schärfung. Ziehen Sie aber zu weit, erhalten Sie einen starken weißen Schimmer um die Konturen, wovor Sie sich hüten sollten. Ziehen Sie nur so weit, dass die Konturen deutlich erscheinen, dann hören Sie auf. Jetzt ändern Sie im Ebenenbedienfeld die Füllmethode der grauen Ebene von **Normal** in **Hartes Licht**, um den maximalen Effekt zu erzielen. Für eine weniger intensive Schärfung wählen Sie **Ineinanderkopieren**, für noch weniger Schärfung **Weiches Licht**. Das Grau verschwindet, die Konturen treten aber weiterhin hervor, wodurch das gesamte Bild viel schärfer wirkt. Finden Sie die Scharfzeichnung noch zu intensiv, können Sie sie abschwächen, indem Sie die Ebenendeckkraft in der rechten oberen Ecke des Ebenenbedienfelds absenken.

Wie ... schärfe ich RAW-Bilder?

Wenn Sie im RAW-Format fotografieren, ist die kamerainterne Scharfzeichnung abgeschaltet. Deshalb weist Camera Raw standardmäßig eine geringfügige Scharfzeichnung zu, damit Ihre Fotos nicht wie flauschige Häschen aussehen. Klicken Sie in Camera Raw unter dem Histogramm auf das Symbol **Details** (das dritte von rechts). Im **Details**-Bedienfeld ist die Stärke nun standardmäßig auf +25 eingestellt. Bei JPEG- und TIFF-Bildern steht sie hingegen auf null, weil diese Dateiformate bereits in der Kamera selbst geschärft werden. Camera Raw geht deshalb davon aus, dass diese Bilder keine Scharfzeichnung brauchen. Die Überschrift lautet jedoch »Wie schärfe ich RAW-Bilder?«; es geht also darum, wie Sie die fehlende Schärfe von Fotos im RAW-Format wiederherstellen. Meiner Meinung nach sind +25 ein bisschen wenig. Wenn Sie das auch so empfinden, ziehen Sie den Regler etwas weiter nach rechts (mindestens auf +35 oder gar +40), solange das Bild noch im RAW-Format ist (bevor Sie es also in Photoshop öffnen). Es handelt sich sozusagen um eine »Vorschärfung« – und jedes Foto braucht ein wenig Vorschärfung, ob nun ein RAW-Bild in Camera Raw oder ein JPEG- oder TIFF-Bild gleich in der Kamera.

Wie ... schärfe ich nur bestimmte Bildteile?

Es gibt drei Möglichkeiten und eine davon – das **Scharfzeichner**-Werkzeug – habe ich bereits auf Seite 224 besprochen. Am häufigsten verwende ich jedoch die folgende Methode: Drücken Sie zuerst **Strg/Befehl + J**, um die Hintergrundebene zu duplizieren. Dann verwenden Sie Ihre Lieblingsmethode für die Scharfzeichnung. Anschließend halten Sie die **Alt**-Taste gedrückt und klicken auf das Symbol **Ebenenmaske hinzufügen** am unteren Rand des Ebenenbedienfelds (das dritte Symbol von links). Sie erhalten eine schwarze Ebenenmaske über dem geschärften Ebenenduplikat. Nehmen Sie das **Pinsel**-Werkzeug (**B**) im Werkzeugbedienfeld, wählen Sie in der Optionsleiste einen weichen Pinsel, setzen Sie die Vordergrundfarbe auf Weiß und malen Sie über alle Bildbereiche, die geschärft werden sollen (ich habe im obigen Beispielbild über die Augen, Augenbrauen, Lippen, Haare und über den Schmuck gemalt). Sie malen damit quasi Schärfe ins Bild. Eine andere Möglichkeit besteht darin, dass Sie das **Filter**-Menü öffnen und **Camera-Raw-Filter** wählen. In der Symbolleiste am oberen Dialogfeldrand aktivieren Sie das **Korrekturpinsel**-Werkzeug (**K**) – es handelt sich um das dritte Symbol von links. Im Korrekturpinselbedienfeld zur Rechten klicken Sie zweimal auf das Plus-Symbol rechts vom **Bildschärfe**-Regler. Jetzt steht der **Bildschärfe**-Regler auf +50, alle anderen Regler sind auf null gesetzt. Malen Sie nun einfach über die Bereiche, die Sie schärfen möchten. Anschließend können Sie diese Schärfe mithilfe des **Bildschärfe**-Reglers erhöhen oder verringern.

Wie ... schärfe ich in Camera Raw?

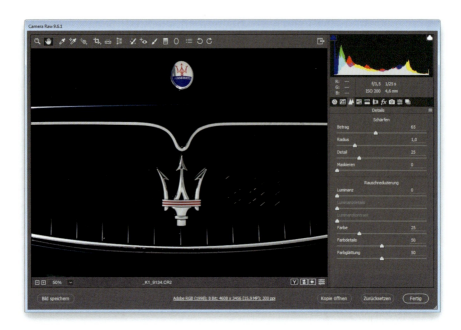

Möchten Sie Ihr Bild komplett in Camera Raw schärfen (weil Sie Photoshop überhaupt nicht verwenden wollen, Ihr Foto in Camera Raw bearbeiten und es dort direkt über die Schaltfläche **Bild speichern** als JPEG-Datei ausgeben möchten), gehen Sie folgendermaßen vor: Zuerst klicken Sie unter dem Histogramm auf das Symbol **Details** (das dritte von links). Sie erhalten im oberen Bereich des rechten Bedienfelds die Einstellungen zum Scharfzeichnen. (Hinweis: Ich empfehle, auf mindestens 50% oder sogar 100% einzuzoomen, damit Sie sehen, was bei der Scharfzeichnung passiert, und damit Sie Ihr Bild nicht versehentlich überschärfen.) Der **Betrag**-Regler ist für die Stärke der Scharfzeichnung verantwortlich. Der **Radius**-Regler legt fest, wie viele Pixel auf beiden Seiten der Bildkonturen von der Scharfzeichnung erfasst werden. Ich persönlich lasse den Regler auf 1 stehen. Wenn ich eine stärkere Scharfzeichnung brauche, gehe ich auf 1,2 oder 1,3, aber das kommt nur selten vor. Mit dem **Detail**-Regler können Sie Halos vorbeugen – Sie können also stärker scharfzeichnen, ohne dass es zu Halos um Objektkonturen kommt. Meist belasse ich es bei der Grundeinstellung 25. Mit dem **Maskieren**-Regler bestimmen Sie, welchen Bereichen die Scharfzeichnung zugewiesen wird. Er eignet sich bestens für Porträts von Frauen oder Kindern, bei denen Sie die Detailbereiche schärfen möchten, aber nicht die Haut (ich habe mich damit in Kapitel 3 beschäftigt; blättern Sie also zurück, wenn Sie mehr über diesen Regler erfahren möchten).

Wie ... bearbeite ich verwackelte Bilder?

Öffnen Sie ein unscharfes Bild, das Sie bei schlechtem Licht fotografiert und bei dem Sie die Kamera nicht ruhig gehalten haben (ja, so etwas soll vorkommen). Dann öffnen Sie das **Filter**-Menü, wählen **Scharfzeichnen** und **Verwacklung reduzieren**. (Hinweis: Dieser Filter funktioniert nicht, wenn Ihr Bild deshalb verwackelt ist, weil sich das Motiv bewegt hat, während Sie bei schlechtem Licht fotografiert haben.) Im folgenden Dialogfeld wird Ihr Bild zunächst automatisch von der Mitte (dort ist die Verwacklung am stärksten) nach außen analysiert. Am unteren Rand der kleinen Detaillupe auf der rechten Seite sehen Sie einen Fortschrittsbalken. Sobald dieser abgeschlossen ist, sehen Sie die Verwacklungskorrektur – und entweder hat die ziemlich gut funktioniert (das Bild ist nicht raspelscharf, aber sichtbar besser) oder Sie haben das Gefühl, es habe sich kaum etwas verändert. Wenn Sie das Ergebnis »fast gut« finden, dann versuchen Sie es mit dem Regler **Verwacklungsspur-Limit** in der rechten oberen Ecke oder drücken Sie die **Q**-Taste, damit die Detaillupe über Ihrem Bild schwebt. Diese können Sie nun an beliebiger Stelle neu positionieren, bevor Sie auf den runden Button in der linken unteren Ecke klicken, um den Bereich direkt unter der Lupe analysieren zu lassen. Als Letztes können Sie noch probieren, den Bereich **Erweitert** auszuklappen und die **Verwacklungsspurschätzung** einzusetzen: Hier ziehen Sie Bereiche auf, die Sie analysiert haben möchten (siehe oben). In den meisten Fällen öffne ich einfach den Filter, lasse ihn arbeiten und wenn das Ergebnis gut aussieht, bin ich glücklich. Wenn nicht, verschiebe ich die Lupe, bis ich entweder bessere Ergebnisse erhalte, oder ich pfeife ganz auf den Filter, weil er eben nicht immer funktioniert (hey, nun wissen Sie das wenigstens, stimmt's?).

Kapitel 12

Was Sie sonst noch wissen wollen

Und alles andere? Das finden Sie in diesem Kapitel

In jedem Buch muss es ein Sammelsurium-Kapitel geben. Ein Ort, um alles, was in kein anderes Kapitel passt, zu sammeln. Einige Dinge würden vielleicht tatsächlich in ein anderes Kapitel gehören, aber der Autor war möglicherweise zu faul, die Technik dort zu beschreiben, wo sie hingehört. Schließlich ist er endlich beim letzten Kapitel angekommen und es ist sehr anstrengend, Bücher zu schreiben. Es bedeutet viele einsame Stunden, nur Sie und Ihr Freund Jim Beam in einem schwach beleuchteten und schlecht belüfteten Raum mit nackten Betonwänden, wo Ihr Verlag (um seine Identität zu schützen, nennen wir ihn »dpunkt«) Sie einsperrt, bis Sie fertig sind. Oh, sicher, Sie bekommen täglich eine Stunde »Hofgang«, damit Sie etwas Tageslicht sehen und vielleicht etwas Sport treiben oder vielleicht versuchen, eine kleine Klinge aus dem Stück Seife zu fertigen, das sie Ihnen gegeben haben, klein genug, dass sie unter Ihren Gürtel passt, sodass die Wächter sie nicht finden, wenn Sie zurück in die »Bibliothek« gehen, wo Sie Ihre Arbeit für »Den Mann« erledigen. Übrigens bestehen sie darauf, dass ich sie so nenne – selbst während der Vertragsverhandlungen, besonders wenn ich mit Leuten in der Außenwelt spreche (Autoren, die ihre Bücher pünktlich abgegeben haben). Wenn sie mich nach meinem Befinden erkundigen, sage ich etwa: »Ich arbeite immer noch für Den Mann« oder »Der Mann beobachtet mich ständig« oder »Warum geht mir ständig die Seife aus?« und solche Dinge. Aber wissen Sie, es ist alles gut, wie es ist, denn wenn Sie zum letzten Kapitel kommen, möchte selbst »Der Mann«, dass Sie fertig werden, und sagt Dinge wie: »Der Mann möchte, dass Sie fertig werden.« Ich weiß nicht, wie es Ihnen geht – aber wenn man solche Worte hört – Worte, die eindeutig von Herzen kommen – dann macht das für mich alles wieder wett (und ich schäme mich, dass ich am Besuchstag letzten Monat einen Lektor mit meiner Klinge angegriffen habe; das hat mich zwei Päckchen Zigaretten gekostet).

Wie ... behebe ich Photoshop-Probleme?

Wenn Sie das Gefühl haben, dass Photoshop sich nicht korrekt verhält oder etwas einfach nicht so funktioniert, wie es sollte, ist möglicherweise Ihre Photoshop-Voreinstellungendatei defekt. Das braucht Ihnen nicht peinlich zu sein, Sie können nichts dafür. Es ist nämlich ein ziemlich häufiges Problem und glücklicherweise können Sie etwa 99 Prozent der daraus resultierenden Probleme beheben, indem Sie die Voreinstellungen ersetzen. So geht es: Schließen Sie Photoshop. Anschließend halten Sie die Tastenkombination **Strg/Befehl+Alt+Umschalt** gedrückt und starten Sie Photoshop neu. Halten Sie die Tasten weiter gedrückt, während Photoshop neu gestartet wird. Auf dem Bildschirm erscheint ein Meldungsfenster, das Sie fragt, ob Sie die Datei mit den Photoshop-Einstellungen löschen möchten. Klicken Sie auf **Ja** und Photoshop erzeugt eine brandneue, fabrikfrische Voreinstellungendatei, die normalerweise alle Ihre Photoshop-Probleme löst. Wenn das aus irgendeinem Grund nicht funktioniert, ist der nächste Schritt (und ich sage es gar nicht gerne) die Deinstallation und dann Neuinstallation von Photoshop. Glücklicherweise geht das mit der Creative Cloud ziemlich einfach. Führen Sie einfach die Anwendung **Adobe Photoshop CC deinstallieren** aus, die mit Photoshop CC mitinstalliert wurde. Dadurch wird die alte Kopie gelöscht. Anschließend öffnen Sie die Creative-Cloud-Anwendung, installieren Photoshop neu und sehr wahrscheinlich ist das Problem damit Geschichte.

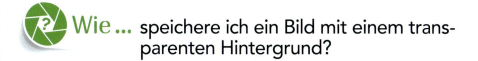

Wie ... speichere ich ein Bild mit einem transparenten Hintergrund?

Wenn Sie ein Bild mit einem transparenten Hintergrund speichern möchten (vielleicht Ihr Firmenlogo oder eine Grafik), verwenden Sie den folgenden Trick: Fügen Sie das Bild für sich alleine auf einer transparenten Ebene ein und löschen Sie dann die Hintergrundebene, indem Sie sie auf das Papierkorbsymbol am unteren Rand des Ebenenbedienfelds ziehen. Nachdem Sie die Hintergrundebene gelöscht haben, speichern Sie diese Datei im PNG-(»ping«-)Format. Dieser spezielle Dateityp unterstützt Transparenzen. Sie gehen dazu in das **Datei**-Menü von Photoshop und wählen **Speichern unter**. Wählen Sie aus dem Pop-up-Menü **Dateityp** am unteren Rand des gleichnamigen Dialogfelds die Option **PNG**. Fertig – Sie können diese Datei mit ihrem transparenten Hintergrund jetzt in anderen Programmen öffnen oder auch im Web veröffentlichen. Noch etwas: Damit die geschilderte Vorgehensweise funktioniert, muss sich Ihr Bild bereits auf einer Ebene mit einem transparenten Hintergrund befinden. Wenn Sie Ihr Logo in Photoshop öffnen und es einen einfarbigen Hintergrund hat, müssen Sie diesen zuerst löschen. Die einfachste Möglichkeit ist hier wahrscheinlich, das Schlosssymbol der Hintergrundebene auf das Papierkorbsymbol am unteren Bedienfeldrand zu ziehen, dann das **Zauberstab**-Werkzeug **(Umschalt+W)** zu aktivieren und damit einmal in den Hintergrundbereich um das Logo zu klicken, um es auszuwählen. Dann drücken Sie die **Entf**-Taste, um den Hintergrundbereich zu löschen. Müssen Sie mehrere Bereiche auswählen, halten Sie die **Umschalt**-Taste gedrückt und klicken dann auf die Bereiche, um sie Ihrer Auswahl hinzuzufügen. Wenn schließlich das Zauberstab-Werkzeug nicht funktioniert (hey, das kommt vor), heben Sie die Auswahl auf, indem Sie **Strg/Befehl+D** drücken. Wechseln Sie dann zum **Schnellauswahl**-Werkzeug (es teilt sich seinen Platz im Werkzeugbedienfeld mit dem **Zauberstab**-Werkzeug) und malen Sie über den Hintergrundbereich, um ihn auszuwählen. Anschließend drücken Sie die **Entf**-Taste.

Wie... automatisiere ich langweilige, sich wiederholende Aufgaben?

Öffnen Sie das **Fenster**-Menü und wählen Sie **Aktionen**, um das **Aktionen**-Bedienfeld zu öffnen. Das ist Photoshops eingebautes Tonbandgerät, mit dem Sie langweilige Routineaufgaben aufzeichnen können. Photoshop kann sie anschließend im Turbotempo für Sie abspielen. Um eine neue Aufzeichnung (oder Aktion, wie man in Photoshop sagt) zu erstellen, klicken Sie auf das Symbol **Neue Aktion erstellen** am unteren Rand des **Aktionen**-Bedienfelds (es sieht genauso aus wie das Symbol **Neue Ebene erstellen** im Ebenenbedienfeld). Im Dialogfeld **Neue Aktion** geben Sie Ihrer Aktion einen Namen, dann weisen Sie eine Funktionstaste (eine der F-Tasten auf Ihrer Tastatur) zu, damit Sie die Routineaufgabe jedes Mal mit dieser Taste abrufen können. Sie werden feststellen, dass dieser Dialog keine OK-Schaltfläche, sondern eine Aufzeichnen-Schaltfläche hat. Sobald Sie darauf klicken, wird die Aufzeichnung gestartet und alles, was Sie nun in Photoshop tun, minutiös aufgezeichnet. Anschließend klicken Sie auf das Symbol **Aufzeichnung beenden** am unteren Rand des **Aktionen**-Bedienfelds (es sieht aus wie ein Quadrat). Am besten testen Sie die Aktion jetzt, um sicherzustellen, dass sie korrekt aufgezeichnet wurde. Klicken Sie dazu auf das Symbol **Auswahl ausführen** am unteren Bedienfeldrand (es sieht wie ein normaler Abspielbutton aus). Sie sollten sich im Klaren darüber sein, dass das **Aktionen**-Bedienfeld nicht jeden Schritt aufzeichnen kann, der in Photoshop möglich ist. Beispielsweise können Sie keine mit dem **Pinsel**-Werkzeug gemalten Pinselstriche aufzeichnen. Deshalb eignet es sich nicht für das Erzeugen von Grafiken – es ist für die Automatisierung langweiliger Routineaufgaben gedacht, die Sie im Alltag immer wieder erledigen müssen. Übrigens enthält Photoshop ein paar vorinstallierte Aktionen, auf die Sie über das Flyout-Menü des **Aktionen**-Bedienfelds zugreifen können. Wenn Sie auf das kleine Symbol in der rechten oberen Ecke klicken, erhalten Sie im unteren Bereich des Menüs eine Liste der Aktionen, die Sie laden können (siehe oben rechts).

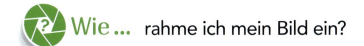

Wie ... rahme ich mein Bild ein?

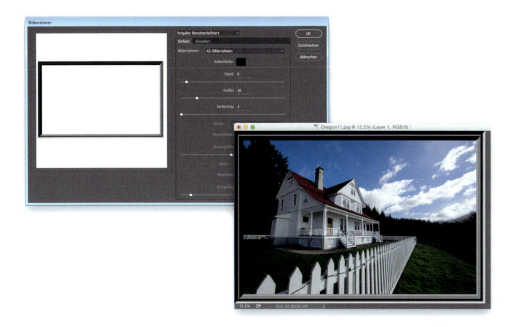

Erzeugen Sie zuerst eine neue, leere Ebene, indem Sie auf das Symbol **Neue Ebene erstellen** am unteren Rand des Ebenenbedienfelds klicken (es ist das zweite von rechts). Nun öffnen Sie das **Filter**-Menü, wählen **Render-Filter** und dann **Bilderrahmen**. Das Dialogfeld **Bilderrahmen** wird geöffnet. Zugegeben – der von Adobe ausgewählte Standardrahmen ist ziemlich langweilig, aber glücklicherweise sind Sie nicht darauf beschränkt. Im Pop-up-Menü **Bilderrahmen** im rechten oberen Bereich sehen Sie eine ganze Liste mit integrierten Rahmen, von traditionellen Rahmen (wie #42: **Bilderrahmen**; siehe oben) bis hin zu ein paar eher verrückten Grafikrahmen (etwa #31: **Zen-Garten**). Je nach gewähltem Rahmen gibt es entweder sehr viele oder nur ein paar Einstellmöglichkeiten. Diese werden direkt unter dem Pop-up-Menü **Bilderrahmen** angezeigt und können verwendet werden, um das Aussehen des Rahmens anzupassen – vom Abstand bis zur Farbe können Sie alles Mögliche einstellen. Ich sage nur ungern »Hey, verschieben Sie einfach die Regler und sehen Sie, was passiert«, aber weil es über 40 Rahmen gibt und jeder ganz unterschiedlich ist, bleibt mir gar nichts anderes übrig. Sobald der Rahmen Ihren Vorstellungen entspricht, klicken Sie auf **OK** und der Rahmen wird auf Ihrer leeren Ebene erzeugt. Um ihn an die Bildgröße anzupassen, aktivieren Sie mit **Strg/Befehl+T** das **Frei-transformieren**-Werkzeug. Halten Sie die **Umschalt**-Taste gedrückt, falls Sie proportional skalieren möchten, klicken Sie auf einen oberen, Eck- oder seitlichen Anfasser und ziehen Sie in die entsprechende Richtung, um den Rahmen an Ihr Bild anzupassen. Anschließend drücken Sie einfach **Enter**, um die Transformation zuzuweisen.

Wie ... ziehe ich einen geraden Pinselstrich?

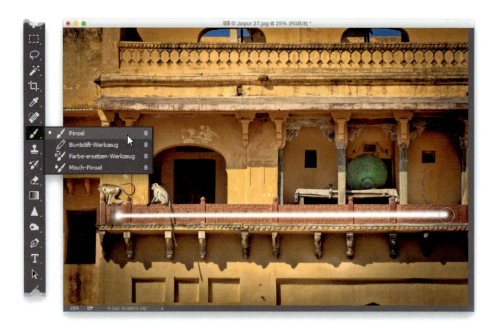

Aktivieren Sie das **Pinsel**-Werkzeug **(B)**, klicken Sie dorthin, wo die gerade Linie beginnen soll, klicken Sie dann mit gedrückter **Umschalt**-Taste an den Endpunkt und Photoshop zieht automatisch eine gerade Linie zwischen diesen beiden Punkten (siehe oben).

Wie ... lege ich meinen Farbraum fest?

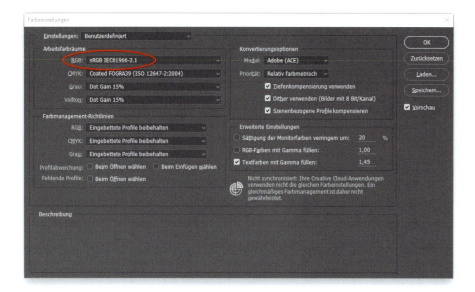

Um den in Photoshop verwendeten Farbraum zu ändern, öffnen Sie das **Bearbeiten**-Menü und wählen **Farbeinstellungen**. Im Bereich **Arbeitsfarbräume** im oberen Dialogfeldbereich suchen Sie sich den gewünschten Farbraum aus dem Pop-up-Menü **RGB** aus. Arbeiten Sie ausschließlich mit Lightroom, könnten Sie Ihren Farbraum im Allgemeinen auf **ProPhoto RGB** setzen, sodass er dem nativen Farbraum von Lightroom entspricht. Arbeiten Sie nicht mit Lightroom und drucken Sie größtenteils aus Photoshop, sollten Sie **Adobe RGB (1998)** als Farbraum wählen. Sind Ihre Bilder schließlich für das Web gedacht, dann sollten Sie in einem Farbraum für Webbrowser arbeiten, und zwar in **sRGB**. Dies sind nur allgemeine Richtlinien, aber vielleicht haben Sie ja gerade danach gesucht – hier sind sie.

Wie... mache ich mehr als einen Schritt rückgängig?

Um mehr als einen Schritt rückgängig zu machen (einen einzelnen Schritt widerrufen Sie mit der Tastenkombination **Strg/Befehl+Z**), drücken Sie **Strg/Befehl+Alt+Z**. Jedes Mal, wenn Sie diese Taste drücken, widerruft Photoshop einen Arbeitsschritt, bis Sie bei einem Maximum von 50 Rückgängig-Schritten angekommen sind. Im Grunde genommen durchlaufen Sie das Protokoll, das alle Ihre Schritte aufzeichnet, in umgekehrter Richtung. Eine Auflistung der standardmäßig 50 letzten Schritte sehen Sie, wenn Sie das **Fenster**-Menü öffnen und **Protokoll** wählen. Sie können die Anzahl der aufgezeichneten Schritte erhöhen oder verringern, indem Sie das Menü **Photoshop** (Mac) bzw. **Bearbeiten** (Windows) öffnen, **Voreinstellungen** und dann **Leistung** wählen und die Anzahl der Protokollobjekte ändern. Um zu einem Protokollschritt zurückzukehren, klicken Sie ihn im Bedienfeld an.

KAPITEL 12 ■ WAS SIE SONST NOCH WISSEN WOLLEN

 Wie ... finde ich in Bridge schnell ein Bild oder benenne ich Bilder um?

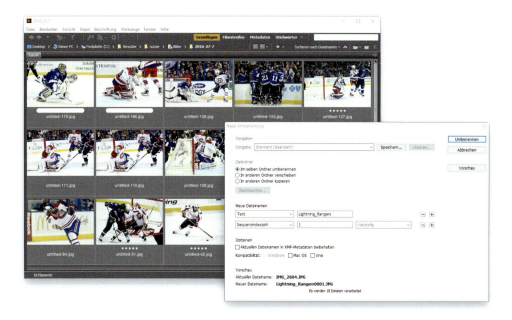

Seit ich alle Bilder in Lightroom verwalte, ist Adobe Bridge für mich nur noch ein schneller Dateibrowser, mit dem ich rasch ein oder zwei Bilder aus einem Ordner voller Bilder heraussuche. Ziehen Sie einfach einen Ordner mit Bildern auf das Bridge-Symbol auf Ihrem Desktop, um die Miniaturen aller Bilder in diesem Ordner anzuzeigen. Wenn Sie die Größe der Miniaturen ändern möchten, ziehen Sie den Regler in der unteren rechten Fensterecke nach links/rechts. Für eine Vollbildansicht einer Miniatur klicken Sie diese an und drücken die **Leertaste**. Um zu den Miniaturen zurückzukehren, drücken Sie die **Leertaste** erneut. Möchten Sie eines der Bilder in Camera Raw öffnen, klicken Sie auf die gewünschte Miniatur und drücken Sie **Strg/Befehl+R**. Um eines der Bilder direkt in Photoshop zu öffnen, doppelklicken Sie auf die entsprechende Miniatur. Zum Umbenennen Ihrer Bilder wählen Sie zuerst alle gewünschten Fotos mit gedrückter **Strg/Befehl**-Taste aus (aufeinanderfolgende Bilder können Sie auch mit gedrückter **Umschalt**-Taste anklicken; und wenn Sie alle Bilder im Ordner umbenennen möchten, wählen Sie sie alle mit **Strg/Befehl+A**). Dann öffnen Sie das Menü **Werkzeuge** und wählen **Stapelumbenennung**. Im folgenden Dialogfeld wählen Sie im Bereich **Neue Dateinamen** den neuen Namen, den Sie Ihren Dateien geben möchten. Mit dem Plus-Symbol und dem Minus-Symbol rechts von dem Dateinamen fügen Sie Felder hinzu bzw. entfernen sie. Beispielsweise können Sie **Sequenzindexzahl** aus dem Pop-up-Menü wählen, damit Ihre Bilder automatisch nummeriert werden (siehe unteres Bild). Möchten Sie sehen, wie die Dateinamen nach der Änderung erscheinen, klicken Sie auf die Schaltfläche **Vorschau** im rechten oberen Bereich (oder sehen Sie sich einfach den Vorschaubereich an).

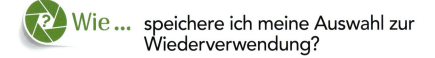

Wie ... speichere ich meine Auswahl zur Wiederverwendung?

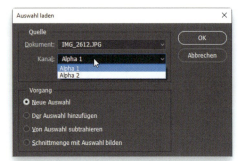

Damit Sie eine komplexe oder schwierige Auswahl nicht noch einmal erzeugen müssen, wenn Sie sie später erneut benötigen, sollten Sie sie vielleicht speichern. Sobald Sie die Auswahl erzeugt haben, öffnen Sie das **Auswahl**-Menü und wählen **Auswahl speichern**. Im folgenden Dialogfeld können Sie Ihre Auswahl bei Bedarf benennen (siehe oben links). Anderenfalls erhält sie standardmäßig den Namen Alpha 1 (die nächsten gespeicherten Auswahlen würden Alpha 2, Alpha 3 usw. benannt). Nachdem Sie die Auswahl gespeichert haben, können Sie sie sorgenfrei aufheben und beliebige Bearbeitungen an Ihrem Bild vornehmen, weil Sie die Auswahl bei Bedarf stets wieder laden können. Dazu öffnen Sie das **Auswahl**-Menü und wählen **Auswahl laden**. Im gleichnamigen Dialogfeld (siehe oben rechts) wählen Sie die gespeicherte Auswahl (Alpha 1, Alpha 2 usw.) aus dem Pop-up-Menü **Kanal**, klicken auf **OK** und die Auswahl wird wiederhergestellt. Wenn Sie Ihre Datei übrigens als PSD-Datei (also im nativen Photoshop-Format) speichern, wird die Auswahl mit der Datei gespeichert, sodass Sie sie zu einem späteren Zeitpunkt wiederverwenden können. In einer JPEG-Datei können hingegen keine Auswahlen gespeichert werden.

Wie ... speichere ich Bilder in mehreren Größen und Formaten?

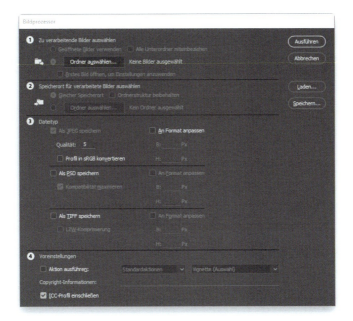

Es gibt eine ziemlich fantastische Funktion in Photoshop, mit der Sie einen Ordner voller Bilder öffnen und diese in verschiedenen Dateiformaten oder -größen speichern können. Öffnen Sie das **Datei**-Menü und wählen Sie unter **Skripten** den Befehl **Bildprozessor**. Im Dialogfeld **Bildprozessor** sollten Sie als Erstes im Bereich 1 festlegen, wo sich der Ordner mit den Bildern, die Sie verarbeiten möchten, befindet. Klicken Sie dazu auf die Schaltfläche **Ordner auswählen**. Als Nächstes bestimmen Sie in Bereich 2, wo die Bilder in den neuen Formaten oder Größen gespeichert werden sollen (mit anderen Worten: in welchem Ordner gespeichert werden soll, wenn der Bildprozessor mit der Arbeit fertig ist). In Bereich 3 wählen Sie, in welchen Dateiformaten und -größen diese Bilder gespeichert werden sollen. Sie können sie als JPEGs, PSDs, TIFFs oder sogar in allen drei Formaten speichern (dann erhalten Sie im ausgewählten Ordner drei Kopien jedes Bilds). Im letzten Bereich (4) lassen sich Copyright-Informationen in die Bilder einbetten und wenn Sie eine Aktion erzeugt haben, können Sie diese hier auf die Bilder anwenden. Haben Sie beispielsweise eine Aktion für ein Wasserzeichen erstellt, könnten Sie sie automatisch bei der Verarbeitung auf die Bilder anwenden – schalten Sie einfach das Kontrollfeld **Aktion ausführen** ein und wählen Sie die Aktion aus den Pop-up-Menüs im rechten Bereich. Wenn Sie alles eingestellt haben, klicken Sie auf die Schaltfläche **Ausführen** und die Verarbeitung beginnt – das geht ziemlich schnell. Sobald der Bildprozessor fertig ist, finden Sie einen Unterordner im ausgewählten Hauptordner, wobei die Bilder in den verschiedenen Formaten ordentlich in die entsprechenden Ordner einsortiert sind (hey, wenigstens werden sie nicht alle einfach in einen einzigen großen Ordner geworfen!).

Wie ... erstelle ich einen Kontaktabzug?

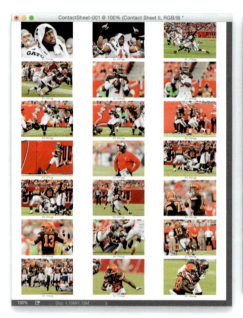

Öffnen Sie das **Datei**-Menü, wählen Sie **Automatisieren** und dann **Kontaktabzug II**. Das Dialogfeld **Kontaktabzug II** wird geöffnet. Hier können Sie nun festlegen, wie Ihr Kontaktabzug aussehen soll. Im Bereich **Quellbilder** im oberen Bereich wählen Sie aus dem Pop-up-Menü **Verwenden**, ob Sie einen Bilderordner öffnen, bereits in Photoshop geöffnete Bilder oder Fotos aus Adobe Bridge verwenden möchten. Im Bereich **Dokument** wählen Sie die Größe Ihres Kontaktabzugs (dieser Bereich ähnelt dem Dialogfeld **Neues Dokument**) und im Bereich **Miniaturen** legen Sie schließlich fest, wie viele Zeilen und Spalten Sie möchten. Damit Ihre Miniaturen automatisch ausgerichtet werden, schalten Sie das Kontrollfeld **Automatischer Zeilenabstand** ein (alternativ legen Sie in den darunterliegenden Feldern selbst fest, wie Ihre Miniaturen ausgerichtet werden sollen). Möchten Sie Dateinamen als Beschriftungen verwenden, schalten Sie ganz unten im Dialogfeld das Kontrollfeld **Schriftart aktivieren** ein. Hier können Sie auch Schriftgröße und -art auswählen. Wenn Sie alles eingerichtet haben, klicken Sie auf die Schaltfläche **OK** und Ihr Kontaktabzug wird automatisch erstellt.

Wie... reduziere ich die Intensität einer Bearbeitung?

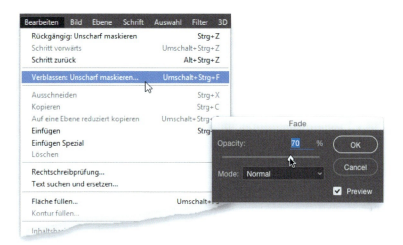

Wenn Sie einen Filter wie den **Gaußschen Weichzeichner** oder **Unscharf maskieren** angewandt oder auch eine Einstellung wie eine Tonwertkorrektur oder Gradationskurven vorgenommen haben und Ihre Bearbeitungen nun zu stark finden, können Sie sie über die Funktion **Verblassen** abschwächen. Sie können sich diese Funktion wie eine Art Rückgängig-Regler vorstellen. Verwenden Sie sie direkt, nachdem Sie einen Filter oder eine Einstellung angewandt haben: Öffnen Sie das **Bearbeiten**-Menü und wählen Sie **Verblassen**. Direkt nach dem Wort **Verblassen** steht im Menü die Bezeichnung der gerade vorgenommenen Bearbeitung. Wenn Sie also eine Unscharfmaskierung vorgenommen haben, lesen Sie hier **Verblassen: Unscharf maskieren** (siehe Abbildung oben links). Ziehen Sie den Deckkraft-Regler im nun angezeigten Dialogfeld **Verblassen** nach links, um die Intensität des gerade zugewiesenen Filters bzw. der gerade zugewiesenen Einstellung zu verringern. Hinweis: Die **Verblassen**-Funktion funktioniert nur direkt nach dem Zuweisen eines Filters oder einer Einstellung. Wenn Sie die Funktion also anwenden möchten, müssen Sie das sofort tun. Wenn Sie nämlich nur eine einzige weitere Aktion anwenden – irgendwohin klicken o. Ä. – verschwindet die **Verblassen**-Funktion und erscheint ausgegraut.

Wie ... konvertiere ich mein Bild für den Offsetdruck in CMYK?

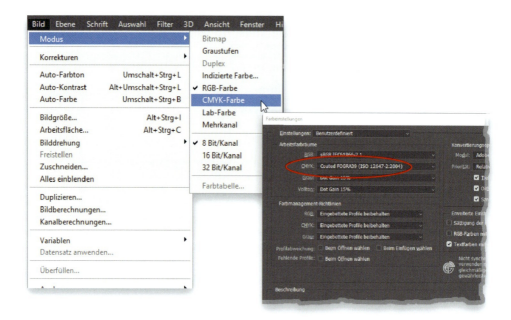

Wenn Ihr Bild auf einer Bogen- oder Rollenoffsetdruckmaschine ausgegeben werden soll, müssen Sie es eventuell zuerst in CMYK konvertieren. Photoshop kann das für Sie erledigen; aber vorher sollten Sie sich mit der Druckerei in Verbindung setzen und nach den exakten CMYK-Konvertierungseinstellungen fragen. Man stellt Ihnen eventuell sogar eine Einstellungsdatei zum Download zur Verfügung, die Sie in Photoshop laden können, um dann die Konvertierung exakt nach den Druckereivorgaben vorzunehmen. Das wäre also Schritt 1: Kontaktieren Sie das Unternehmen, bei dem Ihr Bild gedruckt werden soll, und fragen Sie sie nach den passenden CMYK-Konvertierungsvorgaben. Anschließend konvertieren Sie Ihr RGB-Bild in CMYK. Das ist recht einfach: Öffnen Sie einfach das **Bild**-Menü, wählen Sie **Modus** und dann **CMYK-Farbe**. Ein kleiner Dialog teilt Ihnen mit, welches Farbprofil für die CMYK-Konvertierung verwendet wird. Möchten Sie Ihr eigenes CMYK-Farbprofil wählen oder die Informationen der Druckerei eingeben, öffnen Sie das **Bearbeiten**-Menü und wählen **Farbeinstellungen**. Im Bereich **Arbeitsfarbräume** im Pop-up-Menü **CMYK** (siehe oben rechts) sehen Sie eine Liste mit gängigen Konvertierungseinstellungen. Ganz oben steht **CMYK-Einstellungen laden** – das wählen Sie, wenn Sie ein CMYK-Konvertierungsprofil aus der Druckerei haben. Noch etwas: Das geschilderte Verfahren ist nur notwendig, wenn Ihr Bild auf einer Offsetdruckmaschine gedruckt wird – nicht, wenn Sie in einem normalen Fotolabor einen Abzug von dem Bild herstellen lassen wollen.

Wie... öffne ich mein RAW-Bild im 16-Bit-Modus?

Wenn Sie ein RAW-Bild aus Camera Raw in Photoshop öffnen, können Sie es entweder im Standard-8-Bit-Modus (das ist der gute alte Modus für die Bildbearbeitung in Photoshop) oder im umfangreicheren 16-Bit-Farbmodus öffnen. Ohne auf alle Vor- und Nachteile einzugehen (und ja – es gibt sowohl Vor- und Nachteile, die im Internet endlos diskutiert werden), zeige ich Ihnen hier, wie es geht: In Camera Raw sehen Sie in der unteren Fenstermitte eine Reihe von Bildspezifikationen, die wie ein unterstrichener Weblink aussehen (oben eingekreist). Klicken Sie auf diesen Link, erhalten Sie das Dialogfeld **Arbeitsablauf-Optionen**. Hier legen Sie fest, wie Ihre Bilder in Photoshop geöffnet werden sollen. Im rechten oberen Bereich sehen Sie ein Pop-up-Menü für die Bittiefe. Wählen Sie **16-Bit/Kanal**, klicken Sie auf **OK** und nun öffnet Photoshop Ihr RAW-Bild im 16-Bit-Modus. (Hinweis: JPEGs werden im 8-Bit-Modus aufgenommen. Sie erhielten hierbei mit dem 16-Bit-Modus lediglich eine größere Datei, sonst keine Vorteile. Deshalb rate ich davon ab.) Sobald Sie mit der Bearbeitung Ihres Bilds in Photoshop fertig sind und wieder in den 8-Bit-Modus zurückkehren möchten, öffnen Sie einfach das Menü **Bild** und wählen unter Modus den Befehl **8-Bit/Kanal**.

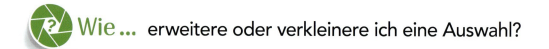

Wie ... erweitere oder verkleinere ich eine Auswahl?

Sobald Sie Ihre Auswahl fertiggestellt haben und sie vergrößern oder verkleinern möchten, öffnen Sie das **Auswahl**-Menü, wählen **Auswahl verändern** und dann **Erweitern** oder **Verkleinern**. Legen Sie fest, um wie viele Pixel Sie die Auswahl vergrößern oder verkleinern möchten, und klicken Sie auf **OK**. Fertig! Wenn Sie eine quadratische oder rechteckige Auswahl erweitern, fällt Ihnen vielleicht auf, dass sich bei einem höheren Wert wie 20 oder mehr Pixel die Ecken runden. Müssen die Ecken gerade bleiben, wählen Sie nicht **Erweitern**, sondern öffnen Sie das **Auswahl**-Menü und klicken Sie auf **Auswahl transformieren**. Jetzt können Sie die Auswahl skalieren, genau wie Sie es mit jedem anderen Objekt auf einer Ebene mit dem **Frei-transformieren**-Werkzeug tun würden, und die Ecken werden dabei nicht abgerundet.

Wie ... speichere ich Dateien als JPEG oder TIFF?

Wenn Sie Ihre Datei fertig bearbeitet haben und sie als JPEG oder TIFF oder PSD speichern möchten (Letzteres ist Photoshops natives Dateiformat, in dem alle Ihre Ebenen beibehalten werden), öffnen Sie das **Datei**-Menü und wählen **Speichern unter** (oder drücken Sie **Strg/Befehl+Umschalt+S**). Im angezeigten Dialogfeld **Speichern unter** öffnen Sie das Pop-up-Menü **Dateityp** und können nun aus einer ganzen Reihe von Dateiformaten wählen.

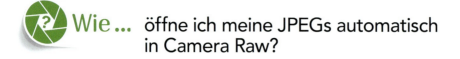 **Wie ...** öffne ich meine JPEGs automatisch in Camera Raw?

Öffnen Sie das Menü **Photoshop CC** (Mac) bzw. **Bearbeiten** (Windows), wählen Sie **Voreinstellungen** und dann **Camera Raw** (ganz unten im Menü). Im unteren Bereich des jetzt angezeigten Dialogfelds **Camera Raw-Voreinstellungen** finden Sie den Bereich **Verarbeitung von JPEG- und TIFF-Dateien**. Wählen Sie aus dem Pop-up-Menü **JPEG** die Option **Alle unterstützten JPEG-Dateien automatisch öffnen** und klicken Sie auf **OK**. Jetzt werden Ihre JPEG-Bilder automatisch in Camera Raw geöffnet und können zuerst hier bearbeitet werden, bevor Sie sie in Photoshop öffnen.

Wie... wähle ich Haare aus?

Aktivieren Sie im Werkzeugbedienfeld das **Schnellauswahl**-Werkzeug **(W)** und malen Sie über die Haare, aber vermeiden Sie es, über sie hinauszumalen. Nehmen Sie deshalb zunächst eine sehr einfache Auswahl vor und bleiben Sie dabei innerhalb der Haare (das ist das Schwierigste daran). Wählen Sie auch keine Hintergrundbereiche aus. Sobald Ihre Auswahl fertig ist, klicken Sie in der Optionsleiste auf die Schaltfläche **Auswählen und maskieren**. Im jetzt angezeigten Eigenschaften-Bedienfeld wählen Sie aus dem Pop-up-Menü **Ansicht** die Option **Ineinanderkopieren**. Diese Ansicht legt eine rote Maske über die nicht ausgewählten Bereiche. Ich finde, dass dies die einfachste Möglichkeit ist, mit Haaren zu arbeiten, weil Sie dann sehen, was Sie tun. Jetzt aktivieren Sie unter **Kantenerkennung** das Kontrollfeld **Radius** und ziehen den **Radius**-Regler nach rechts, etwa auf 2,0 px. Jetzt kommt der spannende Teil: Zeigen Sie mit Ihrem Mauszeiger in das Bild – er wird zum Auswahlpinsel. Malen Sie über die Kontur der Haare. Photoshop erkennt die Bereiche automatisch und erstellt eine passende Auswahl. In den meisten Fällen funktioniert das fantastisch, besonders wenn sich das Model vor einem einfachen Hintergrund befindet (ein hellgrauer Hintergrund scheint am besten zu funktionieren; aber auch andere einfarbige Hintergründe sind wahrscheinlich okay). Sie sehen, dass die übermalten Bereiche nicht mehr rot sind, sondern ihre natürliche Farbe zurückerhalten. Sie wissen dann, dass diese Bereiche nun zu Ihrer Auswahl hinzugefügt wurden. Wenn Sie zu viel ausgewählt haben, halten Sie die **Alt**-Taste gedrückt und malen Sie über die Bereiche, deren Auswahl Sie wieder aufheben möchten. Im unteren Bereich des Bedienfelds finden Sie im Bereich **Ausgabeeinstellungen** das Pop-up-Menü **Ausgabe in**. Ich wähle hier meist **Neue Ebene**. Wenn ich dann auf **OK** klicke, wird der ausgewählte Bereich in seine eigene Ebene kopiert und ich kann problemlos einen neuen Hintergrund hinter mein Motiv ziehen.

Wie ... entferne ich Touristen aus einer Szene?

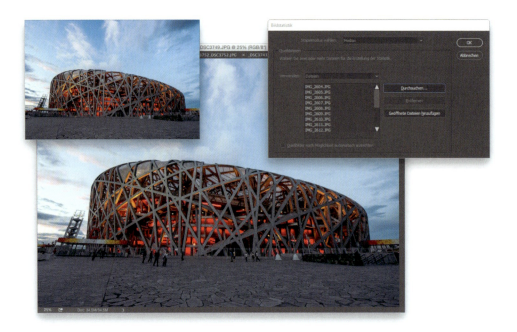

Okay, dies ist nur zum Teil Photoshop-Zauberei; es geht auch ums Fotografieren. Ich muss jedoch sagen, dass es sich um eine ziemlich coole Zauberei handelt. Es fängt damit an, dass Sie im Idealfall auf einem Stativ fotografieren, damit Ihre Kamera während der Aufnahmen perfekt stillhält. Setzen Sie also zuerst Ihre Kamera auf das Stativ und machen Sie alle 10 bis 15 Sekunden eine Aufnahme, bis Sie etwa zehn oder 15 Bilder von der Szene haben. Dann öffnen Sie alle Bilder gleichzeitig in Photoshop. Jedes erscheint in seinem eigenen Fenster (oder Tab, falls Sie diese Vorgabe ausgewählt haben). Nun öffnen Sie das **Datei**-Menü, wählen **Skripten** und **Statistik**. Aus dem Pop-up-Menü **Stapelmodus** im oberen Bereich des Dialogfelds wählen Sie **Median**. Klicken Sie jetzt auf die Schaltfläche **Geöffnete Dateien hinzufügen**, um alle zehn oder 15 soeben geöffneten Bilder hinzuzufügen. Klicken Sie auf die Schaltfläche **OK** und Photoshop analysiert das Bild auf Bewegung. Bei diesem Vergleich der zehn oder 15 Bilder werden alle bewegten Elemente entfernt – solange die Touristen durch Ihre Bilder wandern, löscht Photoshop sie also. Wenn einer der Touristen hingegen beschließt, sich hinzusetzen, ist er nach der Verarbeitung weiterhin da. Es geht also darum, dass alle in Bewegung bleiben. (Ja, ich habe tatsächlich einen Freund losgeschickt, um alle zu bitten, in Bewegung zu bleiben, während ich die Aufnahmen machte. Sie mussten sich jedoch nur ein paar Meter fortbewegen; das reichte, damit die Technik funktionierte.) Wenn irgendwelche störenden Elemente übrig bleiben, die Sie gerne entfernen würden, nehmen Sie einfach das **Kopierstempel**-Werkzeug **(S)**, klicken Sie mit gedrückter **Alt**-Taste auf einen geeigneten Quellbereich und klonen Sie ihn auf den zu entfernenden Bildbereich.

Wie ... erzeuge ich Fine-Art-Montagen?

Um mehrere Bilder in der Art einer Fine-Art-Montage ineinanderzukopieren, öffnen Sie zuerst das **Datei**-Menü, wählen **Skripten** und dann **Dateien in Stapel laden**. Wählen Sie Ihre Bilder aus, klicken Sie auf **OK** und alle Bilder werden in einem einzigen Dokument geöffnet, jedes auf seiner eigenen Ebene. Sie könnten die Bilder auch einzeln öffnen und per Kopieren und Einfügen in einem einzigen Dokument zusammenführen, aber mit der gezeigten Technik geht es schneller und einfacher. Sind die Bilder bereits in Photoshop geöffnet, können Sie sie trotzdem mit diesem Skript in Ebenen zusammenführen. Sobald Sie alle in einem Dokument haben, klicken Sie auf die oberste Ebene im Ebenenstapel, dann doppelklicken Sie auf ihre Miniatur, um das Dialogfeld **Ebenenstil** mit den Mischoptionen zu öffnen. Im Bereich **Mischen, wenn** am unteren Rand des Dialogfelds (siehe oben links) finden Sie zwei Regler, mit denen Sie Ihre Montage erzeugen. Wenn Sie diese nun einfach ziehen, sieht alles sehr hart und kantig aus. Für eine schöne weiche Überblendung halten Sie die **Alt**-Taste gedrückt und ziehen Sie einen der vier Reglerköpfe. Dadurch wird der Regler in der Mitte geteilt, wodurch der Übergang schön glatt wird. Probieren Sie diese Technik auf jeder Ebene, um unterschiedliche Looks zu erzielen. Die Regler beeinflussen jedes Bild auf unterschiedliche Weise, also ist dies eine großartige Möglichkeit, schnell künstlerische Montagen zu erzeugen. Probieren Sie dieselbe Technik mit einer Textebene. Sie können damit sehr gut Text in ein Bild überblenden. Ich sehe diesen Effekt häufig mit Schreibschriften, besonders mit altertümlich wirkenden Fonts wie Cezanne (siehe oben) und das sieht wirklich cool aus (sicherlich einen Versuch wert). (Hinweis: Für die obige Montage habe ich nicht nur den **Mischen-wenn**-Regler verwendet, sondern auch eine Ebenenmaske mit Verläufen sowie unterschiedliche Ebenenmischmodi und Deckkrafteinstellungen. In Kapitel 5 haben Sie alle diese Funktionen kennengelernt.)

Wie... schneide ich neben dem Bildbereich liegende Elemente weg?

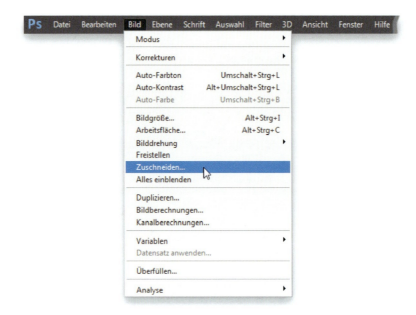

Im Kapitel über Ebenen haben Sie gesehen, dass Bildelemente auch über den Bildschirm hinausreichen können. Sie können sie dann nicht mehr sehen – aber sie sind Teil der Ebene und deshalb trotzdem noch da. Sie können sie einfach anklicken und wieder auf den Bildschirm ziehen. Wenn Ebenen Neuland für Sie sind, werden Sie das nach der Lektüre des Ebenen-Kapitels viel besser verstehen. Um diese überschüssigen und nicht mehr benötigten Dinge wegzuschneiden, gehen Sie einfach folgendermaßen vor: Drücken Sie zuerst **Strg/Befehl+A**, um den gesamten Bildbereich auszuwählen (nur den Bereich, den Sie im Moment auf dem Bildschirm sehen). Dann gehen Sie ins **Bild**-Menü und wählen dort **Freistellen**. So schneiden Sie alles überschüssige Material außerhalb des Bildbereichs weg.

Wie ... ändere ich die Bildgröße?

Zum Ändern der Bildgröße gehen Sie ins **Bild**-Menü und wählen Sie dort **Bildgröße**. Sie können aber auch gleich das Tastenkürzel für diesen Befehl lernen, da Sie ihn oft benutzen werden. Glücklicherweise ist er leicht zu behalten: **Strg/Befehl+Alt+I**. Damit erscheint das Dialogfenster **Bildgröße**, in dem Sie die gewünschten Abmessungen eintragen können. Rechts neben den Feldern für **Breite** und **Höhe** können Sie auch die Maßeinheit über Pop-up-Menüs verändern. Beispielsweise lässt sich die Maßeinheit von Pixel in Millimeter oder sogar in Prozent ändern – hilfreich, um etwa die Bildgröße um 50% zu verringern. Wenn Sie auf das Pop-up-Menü **Einpassen** im oberen Bereich des Dialogfensters klicken, finden Sie dort einige voreingestellte gängige Bildformate. Skalieren Sie häufig Bilder auf eine bestimmte Größe (zum Beispiel für Ihre Website, die Bilder mit den Abmessungen 750 Pixel Breite und 50 Pixel Höhe benötigt), dann können Sie diese benutzerdefinierte Größe als Vorgabe speichern. Wählen Sie dazu den Menüpunkt **Vorgabe speichern** weiter unten in diesem Pop-up-Menü. Wenn Sie die neue Bildgröße wie gewünscht eingegeben haben, klicken Sie einfach auf die Schaltfläche **OK**.

Index

8-Bit-Modus 245
16-Bit-Modus 245
100-%-Größe 20

A

Abdunkeln 49, 88
Abwedeln 49, 88
Abwedler-Werkzeug 49
Adobe Bridge 76, 239
Adobe Media
    Encoder 199
Adobe-RGB-
    Farbraum 237
Aktionen 234
Aktionen-Bedienfeld 234
Ankerpunkt-hinzu-
    fügen-Werkzeug 31
Arbeitsbereich 15
    Einstieg 18
Arbeitsfarbräume 237
Arbeitsfläche 58
    Farbe ändern 8
Audio 189
Aufhellen 49, 88
Auflösung
    beim Drucken 178
Augen, rote 93
Ausgefressener
    Himmel 159
Ausgewaschener
    Himmel 92
Ausrichten 13
Ausrichten von
    Ebenen 137
Auswahl
    Direktauswahl-Werk-
        zeug 30
    erweitern 246
    exakte 29
    Freiform-Zeichen-
        stift-Werkzeug 32
    frei geformte 28

Haare 249
Pfadauswahl-Werk-
    zeug 30
Rechteck 27
Schnellauswahl-Werk-
    zeug 45
speichern 240
verkleinern 246
Zauberstab-Werk-
    zeug 44
Zeichenstift-Werk-
    zeug 29
Auswahl für Pinsel-
    vorgaben 33
Auswahlrechteck-Werk-
    zeug 27
Autokorrektur 149

B

Bearbeitungs-Pin
    duplizieren 103
Bearbeitungs-Pins
    ausblenden 89
Bedienfelder 2
    anordnen 6
    Anordnung
        speichern 15
    ausblenden 21
    automatisch aus-
        klappen 22
    schließen 3
    schweben lassen 2
    verbergen 3
Beleuchtungseffekte 203
Belichtung 63
Benutzeroberfläche 1
    Arbeitsbereich 15
    Arbeitsbereich Ein-
        stieg 18
    Arbeitsfläche 8
    Bedienfelder 2, 15, 22

Bedienfelder aus-
    blenden 21
Bild einpassen 19
Farbe ändern 9
Hilfslinien 7, 13, 16
Hilfslinienlayout 14
Lineale 12
Mehrere Bilder an-
    zeigen 5
Quickinfos 11
Raster 13
Vollbildmodus 10
zoomen 23
Zoom-Werkzeug 20
Bereiche überdecken 165
Bereichsreparatur-Pin-
    sel-Werkzeug 161
Beschnittene Lichter 64
Bild
    begradigen 73
    einrahmen 235
    freistellen 52
    geraderichten 48
    Größe ändern 253
    in CMYK konver-
        tieren 244
    verbreitern 157
    zuschneiden 46, 71
Bildbereiche schärfen 227
Bilddetails schärfen 224
Bilder
    anordnen 5
    einpassen 19
    schärfen 221–229. Siehe
        auch Scharfzeichnen
    verwackelte 229
Bilder optimieren 142,
    142–151. Siehe
    auch Problembilder
    bearbeiten
ausgefressener
    Himmel 159

Autokorrektur 149
Bereiche optimieren 165
Bildrauschen 163
Camera-Raw-Filter 148
Einstellungsebene 150
Farben anpassen 147
Farbintensität
    reduzieren 146
Farblook 145
Farbstiche 144
Farbstiche entfernen 144
Farbstimmung 147
Flecken 161
Gradationskurven 143
Gruppenaufnahmen 158
Objekte entfernen 164
Rote Augen 160
rückgängig 150
Sättigung 146
Schwarzweiß 151
Schwarzweiß-
    umwandlung 151
Tonung 145
Tonwertkorrektur 142, 143
Bilderrahmen 235
Bildprozessor 241
Bildrauschen 90.
    Siehe Rauschen
Blendenfleck 202
Bridge 239
Buntstift-Werkzeug 42

C

Camera Raw 61–85, 148
    Änderungen zurück-
        nehmen 77
    Belichtung 63
    beschnittene Lichter 64
    Bild begradigen 73
    Bild zuschneiden 71
    Chromatische Aber-
        ration 84
    dunkle Bereiche 74

Dynamik 68
flaue Fotos 65
-Filter 203, 219
Gegenlichtaufnahmen 70
Histogramm 83
HSL/Graustufen 69
JPEG öffnen 248
Korrekturpinsel 87–107
mehrere Bilder gleich-
    zeitig anpassen 76
Moiré-Muster 107
Objektivkorrekturen 81, 82
Objektivprobleme 81
Pinseleinstellungen
    speichern 94
Radialfilter 105
Rauschen 79
Rote-Augen-Korrektur 93
scharfzeichnen 228
Scharfzeichnung 75
Strukturen verbessern 66
Tonwertbereich er-
    weitern 62
Verlaufsfilter-Werkzeug 92
Vorgaben 78
Vorher-Ansicht 85
Weißabgleich 67
Chromatische Aber-
    ration 84, 156
CMYK-Konvertierung 244
Color Lookup 145
Crossentwicklungseffekt 217

D

Deckkraft 132
Direktauswahl-Werkzeug 30
Dokument erstellen 4
Druckauflösung 178
Drucken 167–179
    Kontur 175
    Logo 177
    optimale Ergebnisse 171
    Papiergröße 168

    Rahmen 176
    Scharfzeichnung 170
    Seitenränder 169
    Skalierung 174
    Softproof 173
Druckerfarbprofil 171
Dunkle Bereiche 74
Dunst entfernen 106
Dynamik 68

E

Ebenen 109–139
    anordnen 111
    auf Hintergrundebene
        reduzieren 127
    ausrichten 137
    automatisch aus-
        richten 210
    bearbeiten 134
    Deckkraft 132
    duplizieren 120
    Ebenenminiaturen 135
    erstellen 110
    Farbfläche 118
    farblich kennzeichnen 131
    Hintergrundebene 124
    Kontur 138
    organisieren 121
    RAW-Datei 139
    Schlagschatten 122, 130
    sortieren 133
    sperren 126
    Textebene 115
    transparente 119
    überblenden 136
    umbenennen 128
    unsichtbar machen 112
    verrechnen 114
    verschieben 113, 125
    zentrieren 137
    zusammenfassen 129
Ebenengruppe 121

Ebenenmaske hinzufügen 119
Ebenenstil 216, 251
Ebenenstil hinzufügen 122
Effekte. Siehe Spezialeffekte
Eigene-Form-Werkzeug 37
Einstellungsebene 150
  Color-Lookup 145
  Farbfläche 145
  Farbton/Sättigung 146
  Schwarzweiß 151, 193, 197
Entsättigte Haut 207

F

Farben
  anpassen 147
  bearbeiten 38
  wählen 39
Farbfelder 39
Farbfläche 145
Farbintensität verringern 146
Farblook 145
Farbmanagement 179
Farbraum 237
Farbsäume 156
Farbstiche entfernen 144
Farbstimmung anpassen 147
Farbton/Sättigung 146
Farbverlauf 35
  bearbeiten 36
Filter
  Beleuchtungseffekte 203
  Blendenflecke 202
  Camera-Raw-Filter 203, 219
  Iris-Weichzeichnung 204
  Kreisförmige Weichzeichnung 215
  Objektivkorrektur 155, 156
  Ölfarbe 213

Tilt-Shift 205
Verwacklung reduzieren 229
Weichzeichnergalerie 204
Fine-Art-Montagen 251
Flaue Fotos 65
Flecken
  ausfindig machen 95
  entfernen 91, 161
Fluss oder Weiche Kante 97
Formen 37
Freiformpfad 32
Freiform-Zeichenstift-Werkzeug 32
Frei geformte Auswahl 28
Freistellen 252
Freistellungs-Werkzeug 46, 52, 53
Freistellungsrahmen
  drehen 56
  verschieben 57
Raster 54
Schattierung anpassen 59
schiefes Foto 55
Vorgaben 53
fx-Symbol 122

G

Gebäude, gewölbte 81
Gegenlichtaufnahmen 70
Geometrische Verzerrung 155
Gerade-ausrichten-Werkzeug 48
Gerader Pinselstrich 236
Gleiche Zoomstufe 5
Gradationskurven 143
Grundschärfung 222
Gruppenaufnahmen 158

H

Haare
  auswählen 249
Hand-Werkzeug 17
Haut weichzeichnen 104
HDR-Tonung 210
Herbststimmung 209
Hilfslinien 7
  ausblenden 16
  Objekte ausrichten 13
Hilfslinienlayout 14
Himmel, ausgewaschener 92
Hintergrund
  transparenter 233
Hintergrundebene 124
Hintergrundmusik 189, 190
Histogramm 83
Hochkontrastiger Porträtlook 208
Hochpass-Schärfung 225
Horizontaler-Text-Werkzeug 41
HSL/Graustufen 69, 219

I

ICC-Druckerfarbprofil 171
Inhaltsbasiert
  füllen 154
  skalieren 157
Iris-Weichzeichnung 204

J

JPEG 247
  in Camera Raw öffnen 248

K

Kalibrieren 172
Kameramikro stummschalten 195
Kanal 240
Klonen 162
Kontaktabzug 242
Kontur 138
  beim Drucken 175
Korrekturpinsel
    87–107
  Abwedeln 88
  Abwedeln und Nachbelichten 88
  anpassen 97
  automatisch maskieren 100
  Bearbeitungs-Pins 89
    ausblenden 89
    duplizieren 103
  Bildbereiche schärfen 227
  Dunst 106
  Fehler rückgängig machen 96
  gerade Linie ziehen 99
  gerader Pinselstrich 99
  Größe ändern 102
  Haut weichzeichnen 104
  Kontrollfeld Automatisch maskieren 100
  Maskenüberlagerung 101
  Moiré-Muster entfernen 107
  Nachbelichten 88
  Nebel 106
  Nebel und Dunst 106
  Pinselgröße 102
  Rauschen 90, 163
  Rauschen reduzieren 90
  Regler auf Null setzen 88
Kreisförmige Weichzeichnung 215
Kunstdruck 176

L

Lasso-Werkzeug 28
Lichter, beschnittene 64
Lineale 12
Linien 40
  1 Pixel 42
Linienzeichner-Werkzeug 40
Logo
  beim Drucken 177
Lücken füllen 154

M

Makel-entfernen-Werkzeug
  Flecken 91
    anzeigen 95
    kopieren oder reparieren 98
  Quellbereiche 91
Maleffekt 213
Maskenüberlagerung 101
Medien hinzufügen 182, 187
Mehrere Bilder anzeigen 5
Mischen, wenn 251
Mischoptionen 251
Moiré-Muster 107
Monitor kalibrieren 172
Montagen 251

N

Nachbelichten 49, 88
Nachbelichter-Werkzeug 49
Nebel entfernen 106

O

Objekte entfernen 164
Objektivkorrektur 82, 155, 156
Objektivprobleme 155
Objektivverzerrung 81
Offsetdruck 244
Ölfarbe 213

P

Panorama 214
Papiergröße 168
Pfadauswahl-Werkzeug 30
Pfeile 37
Photomerge 214
Pinselgröße 34
  Korrekturpinsel 102
Pinselstrich, gerader 99, 236
Pinsel-Werkzeug 33
  benutzerdefinierte Pinsel 33
Pinsel zurücksetzen 33
Pipette-Werkzeug 38
PNG 233
Probleme beheben 232
Proof 173
Protokoll 238
Protokoll-Pinsel-Werkzeug 50
Punkt-umwandeln-Werkzeug 31

Q

Quickinfos 11

R

Räder, sich drehende 215
Radialfilter 105
Radiergummi-Werkzeug 43
Rahmen beim Drucken 176
Raster 13
  beim Freistellen 54
Rauschen 79, 90, 163
RAW-Bilder schärfen 226
Reflexionen 212
Reparaturpinsel-Werkzeug 161
Rote-Augen-Korrektur 93, 160
Rückgängig 238

S

Sättigung 146
Scharfzeichnen 75, 170,
    174, 221–229
  Bilddetails 224
  Camera Raw 228
  für den Druck 170
  Grundschärfung 222
  Hochpass-
    Schärfung 225
  RAW-Bilder 226
  Selektiver Scharf-
    zeichner 223
  Unscharf maskieren 222
  verwackelte Bilder 229
Scharfzeichner-Werkzeug 224
Scheinwerfereffekt 105, 203
  Radialfilter 105
Schiefes Foto 55
Schlagschatten 122, 130, 216
Schnittmaske 123
Schnellauswahl-Werk-
    zeug 45, 233, 249
Schriftarten 117
Schwarzweiß 151,
    193, 197, 211
  Video 193
Seitenränder 169
Skalieren
  beim Druck 174
Softproof 173
Spezialeffekte 201–219
  Beleuchtungseffekte 203
  Blendenfleck 202
  Crossentwicklung 217
  entsättigte Haut 207
  HDR-Tonung 210
  Herbststimmung 209
  hochkontrastiger
    Porträtlook 208

  Maleffekt 213
  Panorama 214
  Reflexionen 212
  Scheinwerfer 203
  Schlagschatten 216
  schwarzweiß 211
  sich drehende Räder 215
  Spielzeug 205
  Struktur 218
  Tilt-Shift 205
  verträumter Look 206
  weichgezeichne-
    ter Look 205
  Zweiton-Look 219
Spielzeugeffekt 205
Sprechblasen 37
Standbilder animieren 198
Sterne 37
Struktur 218

T

Text 41
  Schnittmaske 123
  Schriftarten 117
  skalieren 41
  Teile löschen 116
  Textebene 115
Tieraugen 93
TIFF 247
Tilt-Shift 205
Tonung 145
Tonwertbereich erweitern 62
Tonwertkorrektur 142
Touristen weg-
    retuschieren 250
Transparenter Hinter-
    grund 233

U

Übergänge 188
Unscharf maskieren 222

V

Verblassen 243
Verlauf 35
  bearbeiten 36
Verlaufsfilter-Werkzeug 92
Verlaufswerkzeug 35, 36
Verträumter Look 206
Verwackelte Bilder 229
Verwacklung reduzieren 229
Video
  Audio hinzufügen 189
  exportieren 199
  Filtereffekte 192
  Fotos hinzufügen 187
  Hintergrundmusik 189, 190
  Kameramikro stumm-
    schalten 195
  mit Effekt versehen 197
  navigieren 183
  öffnen 182
  Reihenfolge ändern 186
  Schwarzweiß 193
  Standbilder 198
  teilen 196
  Titel hinzufügen 191
  überblenden 194
  Übergänge 188
  Zeitlupe 184
  zuschneiden 185
Videos 181–199
Vollbildmodus 10
Voreinstellungen zu-
    rücksetzen 232
Vorher-Ansicht 85

INDEX

W

Weichgezeichneter Look 204
Weichzeichnen, Haut 104
Weichzeichnergalerie 204
Weißabgleich 67
Weitwinkelobjektiv 155
Werkzeuge 25–51
  Abwedler-Werkzeug 49
  Ankerpunkt-hinzufügen-Werkzeug 31
  auf Standard zurücksetzen 47
  ausblenden 26
  Auswahlrechteck-Werkzeug 27
  Bereichsreparatur-Pinsel-Werkzeug 161
  Buntstift-Werkzeug 42
  Direktauswahl-Werkzeug 30
  Eigene-Form-Werkzeug 37
  Freiform-Zeichenstift-Werkzeug 32
  Freistellungs-Werkzeug 46, 52
  Gerade-ausrichten-Werkzeug 48
  Hand-Werkzeug 17
  Horizontaler-Text-Werkzeug 41
  Korrekturpinsel 87–107
  Lasso-Werkzeug 28
  Linienzeichner-Werkzeug 40
  Makel-entfernen-Werkzeug 91
  Nachbelichter-Werkzeug 49
  per Tastendruck aktivieren 26
  Pfadauswahl-Werkzeug 30
  Pinselgröße 34
  Pinsel-Werkzeug 33
  Pipette-Werkzeug 38
  Protokoll-Pinsel-Werkzeug 50
  Punkt-umwandeln-Werkzeug 31
  Radialfilter 105
  Radiergummi-Werkzeug 43
  Reparaturpinsel-Werkzeug 161
  Rote-Augen-Korrektur 93, 160
  Scharfzeichner-Werkzeug 224
  Schnellauswahl-Werkzeug 45, 249
  Verlaufsfilter-Werkzeug 92
  Verlaufswerkzeug 35, 36
  Zauberstab-Werkzeug 44
  Zeichenstift-Werkzeug 29
  Zoom-Werkzeug 20
Werkzeugvorgabe 51

Z

Zauberstab-Werkzeug 44
Zeichenstift-Werkzeug 29
Zeitlupe 184
Zoomen 20, 23
Zoom-Werkzeug 20
Zu HDR Pro zusammenfügen 210
Zuschneiden 46
Zweiton-Look 219